ET Saggi

Dello stesso autore nel catalogo Einaudi

N.

L'anno dell'Indiano

Barbablú. Gilles de Rais e il tramonto del Medioevo

Primo Levi. La vita, le opere

Disegnare il vento

Storia di Quirina, di una talpa e di un orto di montagna

Amarcord bianconero

Francesco e il Sultano

Ernesto Ferrero

Napoleone in venti parole

Einaudi

www.einaudi.it

ISBN 978-88-06-24754-6

Napoleone in venti parole

A Zeno, Tobia e Olimpia

Introduzione

Si dice che la bibliografia delle opere dedicate a Napoleone sia seconda per numero di titoli solo a quella su Gesú Cristo. Nel 1921, in occasione del primo centenario della morte dell'imperatore, Élie Faure aveva pubblicato un saggio molto discusso, perché si apriva con un accostamento dal sapore provocatorio: Cristo e Napoleone (di seguito N.) avevano molti aspetti in comune: unici e incomparabili per aver osato sino al martirio e alla morte, per aver agito il loro sogno, invece di sognare l'azione. Li unisce la radicale alterità rispetto al proprio tempo, l'enormità delle sfide che si erano dati, la stessa solitudine cui questi straordinari trascinatori erano condannati.

Autorevole storico dell'arte di convinzioni repubblicane, Faure guardava a N. come a una sorta di colossale statua di bronzo abbandonata in uno spazio immenso: «Il solo la cui immaginazione fosse cosí vasta da dare all'azione l'aspetto grandioso del sogno, l'ordine interiore cosí padrone di sé da raccogliere in una sinfonia vivente tutti i cuori felici di obbedire, lo spirito cosí imperioso e rapido da infliggere alle marce strategiche e ai movimenti delle armate la continuità delle linee e l'armonia del raggrupparsi dei volumi che definiscono un quadro». Un N. artista e poeta in azione, all'inseguimento del mistero della sua stessa personalità, che continua a sfuggirgli e a portarlo lontano.

Anche Chateaubriand, suo acuto analista, oppositore e narratore, era rimasto colpito sin dal loro primo incontro del 1802, dall'immaginazione «prodigiosa» che animava un politico cosí freddo: «Non sarebbe stato ciò che era se la musa non fosse stata con lui; la ragione realizzava le idee del poeta». Confidando a Pierre-Louis Roederer, alto dignitario dell'Impero, le amarezze che gli procurava il fratello Giuseppe in Spagna, era stato lo stesso N. a spiegare che certo, amava il potere, ma lo amava da artista: «Come un musicista ama il suo violino, lo amo per cavarci dei suoni, degli accordi, delle armonie».

Ogni generazione è chiamata a misurarsi con la statua colossale che sfida le interpretazioni, a interrogarla secondo le proprie necessità, pur sapendo che ogni risposta resta relativa e contingente. Riscrivere la storia significa fare i conti con il proprio presente.

La domanda fondamentale è la stessa che N. si è posto sin dalla prima campagna d'Italia, e a cui ha sempre risposto con fermezza. Un'azione riformatrice efficace e tempestiva, che riporta l'ordine là dove regnava il caos, introduce leggi chiare e ragionevoli, rende efficiente l'amministrazione dello Stato, promuove l'industria, i commerci, le scienze e le tecniche, le arti, le lettere, l'istruzione, e di tutto si occupa con l'insonne operosità del buon padre di famiglia, ebbene, questa azione è esercitabile solo avendo le mani libere da impacci costituzionali, solo esercitando un potere sovrano che riduce drasticamente le mediazioni della politica e dunque i tempi decisionali, specie se è strettamente legata alle emergenze di una serie ininterrotta di campagne militari.

Questo potere speciale si chiama dispotismo, e bisogna saperlo praticare con il coraggio o la sfrontatezza di chi non teme di sporcarsi le mani, come già teorizzava Machiavelli. Chi lo esercita si affretta a proclamare che si tratta di un potere momentaneo, da usare per il tempo strettamente necessario, e dunque accettabile. Cosí ha fatto lo stesso N., richiamandosi al precedente di George Washington, peraltro precisando subito dopo che non sarebbe stato possibile in Francia. Nella realtà dell'esperienza storica, il viaggio nel potere assoluto – una volta intrapreso – è senza ritorno: un meccanismo al quale è impossibile sottrarsi, nel momento in cui lo si avvia. A questo punto scommettere su un solo uomo, anche per via dell'offuscamento civile e morale che il dispotismo fatalmente comporta, conduce a esiti prevedibili ma non meno rovinosi.

Per N., il dispotismo ha rappresentato un pedaggio necessario e contingente, che poneva rimedio all'anarchia sanguinosa e autodistruttiva seguita alla Rivoluzione, e consentiva il pieno dispiegamento di una gestione illuminata. Diceva di se stesso di appartenere alla famiglia dei Cesari che hanno il genio della fondazione, del costruire, del fare, non l'egoismo della proprietà e dell'arricchimento personale. Il potere assoluto rappresentava per lui una potente leva per realizzare la costruzione della società piú avanzata che aveva in mente. Chiedeva tempo per condurre in porto l'opera. Da buon lettore di storia, rimproverava agli assassini di Cesare (che peraltro, spiegava, non erano affatto i paladini del popolo e della democrazia, ma appartenevano alla casta senatoriale) di non avergli lasciato quel tempo.

Ai momenti difficili l'unica risposta possibile è l'eccezionalità, il ricorso a un capo carismatico dotato di virtú non concesse agli altri umani? Il dilemma era già chiaro ai contemporanei di N. Nelle democrazie di oggi, appesantite, rallentate, confuse, prive di visione e di progetto, condotte da classi dirigenti di mortificante pochezza politica, gestionale, culturale, la tentazione si ripropone intatta, malgrado l'esperienza storica e la stessa cronaca di questi anni abbiano dimostrato i puntuali fallimenti dell'autoritarismo, della demagogia, del populismo, per quanto talento comunicativo vi si possa impegnare.

Ecco la necessità di rileggere la parabola napoleonica nella sua complessità e nelle sue contraddizioni, di misurare il sistema operativo di un uomo che aveva la dichiarata ambizione di porsi al di fuori di ogni misura conosciuta, se non nell'antichità, da Alessandro, a Cesare e a Carlo Magno. Ci sembra di poter scorgere in N. una delle scissioni su cui si è interrogato il Novecento, a partire dalle intuizioni di Stevenson e poi della psicoanalisi. Ci interroghiamo sulla convivenza nella stessa persona di un Dr. Bonaparte, statista illuminato, innovatore compulsivo, suscitatore d'energie, e un Mr. Napoleone, il generale che connette la propria politica con una bulimia bellica che per vent'anni sconvolge l'Europa e fa milioni di morti.

Di che cosa è intessuta la sua eccezionalità? In quale contesto si è sviluppata? Con quali conseguenze ed eredità? Dove finisce l'uomo e comincia l'eroe inimitabile? Che cosa ci può dire oggi? Questo libro cerca di rispondere attraverso venti temi-chiave: il carattere dell'uomo, con particolare attenzione ai risvolti meno noti; i tormentosi e deludenti rapporti famigliari, la concezione della donna (in linea con il proprio tempo), il concreto modus operandi quotidiano; la prassi politica, le travolgenti strategie belliche, le innovative tecniche di una comunicazione che sa trovare le parole e le immagini giuste per creare consenso; l'economia e la finanza; le politiche culturali su arte, teatro, musica, letteratura; il rapporto con i libri e la costruzione di biblioteche; i maggiori co-protagonisti, avversari o nemici che alla fine si sentono costretti a riconoscere la sua grandezza; le tappe salienti dell'ascesa e della caduta (le campagne d'Italia, l'Egitto, l'autoincoronazione a imperatore in Notre-Dame, la tragedia dell'invasione della Russia, i dieci mesi dell'intermezzo elbano, Waterloo, Sant'Elena), infine gli errori capitali, e le ragioni della persistenza di un mito tanto abilmente costruito.

Oggi che tutto sembra affidato alla scaltrezza di narrazioni preconfezionate, poi spacciate ovunque, con l'aiuto delle nuove tecnologie, a un pubblico/mercato sempre meno avvertito e consapevole, siamo in grado di leggere quella storia e quel mito come qualcosa che ci riguarda molto da vicino.

1.
L'uomo

«Sento l'infinito, in me». Cosí N. nella gabbia di Sant'Elena, quasi a giustificare l'enormità delle sue ambizioni, la grandezza che perfino la rovinosa caduta finisce per evidenziare e lo stesso martirio, opportunamente raccontato ed enfatizzato, rende ancora piú visibile. Si è autodefinito «l'uomo piú grande che sia mai esistito», e può rivendicare con orgoglio le proprie modeste origini per misurare la strada percorsa e l'unicità che lo distingue dai milioni di uomini di cui non rimane traccia.

È figlio di un avvocaticchio in un'isola senza risorse, arcaica e un poco ferina, con i suoi borghi aggrappati alle montagne, travagliata da aspre lotte tra fazioni, condannata a una vita grama, simile a quella dell'antica Sparta. Ajaccio è un borgo rissoso di 3500 anime. L'estremismo selvatico degli abitanti, cosí anacronistico agli occhi degli europei, è fatto di senso dell'onore, forza dei legami di sangue, passionalità, coraggio sprezzante, fedeltà al codice della vendetta.

Tuttavia N. riconosce di essere stato addirittura avvantaggiato dal fatto di uscire da una famiglia di modeste sostanze: la Rivoluzione lo avrebbe proscritto, il popolo gli avrebbe rimproverato di appartenere all'aristocrazia, non avrebbe potuto ottenere il comando di un esercito repubblicano e se anche l'avesse ottenuto non sarebbe riuscito a esprimere lo stesso libero ardimento. La condizione mediana, anonima, era dunque la piú adatta per intraprendere la carriera che poi avrebbe avuto.

Nato nel 1769, è il secondo di sette fratelli. Un bambino

secco, nervoso, robusto, che sfida subito l'autorità del primogenito. La madre lo chiama Nabulio. Cresce per strada, nella piazzetta davanti a casa, dimostrando subito attitudini al comando. A nove anni viene spedito in un collegio militare del continente, a Brienne, dove rimarrà cinque anni, grazie ai buoni uffici di un amico di famiglia, il governatore Marbeuf. Studia a spese dello Stato francese che ha sconfitto quello che era il suo idolo, Pasquale Paoli, l'Epaminonda, il Leonida, il Cromwell dell'indipendenza corsa. Al collegio tutti si fanno beffe dell'ispido provincialotto che porta un nome bizzarro, ha modi un po' rozzi, parla un cattivo francese e guarda tutti in cagnesco.

È lí che il ragazzo matura la sua conoscenza disincantata degli uomini, il suo disprezzo per la mediocrità e il compromesso, la sua voglia di rivincita, ma anche la freddezza razionale con cui valuta la situazione e cerca una via d'uscita. È già machiavellico senza aver letto Machiavelli. La lettura di Plutarco gli rafforza un'attitudine per l'eroismo sdegnoso e classicheggiante, nemico della tirannide. Scrive: «La morte non è niente, ma vivere sconfitti e privi di gloria è morire un po' per giorno». Studia con fervore matematica e geometria, che rispondono alle sue esigenze di ordine, calcolo, metodo, e favoriscono la passione per l'artiglieria, che diventa la sua specializzazione sin dall'assedio di Tolone, in cui si metterà subito in vista.

I numeri diventano uno strumento potente per «leggere» e modificare la realtà. Alle chiacchiere di politicanti, amministratori, filosofi, letterati e pubblicisti opporrà sempre l'inoppugnabile filtro del *fact checking*, la nuda e dura verità dei fatti e dei dati. Quando nel 1784 il padre muore di un cancro intestinale a soli trentanove anni, lui che ne ha quindici si sente investito delle responsabilità del capofamiglia. Per l'intera vita non farà che applicare alla cosa pubblica il modello di una gestione familiare improntato al piú vigile rigore, al culto del budget, al regolamento puntuale di ogni affare anche minuto. Matura l'atteggiamento del buon padre che tutto vede e a tutto provvede, del massaio abituato ad amministrare con oculatezza le scarse risorse disponibili, l'abitudine e la pretesa di regolare nei dettagli la vita di fratelli, sorelle, collaboratori e sottoposti, sino all'ultimo valletto, dando pareri pressoché vincolanti anche sui loro matrimoni, a costo di scatenare tensioni e conflitti.

Quando passa alla *École militaire* di Parigi per ufficiali, quasi lussuosa in confronto a quella di Brienne (dove però può misurare ancor meglio il peso delle distanze sociali), manda un memoriale al sottoprefetto dell'istituto in cui suggerisce che invece di circondare gli allievi di tanti domestici, era meglio risparmiare sui costi ed educarli a una vita sobria e spartana: avrebbero dovuto provvedere da soli alle pulizie, e prepararsi alle fatiche della guerra. In compenso il professore di tedesco, Bauer, non vuole ammetterlo agli esami finali, convinto che «l'allievo Buonaparte non sia che una gran bestia». Quando indossa la divisa regolamentare, gli danno degli stivali cosí grandi che le sue gambe magre ci nuotano dentro. Nel giugno 1792 assiste alla presa delle Tuileries, vede il re affacciarsi alla finestra con il berretto frigio. «Che coglione – esclama. – Perché ha lasciato entrare quella canaglia? Bastava prenderne a cannonate quattro o cinquecento, il resto scapperebbe ancora».

«Avevo l'istinto della fondazione, non quello della proprietà», dirà a Sant'Elena. Largo con gli altri, munifico con alcuni, economo con se stesso. Sostituisce Rémusat, che gli fa spendere 80 000 franchi all'anno per la toilette personale, con de Turenne, cui assegna un budget di 24 000. Si cambia quattro volte al giorno, compresa la camicia e le calze di seta. Ama lodare la semplicità delle proprie esigenze: mi basterebbero 1200 franchi e un cavallo, dice.

Nel pieno dei furori della Rivoluzione e poi delle accensioni dell'età romantica, il giovane ex giacobino si dichiara inorridito da eccessi che giudica folli e disgustosi. Scrive al fratello: «A vederlo da vicino, il popolo non vale la pena di darsi da fare per meritare i suoi favori. È come ad Ajaccio: la storia è la stessa, forse qui gli uomini sono piú piccini, piú cattivi, piú calunniatori, piú censori. Ciascuno persegue i suoi interessi, e vuole arrivare a forza di orrori e calunnie; gli intrighi sono del livello piú basso».

Abbandona il modello rousseauiano della decrescita felice e mette a punto una prassi fondata su un empirismo anglosassone che sa guardare lontano. L'entusiasmo, lo slancio non bastano. Occorrono competenza, ordine, rigore. Aveva capito presto che l'Ancien Régime non poteva offrire spiragli alle ambizioni di un giovane di provincia, e che una Corsica chiusa nella doppia gabbia dell'insularità e dell'indipendenza non poteva conoscere sviluppo. Per questo era stato giocoforza accettare e far proprio l'apparentamento forzato alla Francia, anche a costo di uccidere metaforicamente il padre politico, Paoli, forse l'unico che gli si possa attribuire. I maestri che si riconosce sono ricavati dalla lettura dei classici, modelli con cui avviare una competizione a distanza, da Alessandro a Cesare. Allo stesso tempo misura il vuoto di potere che la Rivoluzione ha lasciato. Le sue conquiste possono essere preservate e rilanciate solo da una adeguata forza militare che le controlli e incanali nella giusta direzione, perché niente è piú distruttivo dell'anarchia che segue i grandi rivolgimenti. Fino alla fine continuerà a proclamarsi un figlio della Rivoluzione, colui che ne ha saputo sviluppare gli elementi fondativi e irrinunciabili.

Studia il modello inglese, ammirando un parlamento che limita l'arbitrio del sovrano e della grande aristocrazia. Si convince della superiorità dei governi repubblicani, del nesso che corre tra sviluppo economico e libertà, del ruolo frenante della Chiesa. Si vieta i sentimenti perché sterili e improduttivi, a cominciare dall'amore, nocivo perché allontana l'uomo dal suo impegno civile: «È l'occupazione dell'ozioso e la rovina del sovrano». «L'uomo nato per gli affari e per esercitare l'autorità non vede le persone, non si occupa che delle cose, della loro rilevanza delle loro conseguenze». O ancora: «Il cuore di un uomo di Stato deve sempre stare nel cervello». Un uomo che sia un uomo non deve odiare, perché l'odio e il rancore offuscano la nitidezza della sua visione e la lucidità delle sue strategie: «non deve avere né cuore né coglioni». Però ammette: «Il mio difetto è di non poter sopportare le offese» (1801).

Concede di avere un cuore anche lui, ma è un cuore di sovrano: «Non mi faccio turbare dalle lacrime di una duchessa, sono colpito dalle sofferenze del popolo». «È buono, – dice Giuseppina, – lo si giudicherebbe meglio se non fosse costretto a resistere a quegli impulsi del cuore che lui considera debolezze». Lui sembra convenire: «Se di un re si dice che è un brav'uomo, si parla di un sovrano difettoso».

Sa che molti comportamenti sono dettati e quasi imposti dalle circostanze. Il suo è una sorta di relativismo contestuale. Si considera tollerante e magnanimo: «È noto che mi liberavo difficilmente delle persone con cui avevo cominciato a lavorare, e non ho mai buttato a mare nessuno, se non costretto dalle necessità».

Diffidente per natura, non crede alla sincerità, nemmeno a quella dei collaboratori piú stretti: «Ho fatto dei cortigiani, non ho mai preteso di farne degli amici». Ha degli uomini una concezione cosí bassa che è difficile sorprenderlo: «Sfido qualcuno a imbrogliarmi. Bisognerebbe che gli uomini fossero ben scellerati per esserlo quanto suppongo che siano...» Ogni mezzo è buono per raggiungere il proprio scopo. Si possono anche usare le moine, le civetterie. Bisogna prendere gli uomini per quello che sono, con tutti i loro difetti, e sfruttarne le caratteristiche a proprio vantaggio. Un generale corrotto o avido che si abbandona ai saccheggi può essere spinto a farsi perdonare dimostrando in battaglia un coraggio speciale.

Lascia interdetti i suoi interlocutori alternando severità e durezze a scherzi e facezie. Tratta gentilmente collaboratori e domestici, ma chiede loro una disponibilità e una devozione senza limiti, che non ammette malattie o debolezze. Come segnale di particolare benevolenza, fa il ganascino o tira le orecchie fino a far male. Rifila carezze che sembrano degli schiaffi.

Si compiace di una resistenza fisica fuori del comune, e la attribuisce alla forza della fibra morale, che ha bandito dal proprio vocabolario la parola «impossibile», alibi dei poltroni. Fa diffondere le notizie delle sue imprese per impressionare collaboratori e avversari, per rafforzare l'identikit del superuomo che non ha lati deboli. È in grado di coprire le trentacinque leghe, circa 170 km, che separano Valladolid da Burgos, in cinque ore e mezzo. Le sue cacce piú brevi sono di sedici leghe (80 km). Cavalca male, «come un macellaio», dice un maggiore sassone, ma ha una grande resistenza e un coraggio che rasenta l'incoscienza. Delle sue cadute in ogni caso non si può parlare. Pratica la teoria degli eccessi opposti e contrari: dopo qualche tempo di riposo, fa una corsa di sessanta miglia o una caccia che dura tutto il giorno; se è molto stanco, è capace di dormire ventiquattr'ore. Dorme ovunque, su una sedia, una pelle d'orso, in carrozza. Temprarsi alla fatica costruisce un carattere. Bisogna allenarsi a sopportare gli strapazzi, e non lo si può fare andando alla caccia alla lepre, come faceva il fratello Giuseppe a Napoli.

Non crede che la fisionomia sia lo specchio dell'uomo, anzi, lo ritiene un errore volgare. «Non mi sono mai lasciato impressionare né dai visi né dalle parole; ma ad ogni modo bisogna convenire che ci sono delle analogie curiose fra i tratti di certi individui e il muso di alcune bestie». Ad esempio Hudson Lowe, il governatore-carceriere di Sant'Elena ha qualcosa del muso della lince: «È buono per fare il capo degli sbirri, non il governatore».

È costretto a creare intorno a sé un'atmosfera di timore, altrimenti, dice, gli sarebbero venuti a mangiare in mano o dato pacche sulle spalle. Meglio essere temuti che amati. Usa a freddo scenate e rimproveri per saggiare rapidamente la personalità di chi gli sta davanti, lo pesa dalla qualità delle reazioni. Spiega: «Conoscevo cosí la tempra di un animo dal suono che dava. Se con una mano guantata battete su un vaso di bronzo, quello resta muto; se lo percuotete con un martello, vedrete che manderà un suono». La violenza delle sue collere teatrali fa dire a Talleyrand: «Peccato che un cosí grand'uomo sia un tal maleducato». Sua madre, ancora in tarda età, non aveva difficoltà a raccontare che gli aveva visto trattare i fratelli e la moglie «come lacchè», scagliare a terra e calpestare oggetti d'oro e vasi di cristallo, imbrattare tappezzerie con lanci di boccette d'inchiostro e tazze di caffè. Poi, «come il vento impetuoso di Corsica, si calmava d'improvviso, cercava di farsi perdonare con parole gentili e atteggiamenti umilissimi». Lui precisava: «Posso perdonare, ma dimenticare è un'altra cosa».

Per Madame de Staël, «la forza della sua volontà consiste nel calcolo imperturbabile del suo egoismo; è un abile giocatore di scacchi, dove il genere umano è l'avversario cui vuol dare scacco matto». Lui si attribuiva una qualità piú semplice: «Il mio talento è veder chiaro in tutto» attraverso l'accuratezza dell'analisi e del calcolo.

Un altro tratto distintivo della sua personalità è la capacità di concentrare pensieri complessi nella forma breve di aforismi fulminanti che sembrano scolpiti nel marmo, e si ricollegano direttamente alla grande tradizione di La Rochefoucauld, Joubert, Voltaire, Lichtenberg. L'uomo che disprezzava i salotti ne sarebbe stato il dominatore con i suoi *bon mots*.

È alto 1,68 m, ha gambe corte, busto molto sviluppato, testa leggermente insaccata nelle spalle. Non ha una buona vista, deve utilizzare degli occhiali a 18 linee. Madame de Staël: «Di statura non alta, e di taglia forte, sta meglio a cavallo che in piedi. In società si muove con un impaccio senza timidezza».

Secondo la duchessa d'Abrantès, moglie del generale Junot, che lo conosceva bene, «è difficile, se non impossibile, rendere lo charme della sua fisionomia quando sorrideva con un pensiero carezzevole: aveva l'anima sulle labbra e negli occhi. Sappiamo abbastanza bene quale fu, piú tardi, la potenza magica di quello sguardo. Lo aveva provato anche l'imperatore di Russia quando mi diceva: "Non ho amato nulla piú di quell'uomo"».

Il suo aspetto cambia radicalmente nel giro di pochi anni, racconta la duchessa: già ossuto, giallastro, perfino un po' malaticcio, si arrotonda, rischiara, abbellisce.

Mangia in dieci minuti, si alza dal tavolo prima del dessert. Mai da solo, perché gli piace parlare. I pranzi prevedono dalle dodici alle sedici portate, da cui pesca a caso, sempre sospettoso d'avvelenamenti. Ha gusti semplici, manzo, pollo, carni ovine, minestre, fave, lenticchie, patate fritte con cipolle. Beve un po' di Borgogna tagliato con acqua. Niente dessert. Quando Giuseppina gli fa notare che è troppo frettoloso, sorride, si risiede un istante, poi si alza e se ne va senza dire una parola. Finito il lavoro, fa venire gelati e sorbetti. Di notte porta in testa un berretto di madras. Chiama «monsieur» i camerieri. Fa colazione alle nove e mezza, in otto minuti, su un tavolinetto senza tovaglia. Il suo pranzo è previsto a budget per una spesa di 100 franchi al giorno. Se ha tempo, ama intrattenersi famigliarmente con scienziati (Monge, Berthollet), pittori (Denon, David, Gérard, Isabey), attori (Talma), architetti (Fontaine).

Malattie accertate: disturbi di stomaco, versamenti di bile, eczemi, emorroidi (di cui soffre un grave attacco proprio a Waterloo). Ha una sfiducia incrollabile nei medici, che giudica sostanzialmente dei ciarlatani. Confida: «L'acqua, l'aria e la pulizia sono i principali articoli della mia farmacopea». Facile al vomito, è molto sensibile agli odori. Gli riesce particolarmente odioso quello della vernice fresca. In compenso adora l'acqua di Colonia, con cui si friziona quotidianamente. Si fa la barba da solo, per sicurezza, cambia tutti i giorni il gilet di flanella, i calzoni di cashmere bianco, le calze di seta. Porta le uniformi sino a quando non sono vistosamente consumate. Dice che due all'anno gli bastano. Il budget per il vestiario non deve superare i 1500 franchi. Quando gioca, vuole sempre vincere, è pronto a barare senza pudore, persino a scacchi. Tutti lo lasciano fare.

Va a letto presto, alle dieci, ma si sveglia dopo quattro ore, indossa una vestaglia, si mette una bandana in testa, lavora per un'ora, muovendosi nervosamente avanti e indietro per la stanza, giocherellando nervosamente con le tabacchiere, sempre concentratissimo. Ha una calligrafia contorta, pressoché illeggibile, che egli stesso non è in grado di decifrare, ma non può perdere tempo con la scrittura, cui provvedono segretari e scrivani sfinendosi di fatica. Arriva a dettare piú lettere contemporaneamente, ogni volta come se parlasse direttamente con il destinatario, accalorandosi, senza lasciare scampo agli scrivani condannati a rincorrerlo. Vietato farlo ripetere o interromperlo. Detta a tutti quelli che sono a tiro, fossero anche principi, duchi, ministri, marescialli. Si calcola che abbia scritto o dettato almeno 35 000 lettere e dispacci. Vuole segretari che non entrino troppo in confidenza: intelligenti, colti, discreti, ma soprattutto macchine da scrittura. La stenografia o tachigrafia viene introdotta solo nel 1812, quando Méneval, sfinito, si ritira.

Non dimentica un numero, ma storpia le parole. Dice Filippiche per Filippine, sezione per sessione, punto fulminante per punto culminante, armistizio per amnistia, Ebro per Elba, Rambulet per Rambouillet, Smolenks per Salamanca. In privato usa un linguaggio rude, soldatesco. A Vilnius, quando si accorge che lo zar lo prende in giro, sbotta: «Alessandro se ne fotte di me».

Accumula per poter meglio ridistribuire. Spiega: «La mia ricchezza, centinaia di milioni, era quella della Francia: gliela diedi tutta perché mi ero fuso con lei. Non ebbi piaceri, gioie, soddisfazioni, ricchezze che non fossero quelle del popolo francese. Quando Giuseppina, con l'autorità che le veniva dal mio nome, si accaparrava qualche capolavoro o lo faceva trasportare tra le pareti domestiche, provavo pena: quel quadro, quella statua, quell'oggetto di valore non stavano in un museo».

Dipinto come despota sicuro di se stesso, è spesso indeciso. «Perentorio nella forma, era flessibile e al fondo spesso irresoluto» (Benjamin Constant). Nel 1799 spiega a Roederer: «Non c'è uomo piú pusillanime di me quando stendo un piano militare: ingigantisco tutti i pericoli e tutti i mali possibili in quella data circostanza. Entro in un'agitazione assolutamente penosa. Questo non mi impedisce di apparire sereno alle persone che mi circondano. Quando ho preso una decisione, dimentico tutto, tranne quello che la può portar al successo». «Lo hanno detto perfido, era soltanto mutevole» (Stendhal). Lui spiegava: «Solo gli sciocchi credono d'essere infallibili, a parte il Papa», ma il messaggio che arrivava all'opinione pubblica era che non sbagliava mai. È pronto a cambiare idea, a esercitare l'autocritica: «Bisogna sempre riservarsi il diritto di ridere il giorno dopo delle idee del giorno prima. Può capitare che mi contraddica, è una cosa del tutto naturale in una discussione».

Vi sono situazioni in cui il grande decisionista sembra avere un singolare ritegno nell'imporre la sua volontà. Cerca il consenso, la persuasione. È di una pazienza longanime e quasi autolesionista con certi suoi fratelli, con alcuni generali, con Talleyrand e Fouché, di cui peraltro teme le ciniche scaltrezze. Se ha innalzato qualcuno ai piú alti livelli, non osa abbatterlo, al massimo lo promuove a posizioni ben remunerate. Lascia che generali e marescialli, spesso usciti dal popolo, accumulino grandi fortune, rendite colossali, o li premia lui stesso, con una generosità strabiliante (un milione di franchi al solo Berthier, Gran Maresciallo di palazzo). Alla fine questi uomini, come osserverà Metternich, volevano godersi le loro fortune e non erano piú disposti a rischiare. Pare che N. abbia avvisato dall'Elba proprio Berthier del suo progetto di ritorno in Francia, senza ottenere risposta.

Non ama l'esibizionismo della *grandeur* e del fasto imperiale, ma lo promuove per impressionare i suoi sudditi, che se lo aspettano da lui. Come ha osservato De Pradt, suo cappellano e diplomatico, «salendo al trono, l'imperatore è salito su un palcoscenico», ha accentuato la sua vocazione alla teatralità, corroborata anche dallo speciale rapporto d'amicizia con il grande attore tragico Talma, nato in gioventú. Diventa il forzato di un lusso ostentato e stravagante, un po' pacchiano, che suscita ironie e sarcasmi. I nuovi nobili si coprono d'oro e pietre rare, di sete e velluti. Ogni *maison* possiede e ostenta una sua compagnia teatrale. La domenica, grande sfoggio d'eleganza ovunque. Anche gli abiti e le divise obbediscono a protocolli precisi, pignoli, minuziosi. Con Maria Luisa l'etichetta diventa ancora piú stretta, una vera malattia.

Si trova a disagio alle Tuileries, cosí oppressive, scomode, poco abitabili, gravate di memorie tragiche. Ha un ufficio piuttosto piccolo, arredato con semplicità, che prende luce da una sola finestra d'angolo. Nel 1812 si installa all'Eliseo, ribattezzato Eliseo-Napoleone. È la sede dei Cento Giorni, ed è lí che torna brevemente dopo Waterloo.

Anche se giudica la nobiltà dell'Ancien Régime inetta e supponente, mummificata nei suoi privilegi, ne subisce il fascino, che nasce dalle sue frustrazioni di provinciale deriso e mortificato. Considera i borghesi ancora troppo rozzi: «Il barile puzza sempre di aringa». Non a caso, a prescindere dalle opportunità politiche e strategiche, finirà per sposare la figlia dell'imperatore d'Austria, nipote di Maria Antonietta e Luigi XVI. Aveva scoperto che, sconfitta dalla Rivoluzione, la vecchia nobiltà conservava la sua influenza nelle campagne, e avrebbe potuto suscitare ostilità: dunque meglio coinvolgerla, ridarle un ruolo. E che le prestazioni dei nobili che avevano accettato di servire sotto l'Impero erano di qualità superiore. Di fatto, dal 1807 al 1815 crea 34 principi e duchi, 459 conti, 1552 baroni, 1321 cavalieri, per un totale di 3366 nuove nobiltà; e istituisce la Legione d'onore, peraltro avversata dalle assemblee, che distribuisce una pioggia di riconoscimenti e gratificazioni.

L'edificio ugualitario della Rivoluzione veniva smontato reintroducendo varie forme di notabilato, assegnate dal solo volere e piacere del Principe, che avevano lo scopo di ampliare la base del consenso, ma di fatto riconducevano all'assolutismo dei tempi antichi, e andavano contro il principio d'uguaglianza che tanto piaceva al popolo.

Grandi qualifiche sono attribuite ai propri famigliari, ai grandi dignitari, ai nuovi marescialli: altezze imperiali, altezze serenissime, eccellenze. «Questo Imperatore con tutte le sue arci-altezze, quel che è sicuro è che i francesi sono delle arcibestie» scriveva la contessa d'Albany, che lo chiamava «il gran ciarlatano», con la consueta, corrosiva lucidità. E aggiungeva: «Questo grand'uomo che conosce i pettegolezzi di tutti e non desidera che si parli male di lui, vuol mettere un bavaglio alla bocca di tutto il mondo. Bisogna confessare che questa libertà francese ha prodotto un mostro, e che si è ben peggiorata la condizione del genere umano. Credo che gli uomini sono nati per essere schiavi: tutto ce lo prova da quindici anni a questa parte».

È ancora Madame de Staël, a consegnarci di N. il ritratto piú conciso e penetrante. Scrive nelle *Considérations sur les principaux événements de la Révolution française*: «Non era né buono, né violento, né dolce, né crudele alla maniera degli individui a noi noti. Un tale essere, nulla avendo in comune con gli altri, non poteva né sentire, né ispirare simpatia alcuna: era al di sopra di un uomo, o al di sotto (...). Egli considera una creatura umana come un fatto o una cosa, non certo come un suo simile. Come non ama, cosí non odia; per lui non c'è che lui; tutte le rimanenti creature non sono che cifre. La forza della sua volontà consiste nell'imperturbabile calcolo del suo egoismo. I suoi successi sono perciò dovuti piú alle qualità che gli mancano che al genio che possiede».

«Sanno forse gli uomini, in ogni occasione, quel che sono e quel che valgono?», si chiede N. a Sant'Elena. Sono le prove estreme che rivelano l'uomo a se stesso: «Credo che la natura mi abbia fatto per le grandi sventure. Quando l'ora è venuta, esse hanno trovato in me un'anima di granito; il fulmine non è riuscito a intaccarmi; non ha potuto che sfiorarmi». Era anche questo un pensiero indirizzato ai posteri, un mattone da aggiungere al monumento della leggenda.

2.

Famiglia

«L'avvenire di un figlio dipende dalla madre», recita uno dei suoi tanti fulminanti aforismi. Nella famiglia Bonaparte l'anello forte è una matriarca che è un condensato di antiche virtú repubblicane: forte, coraggiosa, austera, religiosa, economa, svelta di mano, saggia e previdente tanto nelle difficoltà quanto negli anni di un trionfo che teme sempre effimero, esposto com'è ai venti capricciosi della fortuna e del destino. «Poche esistenze sono state cosí esenti dall'ipocrisia e, secondo me, cosí nobili» (Stendhal).

Maria Letizia Ramolino, figlia di un ispettore generale del genio civile, è la piú bella ragazza di Ajaccio, e ha tredici anni quando nel 1763 viene sedotta dal diciottenne Carlo Maria Buonaparte. Rimane incinta di un bambino che nascerà l'anno seguente, dopo un matrimonio riparatore. Gli verrà imposto il nome di un avo che ricorre nella genealogia famigliare, Napoleone, ma morirà a nove mesi. Seguiranno dodici figli, di cui due nati morti e altri tre deceduti in tenera età. A Giuseppe, nato nel 1768, segue l'anno dopo un bambino cui verrà nuovamente imposto il nome di Napoleone. Insegna ai figli a lavarsi molto, perché «erano nati fra il puzzo delle pecore e del pesce, e la pulizia era l'unico lusso che non costava niente». L'ossessione dell'igiene resterà uno dei tratti caratteristici del figlio.

È lei, diventata Madame Mère, la madre per eccellenza, Altezza Imperiale per decreto del 1805, che tiene saldamente in pugno le redini della famiglia. «Avrebbe potuto governare dei reami... è degna d'ogni genere di venerazione, – confiderà il figlio a Sant'Elena. – Devo la mia fortuna al modo con cui mi ha allevato in gioventú». «Una regina da tragedia, – la definisce Arthur Conan Doyle, – imponente, austera, riservata, silenziosa». Subisce la devastazione della propria casa da parte dei seguaci di Paoli; vedova a trentacinque anni, non disdegna lavori servili quando nel 1793 la famiglia, in fuga dalla Corsica, è costretta a vivere in due stanze a Marsiglia; governa saldamente i figli anche nella maggiore età, cercando di ricucire tensioni e conflitti spesso acri. Non ama le ostentazioni dello sfarzo, spende una minima parte del trattamento annuo che le è stato assegnato, si dispiace delle troppe persone inutili che affollano la *maison*.

Nell'agosto 1814 segue N. all'Elba, dopo il 1815 si ritira a Roma, sotto la protezione del papa, si fa custode del mito e della memoria, tutrice della dignità dinastica. Acquista quello che diventerà Palazzo Bonaparte, affacciato su piazza Venezia, e da lí continua a battersi per aiutare il figlio prigioniero, che aveva chiesto invano di poter raggiungere, svendendo i gioielli di famiglia («mi è rimasta qualche spilletta», diceva ai nipoti), giostrando tra sovrani, papi, cardinali, ambasciatori, camerieri, sempre temuta e rispettata. Muore nel 1836, all'età di ottantasei anni. Fino all'ultimo, ambasciatori e polizia l'avevano considerata «un soggetto da tenere sotto costante sorveglianza». Dormiva nel lettino da campo in cui era morto N. a Sant'Elena, con le asticelle sormontate dalle aquile e le tendine bianche.

I Buonaparte, piccoli nobili toscani di San Miniato e Sarzana, forse originari di Treviso, erano in Corsica dal 1512, al servizio del banco genovese di San Giorgio, e avevano occupato posizioni di notabilato nelle assemblee degli Anziani. N. ha sempre diffidato delle genealogie troppo lusinghiere, di titoli nobiliari inventati *ex post* nella speranza di compiacerlo. Diceva che la sua nobiltà era nata a Cairo Montenotte, con la battaglia che gli aveva aperto il Piemonte, e l'Italia. Non voleva sapere altro.

Carlo aveva studiato diritto a Pisa. Aria elegante, sempre a caccia di relazioni utili, frivolo, spendaccione, troppo dedito al gioco d'azzardo, è poco accorto nella gestione dei propri affari. Già segretario di Paoli e presente alla battaglia di Ponte Nuovo, in cui gli indipendentisti sconfiggono momentaneamente i francesi occupanti, si rassegna all'annessione francese del 1769, l'anno in cui nasce N.

«Considero parenti solo quelli che mi servono... Posso amare solo persone che stimo», dice N. nel 1806. Cinque anni piú tardi confida a Maria Luisa: «Compiangimi d'aver avuto una cattiva famiglia, proprio io che l'ho colmata d'ogni bene». A Sant'Elena spiega: «Tante volte si è parlato della forza imperiosa della mia volontà e del mio carattere: eppure, specialmente con i miei, ho dato prova di grandi debolezze: mi conoscevano, lo sapevano e insistendo con ostinazione, la vincevano sempre. Passato il mio primo impeto, mi prendevano per stanchezza, e alla fine facevano quello che volevano loro. Per questo ho commesso molti errori».

Sospira che non gli era toccata la fortuna di Gengis Khan, che aveva quattro figli uniti e concordi. Appena nominava re un parente, costui si credeva eletto per grazia di Dio, si rivelava un sovrano debole, un po' frivolo, preso dall'esibizione di uno sfarzo eccessivo, poco incline ad armonizzare la propria azione con le superiori esigenze strategiche dell'Impero. Di qui rampogne, recriminazioni, aspre lamentele: «La mia famiglia non mi asseconda, ha un'ambizione folle, la mania di spendere, nessun talento». O gli espliciti sarcasmi rivolti agli ingrati parenti: «A sentir voi, vi avrei defraudato dell'eredità del vostro defunto padre». Che errore aver messo sul trono dei fratelli. Meglio sarebbe stato farne dei viceré, ma con poteri ridotti si sarebbero comportati anche peggio. A Sant'Elena si rimprovera di avere avuto «la dabbenaggine di credere nella santità dei legami famigliari».

Giuseppe, il primogenito, destinato prima al Regno di Napoli e poi a quello di Spagna, è una pasta d'uomo da cui però non si può attendere alcun aiuto («Nei casi gravi il peso del potere era sproporzionato alle sue forze»). Un idealista di buona volontà, che coltiva interessi filosofici, vuol essere amato e si occupa piú di giustizia che di polizia. Non attua le riforme che gli vengono suggerite, si circonda di quella specie nefasta che sono i letterati. Se scrive al fratello che i napoletani lo amano, l'altro si infuria: che amore vuole che sia, visto che non ha fatto niente per loro, ed è sul trono per diritto di conquista, grazie a quaranta o cinquantamila soldati che obbediscono a lui? Lo ammonisce: «Nei vostri proclami al popolo di Napoli non si sente il padrone. Non ci guadagnerete niente con troppe carezze».

Quando viene mandato in Spagna, invece di francesizzare il Paese si lascia ispanizzare, si circonda di ministri spagnoli. Saranno cinque anni di rimproveri, critiche amare, insulti. «Nessuno vuol saperne di un re che sta sempre in mezzo alle donne, che gioca a nascondino o a mosca-cieca...», si sfoga N. con i suoi. Tuttavia nel 1814, nei drammatici frangenti della campagna di Francia, in cui tenta un'ultima difesa dagli eserciti alleati, lo nomina luogotenente generale, con il compito di assistere la reggenza di Maria Luisa. Lui eccede in galanteria con la giovane sposa, che N. deve mettere in guardia, invitandola a non restare sola con lui: «Ha una cattiva reputazione con le donne». A Sant'Elena la condanna è definitiva: «È il peggior capo di governo possibile. Non faceva e non voleva che si facesse».

Di tutt'altro spessore è Luciano, che ha sei anni meno di N. Intelligente, energico, audace, eloquente, ha una testa politica assai simile a quella del fratello, sa affrontare gli ostacoli piú difficili. Deputato a ventitre anni, brilla per eloquenza e audacia, arriva alla presidenza della camera dei Cinquecento proprio quando N. torna dall'Egitto e comincia a pensare al colpo di Stato. Il 19 Brumaio salva il fratello con la forza delle armi disperdendo gli oppositori, e si attenderebbe una ricompensa adeguata, ma il Primo Console gli offre soltanto il ministero degli Interni, quasi volesse tenere lontano un concorrente troppo ambizioso.

Rimasto vedovo, si abbandona a una vita dissoluta negli ambienti teatrali. Spedito come ambasciatore a Madrid, dove si arricchisce a dismisura, dopo nuovi contrasti diplomatici rientra a Parigi, riprende il suo posto al Tribunato, che lo designa suo rappresentante al Gran Consiglio della Legione d'onore, contro il parere del fratello. Mena una gran vita al suo castello nell'Oise, dove mette in scena un dramma di Voltaire, recitando poco vestito con la sorella Elisa che vive con lui. Furore del Console: mentre lui cerca di ristabilire i buoni costumi, i fratelli calcano le scene seminudi. È un'indegnità.

Intanto ha messo gli occhi sulla bella ventiquattrenne Alexandrine de Bleschamp, appena divorziata da un losco uomo d'affari. La sposa nell'ottobre 1803 senza darne avviso al fratello, che va su tutte le furie, perché continua ad arrogarsi il diritto di sindacare le scelte dei famigliari. Sostiene che la novella sposa ha una reputazione indegna, è addirittura «una prostituta». Luciano lo irride: «Almeno, la mia è piú giovane della vostra». La famiglia, compresa Madame Mère, si schiera con il ribelle. La rottura definitiva avviene cinque settimane prima della proclamazione dell'Impero. Luciano disapprova l'esecuzione del duca d'Enghien. «Andiamo via, – dice alla moglie, – ha gustato il sangue».

Sgomento di N., che continua a credere alla santità dei legami famigliari. Nel 1807 a Mantova arriva a offrire un trono al fratello, purché lasci la moglie. Luciano è tentato ma non cede. Catturato dagli inglesi nel 1810 durante una traversata dagli Stati Uniti, viene deportato nel Galles e tenuto qualche anno in libertà vigilata. Nei Cento Giorni si mette a disposizione del fratello tornato in scena. N. è commosso dal gesto, finirà per dettare a lui la seconda abdicazione, dispiaciuto che le cose siano andate cosí male in passato.

Dopo Waterloo Luciano si trasferisce a Roma, sotto la protezione di papa Pio VII, che aveva sempre difeso. Nominato principe di Canino, nel Viterbese, fa la vita del ricco signore, archeologo (conduce scavi etruschi molto remunerativi), raffinato collezionista d'arte, con ambizioni letterarie: compone un poema epico su Carlo Magno («Quanto tempo perduto», commenta l'imperiale fratello), un romanzo, una tragedia, due commedie, un'*Ode contro i detrattori di Omero*). Dopo aver cercato di riorganizzare in Inghilterra un movimento bonapartista, muore a Viterbo nel 1840, lasciando delle importanti *Mémoires*. Scrivevano tutti, nella famiglia Bonaparte: Luigi e Giuseppe si facevano stampare in edizioni lussuose, firmavano romanzi anche Elisa e Paolina («Ah, questo no! Paolina è al suo posto nel sostenere la parte dell'eroina, non quella della scrittrice di romanzi», lamenta N.).

Assai diversi i fratelli piú piccoli. Per Luigi (1778) N. ha premure paterne, peraltro mal ricambiate. Dà buone prove di sé nella prima campagna d'Italia, ma a vent'anni è già un malato. Debilitato da cadute da cavallo, sifilitico, cambia carattere, diventa acido, contraddittorio, nevrotico, ha ossessioni persecutorie. Il matrimonio con Ortensia Beauharnais, figlia di Giuseppina (di cui N. apprezzava l'intelligenza, il tatto e la discrezione), non migliora le cose. A ventiquattro anni il padre del futuro Napoleone III è già un vecchio difficile. Nominato re d'Olanda, ha gravi contrasti con l'imperatore, che non gli lesina critiche durissime: «Governate quella nazione troppo da cappuccino. La bontà d'un principe non deve essere quella di un monaco, scopo delle vostre azioni è quello di ottenere gli applausi dei negozianti». O ancora: «Il vostro governo vuol essere paterno, ma è soltanto debole». Quando l'esercito olandese viene ridotto a 4000 soldati, N. gli ricorda che per le sue campagne gliene servono 40 000 e lo invita ad arruolarli al piú presto. Se Luigi si dimentica d'essere francese, N. si dichiara pronto a dimenticare i legami famigliari. Le sue durissime lettere («Senza di me voi siete una nullità») verranno escluse dalla pubblicazione della *Corrispondenza* durante il Secondo Impero, perché Luigi era il padre del nuovo imperatore. Tombale il giudizio conclusivo: «Mai un'onestà senza intelligenza ha prodotto mali maggiori».

Girolamo (1784), l'ultimogenito, è l'*enfant chéri* che tutti viziano, nato quando la famiglia è in piena ascesa, e dunque non ha dovuto conoscere difficoltà e ristrettezze. Contrammiraglio a ventun anni, si gode il titolo di principe e un appannaggio di un milione di franchi, e si dimostra presto uno scialacquatore che non onora i suoi troppi debiti. Nominato sovrano del regno vassallo di Vestfalia, al pari di Luigi smantella l'esercito ed eccede negli sperperi di un fasto assurdo. N. lo accusa di malevolenza, ingratitudine, leggerezza, incoerenza: «Il vostro regno non ha polizia, finanze, organizzazione. Fate la guerra come un satrapo, invece bisogna essere dei soldati, e poi dei soldati e ancora dei soldati. La guerra è un mestiere che bisogna imparare». Vivrà di espedienti e intrighi il resto della sua vita. Unico tra i fratelli, riesce a vedere il Secondo Impero, dove il nipote lo nomina presidente del Senato e gli conferisce il bastone di maresciallo di Francia.

La prima delle figlie, Maria Anna (1777), ribattezzata Elisa dal fratello Luciano cui è molto legata (ne dirige la casa con polso quando resta vedovo), è la meno avvenente delle sorelle Bonaparte. Alta, ossuta, un po' segaligna, ha una testa maschile, è un'anima forte che vuole imitare in tutto l'imperiale fratello, di cui ha il modo intimidatorio d'interrogare, la capacità di lavoro, la rapidità decisionale. Sposa un oscuro e mediocre ufficiale di guarnigione, tale Felice Baciocchi, che ha il solo merito di essere corso, un lontano cugino che aveva comandato la cittadella di Ajaccio (N., che è contrario, viene messo di fronte al fatto compiuto). È la prima a ottenere un principato, il ducato di Piombino e poi di Lucca, con gran dispetto delle sorelle, e dà buone prove di amministratrice. Vuol dare una sistemata a tutto: giustizia, scuola, assistenza, opere pubbliche, industria, agricoltura, commerci, infrastrutture, beni culturali.

Non è proprio un *welfare*, ma dati i tempi vi somiglia abbastanza, visto che si occupa anche di famiglie numerose e sanità (15 000 bambini vaccinati, l'eroe del momento è il dottor Sacco, allievo ed emulo del grande Jenner, il mago della lancetta). I lucchesi le sono grati anche perché evita loro la coscrizione obbligatoria. Governa con un occhio a Parigi, e fa in modo di presentare la propria opera sotto la luce piú favorevole. È una brava comunicatrice. «Elisa – sarà costretto ad ammettere N., anche se gli danno fastidio tante lodi a stampa – è il migliore dei miei ministri». Se necessario, le ingiunge di attenersi scrupolosamente agli ordini dei suoi ministri, minacciandola addirittura di arrestarla con un semplice mandato del ministro di Polizia. Fouché le attribuisce un'inclinazione «a vivere una vita esagerata… Aveva una mania riconosciuta, quella di imitare tutte le abitudini del fratello, come ad esempio la sua natura brusca, il ricercato sfarzo della corte e anche l'intero apparato militare».

Elisa dedica risorse cospicue, persino eccessive, allo sfarzo mondano e culturale, ama presentarsi come protettrice delle lettere, vuole fondare un'accademia letteraria riservata alle donne (tra l'altro ha il merito di aver protetto Chateaubriand; molto chiacchierata la sua amicizia parigina con Fontanes, rettore dell'Università, che la ricambia magnificando la sua sensibilità intellettuale). Arrivano bravi pittori e scultori, e un violinista, tale Niccolò Paganini: è bravissimo e costa poco. La corte, modellata su quella delle Tuileries, si riempie di ciambellani, dame, scudieri, paggi, cappellani, elemosinieri, ufficiali d'onore.

La principessa ha la mania del teatro, detta il cartellone dei testi da rappresentare, distribuisce le parti, recita lei stessa, preferibilmente Racine, ma anche commedie allegre. La corte, gli aristocratici e i borghesi si lanciano in una gara dispendiosa. I patrimoni famigliari vacillano, fabbriche e *ateliers* rifioriscono. Un estroso scrittore, Boucher de Perthes, in servizio alle Dogane di Livorno, ci ha lasciato in una lettera alla madre un quadro molto vivace del tempo: «Da quando la granduchessa è qui, e con lei ogni pompa e piacere, si succedono senza posa parate, messe, corse, concerti, fuochi d'artificio e soprattutto luminarie, perché lei ne va matta. Siamo tutti coperti di lampioni».

Nel 1809 riesce a diventare granduchessa di Toscana, scalzando la grassa e inetta Maria Luisa di Borbone. A Firenze cerca di applicare la formula che ha già funzionato a Lucca, compreso il favore accordato all'aristocrazia, la protezione di lettere e scienze e lo splendore delle feste, ma la gestione è resa difficile dalla crisi economica e finanziaria, che provoca un aggravio della fiscalità, dalla carestia e dalla coscrizione obbligatoria. Non mancano tumulti. La parabola imperiale è ormai al declino. Nel marzo 1814 la granduchessa è costretta a lasciare Lucca, tratta animosamente con gli austriaci e si stabilisce a Trieste, dopo essere riuscita a salvare gran parte del patrimonio. Ricostituisce una piccola corte, riprende una vita piuttosto lussuosa (ricompare persino Paganini). Muore nel 1820, un anno prima del fratello, di un cancro al fegato, il male di famiglia.

Maria Paola, in famiglia Paoletta (1780), è la piú inquieta, famosa e chiacchierata degli otto fratelli. Viene ribattezzata Paolina da N. a Milano, durante la prima campagna d'Italia, perché gli sembra un nome piú elegante. Nata per amare ed essere amata, per stupire e scandalizzare, per rendere indimenticabili vent'anni ruggenti. Paolina «cocca di famiglia» (cosí Ortensia), Paolina erotomane, Paolina mani bucate, Paolina maestra nel portare l'edonismo ai vertici dell'arte, Paolina «regina dei fronzoli». «Bella quanto si può esserla, innamorata di se stessa, il piacere come unica occupazione» (Metternich). Sposata a diciassette anni, vedova a ventidue di un generale morto di febbre gialla a Santo Domingo, nuovamente coniugata nove mesi dopo al piú titolato dei principi romani, Camillo Borghese, irrequieta sempre. Tanto che l'imperiale fratello, irritato dalle sue instabilità emotive, le aveva detto in faccia con la consueta brutalità che a ventiquattro anni, non essendo piú bella, doveva distinguersi per moralità e opere pie. Solo Antonio Canova, che un anno dopo l'aveva ritratta senza veli nella celebre statua, pare sia rimasto insensibile al suo fascino. Lei ridendo lo chiamava «vecchio cappone».

L'infedele è anche la fedelissima che non abbandona il fratello in disgrazia, lo segue all'Elba, vende i suoi gioielli per aiutarne la fuga, per attenuare i rigori della prigionia di Sant'Elena, per guadagnare alla sua causa i nobili inglesi che avevano in simpatia il Vinto. Sotto le apparenze della civetta, la regina dei salotti ha qualcosa del fiero carattere di madre e fratello. Decisa a non abbassare di un centimetro lo splendido livello di vita che riteneva le spettasse, sa comportarsi come un grintoso avvocato d'affari. Nominata duchessa di Guastalla nel marzo

1806, rivende il ducato al Regno d'Italia (su consiglio del fratello). Mantiene il titolo e ci guadagna parecchi milioni.

Quando Camillo Borghese è nominato governatore generale di Piemonte e Liguria, che nel 1808 sono diventati due dipartimenti francesi, si rassegna a fatica a vivere a Torino, ma incanta tutti. Al ballo offerto per festeggiare il suo arrivo chiede di eseguire una monferrina al posto di una danza francese. Prende avvio un turbine mondano di balli, feste, concerti. Si annoia presto e rientra a Parigi – dichiara – per restare vicina al fratello e alla madre. Nel 1812 organizza un ballo mitologico in onore del piccolo Re di Roma, e si presenta nei panni di Roma in tunica, corazza ed elmo. Perfino la mordace duchessa d'Abrantès la considera «favolosa».

Nelle guerre patrimoniali è travolgente e imprevedibile. Lasciata l'Elba (dove aveva portato un'aria di «galanteria e giocosità», secondo Marchand) tre giorni dopo il fratello per sottrarsi alle ire degli inglesi, torna a Roma e parte all'attacco di Camillo Borghese, lasciato tanti anni prima. Lui voleva divorziare per il «disdicevole comportamento» della moglie, ma in realtà intendeva tenersi la dote ricchissima che lei gli aveva portato.

Ben consigliata da un inquisitore della Sacra Rota, Paolina lo denuncia per abbandono del tetto coniugale e convivenza con la giovane cugina Lante della Rovere. Vince la causa, si fa riconoscere palazzi e ville, mobili e quadri, una pensione annua di 14 000 scudi romani. Investe oculatamente in fili di perle stupende, collier di brillanti, anelli, bracciali e tiare, prontamente realizzabili in caso di necessità. Nella spartizione dei gioielli, riesce perfino a ingannare Camillo smontando e rimontando pietre e diamanti della famiglia di lui.

A Roma occupa il primo piano del palazzo di via Ripetta detto il Cembalo, disegnato dal Vignola. Camillo aveva fatto murare la porta comunicante tra le loro stanze. I capricci e le malattie reali e immaginarie di lei gli procuravano rabbie che cercava di sedare alternando bagni bollenti e docce gelate. Paolina si stanca presto del Cembalo, trova una deliziosa palazzina dalle parti di Porta Pia, la fa restaurare dai migliori artigiani della città, la orna di raffinati giardini all'inglese. Vorrebbe chiamarla Villa Bonaparte, ma sua madre s'infuria. A Roma c'erano immense tenute nobiliari, e lei voleva dare a una «villa di periferia con venti acri di giardino» il sacro nome dei Bonaparte? Dopo un po' Paolina riprende a fare la gattina con Camillo, gli scrive i suoi soliti biglietti sgrammaticati: «L'ottobre è molto gativo, piove sempre. Domenica per altro la pasegata è stata bella». Continua a dare feste sontuose. Le dame inglesi, incantate, scrivevano che la principessa sapeva mettere insieme l'eleganza francese, il gusto italiano, la pulizia inglese.

Aveva trentasei anni, e la sua famosa bellezza era sfiorita per davvero, la pelle giallognola, vari problemi di fegato e di petto. Camminava con difficoltà, si faceva portare in braccio da un etiope gigantesco e bellissimo. Per ingannare le sue malattie decide di tornare in Toscana, dove piú facilmente poteva «passare le acque». Nel 1822 compera una casa di campagna a Monte San Quirico, sulle rive del Serchio; poi fa edificare un'altra villa in riva al mare, all'estremità nord di Viareggio, isolata, in prossimità della spiaggia che aveva restituito il corpo di Shelley annegato: «Il mare mi piace e mi fa bene. Ricevo molti artisti inglesi di cui non posso fare a meno, sono troppo interessanti e piacevoli», scrive. Il 9 giugno 1825, a quarantacinque anni, si prepara a morire con l'ultima delle sue recite teatrali. Veste uno splendido abito di corte, fa acconciare la chioma come per un ballo, ricopre braccia, collo e petto di perle e diamanti. Ci voleva ben altro che la morte per abbattere una vera Bonaparte.

Maria Annunziata (1782), ribattezzata Carolina dal solito Luciano, considerata una sciocchina da bambina, ha presto sviluppato capacità, ambizione, fiuto politico: sogna addirittura di diventare imperatrice, con l'appoggio del generale Junot, governatore di Parigi, che seduce. È scaltra, dominatrice, spregiudicata, manovriera, sa creare consenso muovendosi con abilità nei salotti e negli ambienti mondani. «Aveva stoffa, molto carattere, e un'ambizione disordinata», dirà N. a Sant'Elena: «Con lei bisognava sempre mettersi in ordine di battaglia. Per far capire le mie concezioni a una donnina di famiglia dovevo fare discorsi lunghi come quelli che tenevo al Senato o al Consiglio di Stato». Nel 1800 sposa uno dei piú brillanti (esibizionisti, ombrosi e suscettibili) generali napoleonici, Gioacchino Murat, di cui favorisce l'ascesa che lo porta sul trono di Napoli (1808).

Pur nominata principessa imperiale con un ricco appannaggio, non riesce a nascondere invidie e gelosie per i Beauharnais, che detesta, e i fratelli, ma a Napoli riesce a moderare, con un'accorta opera di mediazione, i contrasti anche vivaci tra l'imperatore e il coniuge che rivendicava una sua autonomia («Non si è re per obbedire», diceva amareggiato). Le insistenze e le recriminazioni di cui sommerge il fratello le attirano rimproveri spazientiti: «Ho riempito voi e vostro marito di doni! Vengo ringraziato con continui reclami e perenni geremiadi. Adesso basta!» L'imperatore è anche piú duro con Murat, cui imputa iniziative non concordate, come il tentativo di uno sbarco in Sicilia: «Se ho messo un sovrano della mia famiglia a Napoli, non è per far sí che le cose vadano peggio di quando c'era un nemico».

Nominata reggente quando Murat parte per la Russia, Carolina si occupa attivamente di una gestione difficile, cercando di ottenere l'appoggio dell'antica feudalità. Si occupa anche di restaurare i palazzi reali, promuovere gli scavi di Pompei ed Ercolano, abbellire i giardini. Nel 1813 è spregiudicatamente accanto al marito e contro il fratello nel tentativo, difficile e alla fine sfortunato, di scindere le sorti del regno da quelle dell'imperatore sconfitto e di unire l'Italia. Le trattative segrete avviate con Austria e Inghilterra (che lei corrobora anche attraverso la relazione con Metternich) non avranno buon esito anche per le irresolutezze di Murat, sfociate nella disperata avventura dello sbarco in Calabria, che gli costerà la vita. Rimasta sola, trova il riparo della protezione austriaca. Continuerà a battersi con dignità e avvedutezza contro pesanti difficoltà finanziarie, dando prova di una capacità manageriale degna del fratello. Talleyrand le riconosceva «un cervello di Machiavelli», una testa alla Cromwell su spalle femminili. Muore a Firenze nel 1839, all'età di cinquantasette anni.

3.

Donne

«L'amore è una stupidaggine fatta in due». «L'amore nuoce alla società, alla felicità dei singoli uomini. Credo che l'amore faccia piú male che bene». Per N. l'amore è poco piú di una malattia, di un incidente di percorso che bisogna saper gestire accortamente. L'amore non esiste nella realtà, è un sentimento fittizio, un'invenzione sociale: «Forse non sono tanto adatto a parlarne: sono troppo razionale. Avrò passato otto, quindici giorni al massimo senza dormire per colpa di una donna, ma non era amore. Si ha un bel dire, l'amore non resiste all'assenza. Dovrebbe essere un piacere, non un tormento». Ancora: «Non ho mai amato d'amore, salvo Giuseppina, un po', forse perché avevo ventisette anni quando l'ho conosciuta». Per Maria Luisa, che aveva ventitre anni meno di lui, sostiene di aver provato «molta amicizia», ma i documenti parlano di un vero trasporto, magari corroborato dalla consapevolezza di aver sposato, lui, un *parvenu* corso, la figlia di un vero imperatore.

Le donne sono e devono restare lo svago del guerriero, il quale non deve troppo affezionarsi a loro, per non venir meno ai doveri che ha verso la società e verso l'Impero. Altrimenti sono le fattrici che gli forniscono i nuovi soldati di cui ha bisogno. Inutile poi deprecare la prostituzione, come si è fatto in ogni epoca. Assolve una funzione sociale, «senza di quella, gli uomini abborderebbero per strada le donne oneste». Quanto a lui, il suo terreno di caccia sono le dame di Palazzo, le lettrici delle principesse, le attrici, come Mademoiselle George, cantanti come la Grassini, di cui ammirava la voce. Poi si faceva raccontare da Fouché, ministro degli Interni, pettegolezzi sulle belle di poca virtú che aveva appena avuto.

Tra le sue avventure extraconiugali, in Egitto spicca Pauline Fourès, detta Bellilote dal suo cognome di ragazza, Bellisle, chiamata «Cleopatra» dai soldati. Spregiudicata modista di Carcassonne, qualche talento di musicista, scrittrice e pittrice, già al seguito di un marito tenente molto accomodante e pronto a farsi da parte, N. l'avrebbe anche sposata, se fosse riuscita a dargli un figlio; diventato Primo Console, le conferirà una dote sostanziosa. Le distrazioni dovevano in ogni caso essere giovani, e preferibilmente bionde: la Bellilote ha vent'anni, la George diciassette, la Walewska e Maria Luisa diciotto.

Stendhal ha ravvisato nei suoi comportamenti con le donne un autentico disprezzo, probabilmente originato dalla paura del ridicolo, dagli impacci giovanili, dalle umiliazioni che gli aveva inflitto Giuseppina, dall'imbarazzo in cui potevano metterlo le battute e gli scherzi delle piú pronte e ardite. A Sant'Elena si confermano addirittura i tratti di un'autentica misoginia. Sostiene che i popoli d'Occidente non comprendono le donne e le trattano «con eccessiva dolcezza. Abbiamo persino commesso l'errore di innalzarle quasi al livello degli uomini. I popoli dell'Oriente sono piú accorti e giusti: le dichiarano proprietà dell'uomo. Dovrebbe essere cosí: ed è una nostra aberrazione mentale se esse vanno superbe del loro imperio su di noi, e abusano di alcune loro doti per sedurci e dirigerci. In realtà la natura le ha fatte nostre schiave». Ancora: «Per una donna che ci ispira qualcosa di buono, ce ne sono cento che ci fanno fare delle sciocchezze».

Ricordava che nel 1796 le donne d'Italia erano tutte per lui, ma «il mio cuore era troppo agguerrito per lasciarsi prendere ai lacci d'amore. Sotto quei fiori splendidi, sapevo che si celava la rovina e il precipizio». Ammoniva: «La donna è proprietà nostra, come l'albero che dà frutti è proprietà del giardiniere». O ancora: «Bisogna insegnare alle donne che uscendo dalla tutela famigliare passano a quella del marito». Le signore hanno già in dono «la grazia, la bellezza, la seduzione», i loro obblighi sono «la dipendenza e la sottomissione». «Credetemi, non è necessario che le nostre mogli siano belle. Quanto alle amanti, è una cosa diversa», dice al fratello Luciano, cui vorrebbe far sposare la bruttissima regina d'Etruria. Depreca che «la mancanza di giudizio e i difetti di un'educazione possono portare una donna a credersi in tutto uguale al marito». Sulla fedeltà non si fa illusioni, specie su quella delle parigine, dopo le urticanti esperienze personali. Tuttavia ammette che una donna possa uscire tramite il divorzio da una condizione che non corrisponde alle sue attese. Per l'adozione è necessaria una famiglia.

Gli riescono fastidiose le intellettuali e le *femmes savantes*. Riserva a Madame de Staël, che cerca invano di sedurlo con la sua intelligenza, un'avversione ringhiosa. Proclama che le spose devono «occuparsi del ménage e dei bambini, senza mischiarsi a cose che non le riguardano». O ancora: «Meglio che le donne lavorino con l'ago che con la lingua. Gli stati vanno in rovina quando le donne governano gli affari pubblici. La Francia è andata in malora per colpa della regina. E guardate la Spagna, è una regina che governa. Quanto a me, basta che una donna dica una cosa per fare il contrario». Inammissibile che donne si impiccino di politica. Nel 1797 lo dice sprezzantemente egli stesso a una signora nota per la bellezza e la vivacità dello spirito, ma ne ottiene una risposta memorabile: «Voi avete ragione, ma in un paese in cui si taglia loro la testa, è naturale che abbiano il desiderio di saperne il perché».

Nel Codice civile del 1804 la condizione femminile è segnata dalla sottomissione. La donna sposata deve obbedienza al coniuge, deve seguirlo ove che sia, non può assumere impegni senza il suo consenso, non può nemmeno testimoniare in un processo. Il suo adulterio è punibile con il carcere, quello maschile solo se consumato sotto il tetto coniugale. Non ha difese contro le violenze domestiche. Ci sono giudici che assolvono un marito colpevole di procurato aborto con le sue percosse, cosí come ci sono generali che colpiscono pubblicamente le loro mogli. Il divorzio, introdotto nel 1792, consente all'uomo di ripudiare una moglie colpevole, sterile o semplicemente invecchiata. Il padre esercita in toto la potestà paterna, la madre non ha diritti sui figli; se rimane vedova, diventa tutrice dei figli solo sotto lo stretto controllo del consiglio di famiglia. Le libertà concesse alle maggiorenni non coniugate sono teoriche, perché in pratica non hanno la possibilità di esercitare un mestiere o una professione. E se la legge garantisce la parità dei diritti ereditari, il piú delle volte una pressante *moral suasion* dei fratelli le spinge a rinunciare alla loro parte.

A partire dai quindici anni, le fanciulle, confinate all'antico ruolo di seduttrici, devono rispondere del loro onore, e i giudici sono portati a pensare che non abbiano saputo o voluto difendersi. Lo stupro compiuto su una minore di quindici anni è punito con i lavori forzati, ma la vittima deve dimostrare il danno. Le ricerche di paternità sono vietate per impedire che i figli di famiglia o i padroni siano chiamati a rispondere dei loro abusi. Di qui un aumento consistente del numero degli illegittimi, e di istituzioni destinate a ospitare i bambini abbandonati.

Quello che si impone è il modello di austerità e discrezione che si incarna in Madame Mère. Per favorire la procreazione, a partire dal 1803 viene riorganizzata la formazione professionale delle ostetriche, attraverso corsi specifici; nel 1806 viene istituita a Parigi una cattedra di ostetricia. La parte piú propriamente medica è affidata ai dottori, le donne restano confinate nella pratica quotidiana. N. incoraggia i sussidi alle partorienti indigenti, ma solo se sposate e di buona condotta, e in grado di allattare i figli. Quanto alle donne delle classi agiate, N. cerca di indirizzarle a compiti di riproduzione, scoraggiando l'istruzione. Licei e università sono vietati alle donne, alle quali deve bastare l'istruzione primaria. Ammessi gli istitutori privati, ma solo fino a sedici anni, e a condizione che non insegnino troppo.

L'importante è inculcare buoni principî religiosi. Raccomanda N. a Madame Campan, che dirige un istituto per le figlie degli ufficiali: «Dateci delle credenti, non delle ragionatrici: la debolezza del cervello femminile, la mobilità dei loro desideri, la loro destinazione sociale, la necessità di ispirare loro, con una continua rassegnazione, una caritatevolezza dolce e facile, tutto questo rende indispensabile imporre loro il giogo della religione». A dispetto di questi indirizzi, lo spirito del tempo andrà in un'altra direzione: alla diminuzione della nascita si accompagna nelle donne il desiderio di una maggiore istruzione. In compenso prende quota l'idea che l'educazione migliore sia quella impartita dalle madri, e cresce la loro richiesta di saperne di piú attraverso periodici e manuali.

N. ha la passione del combinare matrimoni, e se ne vanta: «Ne ho organizzati molti e avrei voluto farne a migliaia. È l'unico modo per amalgamare e fondere in una sola famiglia fazioni altrimenti inconciliabili». Vagheggia addirittura di creare una «coscrizione delle fanciulle da marito» per provvedere i suoi ufficiali di buoni partiti. Vorrebbe censirle, come in un'operazione catastale. I prefetti sono chiamati a redigere elenchi di fanciulle dai quattordici anni in su, di famiglie di notabili, completi di ogni informazione: caratteristiche fisiche e morali, dote, attese, comportamenti, pratiche religiose. «Non lo conoscete – motteggiava Fouché – vorrebbe occuparsi anche della cucina di tutti!» La morte di Desaix a Marengo lo rattrista particolarmente perché aveva deciso di dargli in moglie Ortensia Beauharnais: «Sarebbe stata felice, con lui». Riesce a combinare il matrimonio di Eugenio con la principessa di Baviera nel giro di quindici giorni.

La funzione ornamentale della donna esplode con l'Impero, dopo che già durante il Consolato la presenza femminile aveva cominciato a farsi notare con una sensibile ricerca d'eleganza. Giuseppina, Madame Mère e le sorelle di N. avevano ognuna una *maison* di una ventina di persone; le mogli di ministri, marescialli, generali e ambasciatori cercavano di non sfigurare troppo al confronto. Feste, balli, banchetti, concerti, Te Deum rappresentavano altrettante occasioni per esibire la propria eleganza. Giuseppina è perfetta per recitare una parte che ha anche delle ricadute politiche.

Marie-Josèphe-Rose de Tascher de la Pagerie, nata alla Martinica nel 1763, dunque di sei anni piú anziana di N., a sedici anni va sposa al giovane Alexandre de Beauharnais, cui darà due figli, Eugenio e Ortensia, ma che le rimprovera di essere una provinciale un po' ingenua e sprovveduta. Quando il matrimonio va in crisi, Giuseppina (sarà N. a chiamarla cosí) impara rapidamente a muoversi nei salotti, sviluppando un notevole talento per le relazioni mondane, che le riescono particolarmente utili quando Alexandre, già deputato all'Assemblea costituente e poi generale alla testa dell'armata del Reno, viene ghigliottinato nel 1794. È il suo amante Barras, potente anima del Direttorio, cinico e abile faccendiere, a presentarle il selvatico generale corso da lui appena nominato a capo dell'armata d'Italia, che rimane incantato dallo *charme* della signora. Lei è turbata dall'aria sicura e spavalda di lui, non sa valutarlo bene: «Con l'immaginazione che ha, chi può calcolare cosa è capace di combinare?» Un notaio le consiglia di sposare un fornitore dell'esercito, invece di un generale, che possiede solo la sua spada.

Il matrimonio con la discussa vedova Beauharnais (il 9 marzo 1796, pochi giorni prima che N. raggiunga l'esercito a Nizza) è molto criticato in famiglia. Le sorelle chiamano Giuseppina «la vegliarda» e non le nascondono la loro antipatia: anche Madame Mère disapprova senza mezzi termini. Quella che prende avvio è un'educazione erotica («*Elle avait le plus joli con du monde*», dirà lui come a giustificare le proprie debolezze giovanili) che si muta in delusione e amarezza per gli sfacciati tradimenti di lei, che prende a pretesto un infortunio per non seguire il marito in Egitto. Il generale è geloso anche di Fortuné, il cagnetto dispettoso di lei: «È il mio rivale. Ha preso possesso del letto della signora, quando l'ho sposata». Da Milano, le scrive lettere appassionate: «Questo cuore ti appartiene per diritto di conquista».

Tornato a Parigi dall'Egitto, minaccia un divorzio pubblico nel massimo fragore, tuona contro gli zerbinotti e i damerini che la circondano, non la riceve per tre giorni, ostenta freddezza, poi cede alle sue civetterie e alle suppliche di Eugenio e Ortensia. Da allora Giuseppina, temendo il divorzio, diventa una sposa fedele e persino gelosa. Nel 1806 si sente dire: «Il vostro cuore è eccellente, la vostra ragione debole; sentite a meraviglia, ma ragionate meno bene»; ma anche: «Ti raggiungerò tra poco, fa' che ti trovi bella grassa e fresca». Quando N. è in Polonia, è lei che lo tempesta di lettere per raggiungerlo.

Se il marito soffre di insonnia, lei gli legge (molto bene) dei libri. Proprio durante la campagna d'Egitto ha acquistato, restaurato, ampliato (a costi altissimi) e arredato lussuosamente (quadri antichi e moderni, sculture del Canova, curiosità di tutto il mondo) una villa-castello a poca distanza da Parigi, la Malmaison. Il parco della villa, con i suoi corsi d'acqua, i suoi laghetti e i suoi boschi, firmato da architetti alla moda, diventa un giardino delle meraviglie che ospita piante esotiche e una raffinata collezione di rose rare, fatte venire anche dall'Inghilterra, poi immortalate dal sapiente pittore Redouté. Spende con larghezza: *lingerie* di seta, merletti, tessuti elaborati e costosi, pellicce e cashmere, diademi e collane, mobili, ceramiche, suppellettili. Per quanto angustiato dalle spese eccessive (un anno arrivano a 600 000 franchi, continuano a crescere anche dopo un divorzio dorato), l'augusto consorte si rassegna a onorarle anche perché vuol dare lavoro alle manifatture artigiane. Gli conviene che la Malmaison divenga un centro di aggregazione e consenso, come di fatto sarà.

Prende avvio un turbine di feste e banchetti, giochi, ricevimenti ambitissimi, cacce, spettacoli teatrali, cui convergono ministri e diplomatici, alti gradi dell'*Armée*, artisti, scrittori e scienziati. La vita della capitale e delle grandi città, illuminata di riflesso, cerca di adeguarsi, registrando un moltiplicarsi di occasioni mondane. La società dell'Impero tende tuttavia a una sorta di ritorno all'ordine, viene orientata a ispirarsi a una misura di decenza: le scollature si fanno meno vistose, il petto non viene piú offerto in bella vista dalle cinture che lo spingono verso l'alto. Un'esplicita ordinanza vieta alle donne di indossare i pantaloni senza un'autorizzazione speciale.

Nel 1809, Giuseppina si dimostrerà ragionevole e dignitosa

nel divorzio. L'annuncio le viene dato alla fine di un pranzo, emette grida acutissime che mettono in allarme la servitú, ma nessuno apre le porte. È stesa sul tappeto, lancia lamenti laceranti: «No, a questo non sopravviverò», grida. Quindici giorni dopo, alla firma dell'atto, N. è commosso sino alle lacrime. Si ritira per tre giorni al Trianon, e annulla ogni impegno. Le scrive: «Daresti prova di conoscere male i sentimenti che ti porto se pensi che io possa viver felice se tu non sei felice, e contento se non sei tranquilla». La notizia della morte di lei, nell'agosto 1814, per una forte bronchite, lo raggiunge all'Elba e getta nel lutto la piccola corte. Tre anni dopo la ricorda cosí: «È stata sempre l'amica piú tenera, che manifestava in ogni momento e in ogni occasione, una sottomissione, una devozione e una compiacenza assolute. Piena di grazia, una donna nel senso piú pieno del termine. Mentiva quasi sempre, ma con spirito. Posso dire che è la donna che ho amato di piú».

N. disprezza i militari che si lasciano troppo influenzare dalle loro donne. «Si fa comandare da sua moglie», è una condanna senza appello, che colpisce generali come Moreau, Mortier, Oudinot, Soult («schiavo in casa sua»). All'Elba come a Sant'Elena è geloso dell'intesa coniugale dei Bertrand, delle tenere premure che il suo Maresciallo di palazzo dedica alla moglie.

Usa ricatti sentimentali per ridurre ai suoi voleri i collaboratori. Rimprovera a Murat di aver fatto molti errori perché finiva per piazzare il suo quartier generale vicino a castelli dove c'erano delle donne. Ne esigeva tutti i giorni. Meglio allora che un generale si porti dietro la sua puttana. Poiché vuole imporre costumi decorosi, si scaglia contro le signore che hanno una cattiva reputazione, come Madame Tallien, amica di Giuseppina, che ha fatto otto bastardi. Non c'è nessuna Madame de Maintenon, nessuna Pompadour nella sua biografia.

Per Maria Walewska ha provato affetto, desiderio esacerbato da una resistenza inattesa, riconoscenza per avergli provato che era capace di generare, infine una tenerezza quasi paterna. Diceva che gliela aveva procurata Talleyrand. Assai piú complesso il rapporto con Maria Luisa d'Austria. Il matrimonio che intendeva sigillare un'alleanza politica in funzione antirussa, si rivela inaspettatamente gratificante anche sul piano umano. La principessa è una ragazzona un po' ingenua, fresca e tendente al rubizzo, sensuale senza saperlo, apparentemente docile, educata a obbedire, ma capace di una dissimulazione che N. non sospetta.

Un po' inespressiva, bei capelli, sguardo dolce, labbra carnose, che sono il marchio della casata. Sembra avere meno dei suoi diciott'anni. La dicono fredda e poco intelligente, ma piuttosto è riservata. Il perfido Fouché la giudica «insignificante». La duchessa d'Abrantès la ritiene sprovvista di grazia, disarmonica, «uno sguardo calmucco con una bocca austriaca». È stata educata non a palazzo, ma all'aperto, in campagna, in mezzo agli animali. È istruita: parla il francese senza accento, il tedesco, l'inglese, l'italiano, lo spagnolo, conosce persino il latino. Scrive in francese meglio dell'imperatore. Adora il padre, suona e disegna correttamente a pastello e acquarello. Un po' dispersiva, si distrae facilmente. Robusta com'è, gioca alla malata immaginaria. Nelle lettere al marito lamenta raffreddori di testa, crampi, emicranie, febbri, coliche, sciatica. Mangia troppo per nevrosi. Il dottor Corvisart attribuisce i disturbi a «cause morali» e la cura con dei placebo che funzionano a meraviglia.

A corte recita come richiede il copione, e tutti l'apprezzano: sempre gentile e sorridente, modesta, disponibile. Non ama l'etichetta, sapendo quanto sia falsa. Può dare la mano solo a dei reali, ma non vista abbraccia furiosamente i bambini e avrebbe abbracciato anche le fanciulle che le offrivano fiori. Apprezza solo la sua governante, la duchessa di Montebello (che colma di ben 2644 regali), le altre dame le sembrano cattive e pretenziose. Le scomodità dei viaggi in cui il consorte la trascina la irritano. Il coniuge le vieta di mangiare in carrozza, dice che le donne non devono avere mai fame. Se sgridata, e accade spesso, si chiude nel silenzio. «L'Imperatore ci tratta come dei granatieri, – annota del diario. – Gli uomini sono insopportabili, in un'altra vita non mi risposerei di certo!»

Risparmiatrice per abitudine e mancanza di idee, viene invitata a spese di prestigio per dare commercio, e per abbagliare i parsimoniosi Asburgo con uno sfarzo mai visto. Per le regalie famigliari riceve un appannaggio di 1 200 000 franchi. Quando però arriva la crisi del 1814 si dimostra un'amministratrice saggia e avveduta. Educata per obbedire, impara a dar ordini, anche se non ama praticare le durezze e il cinismo del potere. Quando era adolescente, chiamava il futuro marito «il Corso» e infilava spilloni nelle statuette di lui. Ancora un anno prima di essergli destinata si augurava la morte dell'orco.

Quando nel 1814 gli Alleati sono alle porte di Parigi vorrebbe animare la resistenza, poi si lascia condurre nelle retrovie. Scrive a N. che vuole seguirlo all'Elba, ma è lo stesso imperatore a consigliarle di recarsi dal padre per chiedergli un trattamento di riguardo. Accolta con affetto a Vienna, le consigliano di ristorare la propria salute nella stazione termale di Aix-les-Bains. A vigilarla, con il preciso compito di non lasciarla partire per l'Elba, oltre a un seguito di trentadue persone, viene chiamato il conte generale Neipperg, seducente trentanovenne, buon diplomatico (era stato ambasciatore in Svezia e aveva spinto Murat a firmare un accordo con gli Alleati), amabile conversatore e musicista. Madame de Staël lo chiamava «il Baiardo tedesco», cavaliere senza macchia e senza paura. Chateaubriand ne dà un ritratto lusinghiero: «Prudente, educato senza affettazione, insinuante con abilità, di conversazione gradevole, buon musicista». A settembre, durante il viaggio di ritorno, in una locanda svizzera di montagna Maria Luisa cederà alle sue premurose attenzioni. Duchessa di Parma dal 1816, gli darà tre figli.

Nei suoi diari, Maria Luisa aveva parlato della felicità femminile: l'aver sposato un uomo «superiore per spirito e carattere, che tutto decida per lei, non perché opprima la sua volontà, ma perché rischiari la sua ragione e spesso le sue debolezze. L'ammirazione del cuore riempie ogni momento, dà un obiettivo a ogni gesto». Quando nel luglio 1821 arriva la notizia della morte dell'imperiale consorte si dice «scossa e colpita». Dirà di essere sempre stata trattata bene, con tutti i riguardi, la sola cosa che si possa desiderare in un matrimonio politico. Porta il lutto per tre mesi, e dispone che si facciano mille messe a Parma e altrettante a Vienna per l'anima del defunto, che tuttavia non dovrà essere nominato.

A Sant'Elena N. aveva parlato non della persona ma del suo stesso errore politico: il sogno di un'armonia, di un equilibrio europeo. Il suo solo errore in quella alleanza era di «averci messo un cuore troppo borghese».

4.
Sistema operativo

N. ama illustrare ai suoi interlocutori il proprio metodo di lavoro: «Lavoro sempre, rifletto molto. Se sembra che abbia sempre la risposta pronta per ogni cosa, è che prima di fare qualcosa ci ho pensato molto, ho previsto quel che potrebbe accadere. Non c'è un genio che mi rivela di colpo, in segreto, quel che devo fare o dire davanti a una circostanza che tutti considerano imprevista: è che ci penso, ci medito sopra. Lavoro sempre: quando mangio, a teatro, la notte, mi sveglio per lavorare. La scorsa notte mi sono alzato alle due; mi sono accomodato in una sdraio davanti al fuoco per esaminare le relazioni che mi erano arrivate la sera prima dal ministro della Guerra. Ci ho trovato venti errori e ho fatto delle note per il ministro, che adesso è lí nel suo ufficio che lavora per rettificarli». La sua operatività si regge su tre punti chiave: energia, perseveranza, budget.

È il forzato di se stesso, l'Accentratore Massimo. Dice di essere il piú schiavo degli uomini, obbligato a obbedire a un padrone senza cuore: «il calcolo degli avvenimenti e la natura delle cose». Ogni pratica parte e arriva da lui, che si fa carico d'ogni responsabilità minima, piccola o grande. Si dice in grado di poter amministrare da solo l'Impero con il ministro segretario di Stato, quello del Tesoro e una dozzina di scrivani. A collaboratori, sottoposti e pubblici ufficiali chiede di eseguire i propri ordini con il massimo impegno. Bandito ogni sentimentalismo, si tratta di organizzare al meglio il lavoro, di ottimizzare tempi e metodi. Pensa piú rapidamente di collaboratori e nemici, e ne è fieramente consapevole: i suoi circuiti neuronali sono molto piú veloci di quelli degli altri. Dà l'impressione di una macchina sempre sotto pressione. Il suo rendimento aumenta con il crescere degli ostacoli e con il rarefarsi del tempo a disposizione.

Sa passare con la massima naturalezza dalle concezioni di piú ampio respiro al minimo dettaglio, con l'aiuto di una memoria mostruosa, che ordina pratiche, temi, problemi in altrettanti cassetti di uno sterminato armadio, da cui li ricupera a piacere. «Una testa senza memoria è una fortezza senza guarnigione», dirà a Sant'Elena. Si vanta: «La mia memoria partecipa degli affetti del cuore e conserva un fedelissimo ricordo di tutto ciò che gli è stato caro». Dopo quindici anni, è in grado di nominare ad una ad una le brigate della campagna d'Egitto, e a Madame Bertrand che gli esprime la sua meraviglia spiega: «Signora, sono l'amante che si ricorda delle sue antiche innamorate».

Secondo Taine, la sua memoria era organizzata in tre grandi comparti. Il primo topografico, il secondo civile e amministrativo con tutte le entrate, le spese e i bilanci; il terzo era un dizionario biografico e morale, in cui incasellava individui, gruppi, professioni. Vari funzionari e amministratori si sono sentiti snocciolare i prezzi delle derrate alimentari dei cinque anni precedenti.

L'onniscienza che gliene deriva produce un'enorme impressione sui suoi. Conosce le distanze, i punti di sosta e gli orari meglio del direttore generale della Poste. «Il mestiere di imperatore vuole i suoi attrezzi, come qualsiasi altro», spiega.

Nel verificare il bilancio del 1808 si accorge che mancano 1,45 franchi nel pagamento a un agente. Controlla le spese di lavanderia, i consumi alimentari della *maison*, le forniture, gli appalti. Scopre che ci sono troppi biglietti omaggio, all'*Opéra*, e provvede a ridurli. Nel corso dello stesso incontro con un governatore, affronta la verifica del budget di un granducato vassallo, un ordine di leva per 2000 uomini, il costo di una partita di fucili, un decreto sul notariato, la situazione della produzione industriale, le dotazioni delle scuderie di palazzo, dove scopre di possedere un bel cavallo arabo, frutto di razzie belliche, e chiede gli sia inviato.

Ogni ministero deve tenere aggiornata la situazione dell'armata ogni quindici giorni. Tutto era annotato sui «libretti», che in realtà erano numerosi volumi in 12° o in 4°. C'erano quelli della guerra, con la situazione dettagliata d'ogni singola armata, compreso il numero dei malati; quelli del personale, con lo stato di servizio, le campagne e le note particolari di generali, ufficiali e soldati, «dal piú celebre al piú oscuro», quello dell'artiglieria e del genio; c'era il libro nero dei prefetti, con le statistiche aggiornate delle coscrizioni e delle diserzioni; quello della sussistenza e degli approvvigionamenti diviso in cinque grandi regioni, aggiornato ogni quindici giorni (con particolare attenzione al prezzo del grano); delle finanze, che radiografava la situazione di crediti, spese e situazioni di cassa (cosí riesce a scoprire truffe e appropriazioni indebite); e della marina, ricco di progetti e di informazioni sullo stato dei lavori in corso. Anche i nemici avevano il loro bravo libretto.

Per N. questi volumi tutti cifre e dati rappresentano una lettura che lo delizia. Diceva che erano i libri di letteratura che gli erano piú cari, e che leggeva con maggior piacere nei momenti di rilassamento. In particolare lo appassionava lo stato dell'artiglieria, memoria delle esperienze giovanili. Un corpo di *inspecteurs aux revues*, comandato da Daru, e forte di duecento uomini, controllava le forniture di vestiario, vitto ed equipaggiamento. Un altro problema erano le predazioni dei generali: Massena che in Italia si era impossessato di due milioni di franchi, tre ufficiali che avevano estorto 144 000 franchi agli abitanti di Padova. N. cercava di ovviare facendo ai suoi generali dei donativi cosí consistenti da far passare loro la voglia di altre ruberie.

Il Consolato aveva ratificato l'adozione del sistema metrico decimale, ma N. preferisce le vecchie misure: calcola le distanze in leghe, mai in chilometri. Altra passione, le mappe dell'ufficio topografico. Tutti gli elementi sensibili, rilievi, corsi d'acqua, montagne, confini erano evidenziati a colori. Le carte venivano distese su un lungo tavolo su cui N. si arrampicava affascinato, prendendosi spesso a testate con i suoi.

Anche nei momenti di tregua o d'armistizio lontano dalla

Francia continua a seguire in ogni dettaglio la situazione di Parigi e del Paese, attraverso i rapporti che gli vengono consegnati puntualmente, e si tiene aggiornato sulle novità librarie. Le comunicazioni che arrivano dai ministeri vengono trattate in tre modi. Quelle che richiedono risposte brevi, vengono evase immediatamente, e buttate a terra. Quelle correnti restano sul tavolo per essere affrontate lo stesso giorno. I sospesi sono messi da parte per ulteriori approfondimenti. Quando una qualche petizione gli riesce particolarmente sgradita, la straccia in mille pezzi, e i segretari devono poi affrettarsi a ricuperarli e ricomporli alla meglio.

Ogni decisione doveva poggiare sui solidi fondamenti di precisi dati di fatto. Ama presentarsi come un cultore di statistica: «È il bilancio delle cose. Senza bilanci e senza numeri non vi è salvezza». Tutto deve essere quantificato, non si accontenta del pressappoco. Se interrogati, bisognava avere la prontezza di snocciolare dei numeri, anche se avesse chiesto quanti milioni di mosche circolano in Europa. Mai rispondere che si sarebbero fatte indagini.

La contabilità è retta da una feroce caccia allo spreco. Nulla può sfuggire, nemmeno le spese per lo zucchero o per il caffè. Ogni servizio deve rispettare il budget assegnato, perché «in fatto di conti, deve tornare tutto». Se i fondi sono ben spesi e c'è persino un qualche avanzo, lo porta a riserva per futuri casi eccezionali e ricompensa chi ha ben amministrato. L'incoronazione, il matrimonio con Maria Luisa, il battesimo del Re di Roma, ogni evento ha un suo budget minuziosamente dettagliato. Le economie sono per lui motivi di vera soddisfazione. Molto contento perché sul servizio dei caffè distribuiti a palazzo riesce a risparmiare 35 000 franchi l'anno, ma gli basta anche economizzare pochi centesimi, perché l'intento principale è quello di dimostrare che nulla può sfuggire al suo controllo di gestione.

La sua cassa privata, detta *petite cassette*, godeva di 15 000 franchi al mese, ed era vigilata dal segretario, che annotava su un quaderno l'*argent de poche* per l'imperatore e le spese correnti. N. controllava con scrupolo anche quelle. Qualche volta, poteva anche sbagliarsi sul totale, ma lo faceva sempre a proprio vantaggio. C'erano poi altre casse particolari, come quella dell'*Opéra*, alimentata con le sovvenzioni accordate al teatro e destinata alle elemosine; un'altra per le regalie a funzionari di rango inferiore, e una terza per premiare i bravi amministratori, in cui confluivano le vincite non reclamate al lotto. Il totale delle varie casse ammontava a circa quattro milioni di euro attuali.

Il controllo minuzioso della pubblica opinione era affidato agli efficientissimi informatori della polizia, che registravano tutto, anche i minuti fatterelli di cronaca quotidiana, le sparate degli ubriachi e i pettegolezzi d'alcova. N. chiedeva fatti, non pitture. Il bollettino quotidiano (sei giorni su sette) occupava una ventina di pagine, e N., sempre sensibile agli umori pubblici, lo leggeva attentamente, insieme ai rapporti dei prefetti e a quelli della polizia militare. C'erano poi dei rapporti segreti di informatori che andavano per le strade a raccogliere le chiacchiere dei frequentatori delle osterie o dei passanti; ma si arrivava anche ad aprire la corrispondenza privata, di cui si occupava un *cabinet noir*.

La necessità di raccogliere notizie utili era imperativa sui campi di battaglia. Oltre alle ricognizioni della cavalleria, N. ha avviato un servizio informazioni, creando una polizia segreta, diretta dal barone Lelorgne d'Ideville, che doveva reclutare informatori in campo nemico. Lo stesso N. si divertiva a condurre in incognito gli interrogatori dei prigionieri, in cui bluffava spesso con grande abilità, anche se tendeva a credere maggiormente a quello che piú si augurava. Quando era in Russia sapeva tutto di Parigi (i corrieri impiegavano quindici giorni a coprire la distanza da Mosca, ma le cose si complicano quando in ottobre cominciano a venire attaccati), ma non di quello che succedeva due chilometri piú in là, e se ne lamentava. Venuta meno la qualità delle informazioni, ne soffrivano anche le sue intuizioni.

Tratta i massimi sistemi e le minuzie, come i protocolli di corte, con lo stesso piacere. Se Giuseppina deve mettersi in viaggio, stabilisce il numero delle vetture e dei cavalli, le strade da prendere, gli alloggiamenti. Quando Giuseppina va a passare le acque a Aix-la-Chapelle, detta ventun pagine di istruzioni in grande formato. Il giorno della proclamazione dell'Impero, il 18 maggio 1804, lavora sino all'ultimo, e si occupa della nomina di un comandante di piazza di quarta classe. Stesse attenzioni per gli spostamenti di Maria Luisa, regolati come quelli di un'armata.

La rapidità del pensiero non va a detrimento della grandiosità dei progetti. Un giorno vuole fondare una scuola militare a Fontainebleau, e chiede al ministro dell'Interno un progetto per il giorno dopo. Il ministro lavora tutta la notte. L'imperatore lo trova incompleto, fa sedere il ministro e in tre ore detta un piano articolato su 517 articoli. Celebre è il caso del «dettato di Boulogne». Deluso dalle mosse dell'ammiraglio Villeneuve, che atteso a Brest si è invece trattenuto in Spagna per troppa prudenza, convoca alle quattro del mattino Daru, intendente generale dell'armata, e gli detta il piano della campagna militare da Ulm a Vienna. L'esercito ammassato sulle rive della Manica, in vista di uno sbarco in Inghilterra che poi non verrà tentato, viene dislocato a est secondo un dettagliatissimo piano di spostamenti: ordini di marcia, durata, movimenti vari, errori del nemico, luoghi in cui ingaggiare battaglia. Tutto accade esattamente come previsto con due mesi d'anticipo, anche grazie all'esperienza accumulata in due anni di manovre rapide.

Perfino nei momenti piú drammatici, riesce a concentrare la sua attenzione su particolari minimi. «Voi conoscete la mia gran passione per i dettagli», confida al conte di Narbonne nel 1812. Durante la tormentosa ritirata dalla Russia arriva a Lipsia, dove si intrattiene con il console di Francia, e gli chiede vari dettagli organizzativi sulla celebre fiera. Fa e disfa regni, ma non vuole che si sprechi un etto di polvere da sparo durante una festa. Durante la cerimonia dell'incoronazione, l'artiglieria della guardia ha esaurito le proprie riserve sparando a salve, e il maresciallo sollecita un rifornimento integrale. Lui ne accorda soltanto la metà. Si occupa anche dei militari che hanno ricevuto una qualche decorazione al merito, ma non si comportano bene, e si abbandonano al bere. Li fa rampognare affinché non offendano le distinzioni di cui sono stati insigniti. Il benessere dei soldati è una preoccupazione costante. Un soldato dell'armata di Spagna chiede di rientrare a casa perché la moglie è morta e deve provvedere a quattro figli piccoli. Il permesso è accordato.

Si occupa di dettagliare minuziosamente anche la divisa del suo medico personale, Corvisart, compresi i rilievi dei bottoni. Ogni atto deve portare la sua firma, e quando lui è assente, i documenti gli vengono spediti ove che sia, anche negli ultimi due anni, quando è costretto a battersi come un leone per difendere la Francia dall'invasione. Ci sono migliaia di giudici di pace in tutta la Francia, ma ogni nuova nomina deve avere il suo placet. Si occupa persino di far ammonire o punire gli ufficiali che si comportano male con le signore.

Ha una speciale predilezione per il Consiglio di Stato, sorta di piccolo parlamento che lui usa come un *think tank*, in cui forma nuove generazioni di amministratori imbevuti dei suoi metodi di lavoro. Oltre ai principi della famiglia imperiale, ai grandi dignitari e ai ministri, il Consiglio annovera 48 membri, 23 *maîtres des requêtes* e 84 uditori. I consiglieri sono divisi in cinque sezioni: Legislazione, Interni, Finanze, Guerra, Marina, piú un ufficio per le relazioni esterne. Ama presiedere quando possibile le riunioni delle singole sezioni. La sezione giuridica è particolarmente attiva nell'elaborazione del Codice civile, dove i suoi suggerimenti sono cosí acuti e ragionevoli che i consiglieri si convincono che in materia di diritto possieda la scienza infusa.

Le riunioni potevano durare anche otto ore, interrotte soltanto da un rapido buffet di un quarto d'ora. Le delibere erano formalmente sottoposte al voto, ma N. si riteneva libero di non tenerne conto. È bravissimo nel portare i consiglieri sul terreno che ha scelto, senza prenderli di punta: «C'era gente molto piú eloquente di me, ma io li battevo con questo semplice argomento: due piú due fa quattro». Cede al Consiglio sulla questione di mantenere le giurie popolari nei processi penali, ma vuole reintrodurre le confische abolite dalla Costituente. Talvolta il Consiglio viene convocato per ascoltare le sue dichiarazioni, specie in materia di attentati e congiure.

Per lui la religione è un semplice *instrumentum regni*, che serve a rafforzare la moralità pubblica: «Togliete la fede al popolo e avrete una gran quantità di ladri di strada». Continua a pensare che siano gli ecclesiastici a fornire la migliore educazione ai fanciulli. Fedele all'antica morale cattolica, è contrario al matrimonio dei preti (forse pensava a Talleyrand). Il clero d'ogni ordine e grado doveva essere sottoposto all'amministrazione governativa. Se Pio VII nel gennaio 1811 vi si oppone, gli dà del «Papa di Satana», e rivendica il diritto di confermare le nomine papali.

Continua a nutrire diffidenza per gli abitanti delle città, cui preferisce i contadini. Ha orrore dei movimenti popolari, delle folle in rivolta. Dichiara che non si lascerà mai imporre alcuna legge dai parigini, che teme e disprezza.

Il *lever* ufficiale è previsto alle nove, anche se è in piedi da un pezzo. Entrato nel salone, dà disposizione ai capiservizio della *maison*. I ministri ne approfittano per sottoporgli qualche problema urgente, all'occorrenza fungono da scrivani. Sono tutti piuttosto anziani, sopra i cinquanta. Ci sono gli irremovibili, come Gaudin, duca di Gaeta, alle Finanze («Non è un'aquila, ma sa le cose»), Decrès alla Marina, Maret segretario di Stato. I fedelissimi vengono coperti di onori e regali, quattro sono nominati principi, otto duchi. Ai suoi ministri chiede una disponibilità totale. Di loro si dice che, una volta entrati in carica, «non potranno piú pisciare per quattro anni».

I consigli d'amministrazione, particolarmente utili perché concentrati su questioni specifiche, si tengono tre volte alla settimana alle 11: lunedí la Guerra, giovedí gli Interni, domenica le Finanze, e durano cinque o sei ore. N. vuol sempre dati, preventivi, elenchi di spese in corso, pagamenti in sospeso. Esiste anche un Consiglio privato, che comprende l'arcicancelliere Cambacérès, l'arcitesoriere Lebrun, il grandammiraglio Murat, il viceconnestabile Berthier, il vice grande elettore Talleyrand, e vari ministri, senatori, consiglieri di Stato, marescialli. Si occupa di questioni costituzionali, di importanti temi giuridici e riunione di territori conquistati dalla Francia, e deve anche fissare la dotazione della corona.

Anche i viaggi e le visite sono minuziosamente organizzati come proficue occasioni di lavoro. Non si muove mai da solo, per poter espletare il maggior numero di pratiche. Il corteggio prevede dei segretari, il ministro segretario di Stato, ministri, funzionari con specifiche competenze. La mattina ispeziona cantieri e monumenti, il pomeriggio partecipa a riunioni di lavoro: lettura di dispacci e bollettini, dettatura di risposte, incontri con il segretario di Stato. Seguono quelle che lui chiama riunioni di famiglia, cui partecipano anche sindaci, prefetti, i vari direttori di servizi, ingegneri civili e militari. La sera, le cene con il sindaco, il vescovo, il perfetto, e magari i concerti offerti alla popolazione. In quelle occasioni si lascia avvicinare facilmente, e conversa amabilmente. Voleva che «la gioia procurata dalla sua presenza desse buoni frutti».

Per andare in provincia o all'estero usa una carrozza di colore verde, non contraddistinta da particolari insegne, ma attrezzata ingegnosamente per consentire il pieno svolgimento del lavoro. Un vero ufficio viaggiante, composto di mobili, cassette per la biblioteca, scomparti per distribuire la corrispondenza. Uno speciale fanale permette di lavorare anche di notte. Il Grande Maresciallo di palazzo, il Grande Scudiero, l'Aiutante di campo e il Ciambellano seguono in due vetture. Una terza ospita le dame di compagnia dell'imperatrice. Due convogli di servizio viaggiano a distanza di dodici ore, uno precede con l'incarico di allestire quanto necessario al soggiorno, l'altro segue e dopo la tappa riparte per primo.

La berlina imperiale è tirata da otto cavalli, e scortata da trentasei vetture. Su cavalli singoli seguono sotto-ispettori, stallieri, sottufficiali corrieri, corrieri semplici e guide. Il convoglio diretto a Mosca era composto da 52 carrozze, 630 cavalli e muli, e 715 persone. Ancora una volta, i servizi sono minuziosamente regolati. I cavalli venivano preparati ad affrontare il campo di battaglia con un training fatto di sciabole sguainate, bandiere agitate davanti al muso, colpi di pistola sparati nelle orecchie.

Se la sede destinata a ospitarlo non lo soddisfa, N. può acquistare all'istante un castello o una dimora appropriata, che viene attrezzata e ammobiliata in due giorni. Anche i gradi piú alti, a partire da Berthier, suo braccio destro, dispongono di cospicue *maison*, con abbondanza di domestici, cavalli e bagagli. Anche se è un abile organizzatore, N. non si fida nemmeno di lui: «Attenetevi strettamente agli ordini che vi do: solo io so quello che devo fare».

Un altro «giro del proprietario» lo impegnerà per due anni, allo scopo di far conoscere il Paese a Maria Luisa. Mete preferite, il Belgio, ex possedimento austriaco, la Normandia, l'Olanda, la Renania. Sempre al galoppo e Maria Luisa non gradisce. In realtà si tratta di ispezioni a porti, cantieri e fortificazioni, perché progetta di attaccare la Russia, ma nasconde ogni progetto alla consorte. Nel 1811 è capace di visitare quaranta città in ventidue giorni, pur perdendo tre giorni per il maltempo. L'anno dopo fa ancora meglio: arriva a coprire sulle strade francesi 1555 km in una settimana, cioè 165 km al giorno, quando i corrieri impiegavano cinque giorni per coprire i 500 km tra Parigi e Lione. In ogni caso destinazione e tappe intermedie non devono essere comunicate ad alcuno. Nel 1815 si fa allestire una costosa carrozza *dormeuse* in cui può riposare come a palazzo. Quando deve occupare case private, cerca di risarcire i proprietari e distribuisce mance e regalie.

Misura con attenzione le lodi, perché reputa che fare il proprio dovere è una cosa del tutto normale. A chi cerca di spiegare una sconfitta malgrado i propri sforzi: «Bisogna riuscirci lo stesso». Guarda solo ai risultati. Ovunque si trovi, la sua prima preoccupazione è ricostituire una sorta di gabinetto di lavoro, tavoli su cui disporre la carte e le mappe, un lettino, il *nécéssaire* per la toilette. Quando c'è il tempo, si tirano giú dai carriaggi le cinque grosse tende a righe bianche e blu, due per lui, una per Berthier, le altre per gli ufficiali. Ma ama i bivacchi, perché annunciano la battaglia. Famoso quello che precede Austerlitz, illuminato dalle torce e dalle acclamazioni dei soldati.

Per evitare assembramenti attorno alla sua persona, detta

disposizioni precise per tenere a distanza i collaboratori di cui non ha immediata necessità. Da loro esige una disponibilità totale, che prescinde dall'età o dalle condizioni fisiche. Non ci sono scuse che possano giustificare un servizio non ottimale. A chi chiede di tornare a Parigi, obietta che era meglio starne lontani, nella capitale lo avrebbe fatto schiattare di fatica. Se qualcuno della Guardia chiede un impegno meno gravoso: «Siete nati nei bivacchi e ci morirete».

Non torna mai sulle proprie decisioni, anche se le riconosce sbagliate, come certi casi di dure repressioni, che devono valere come esempio per tutti. Guarda avanti. I morti sono morti, si passa ad altro. In Russia le rappresaglie sono particolarmente violente: castelli e villaggi incendiati, ma anche al Cairo la repressione della rivolta produce da 2500 a 3000 morti tra i civili. Ancora peggio il massacro a freddo dei 3000 soldati ottomani che a Giaffa si erano arresi con la promessa di aver salva la vita. N. aveva cercato di giustificarlo con la dura necessità. Alle obiezioni umanitarie degli scienziati dell'*Institut* risponde: «Ecco come siete, tutti voi con i vostri bei princìpî scolastici, medici, chirurghi e farmacisti! Piuttosto che sacrificarne uno, fareste morire tutto l'esercito e la società tutta intera».

Rilevante la funzione degli aiutanti di campo, tenuti a trasmettere ordini della massima urgenza, spesso dettati tra mezzanotte e le quattro del mattino. N. esige rendiconti precisi sull'esito delle varie missioni. Ansioso d'essere informato di tutto, può contare su una rete di staffette molto efficiente, messa a punto dal direttore della Poste, La Valette, che funziona a perfezione sino alla ritirata di Russia. Il collegamento con Milano richiedeva otto giorni, ce ne volevano quindici per Napoli.

Non persegue l'utile personale, ed è molto severo con chi si arricchisce spudoratamente, come Massena o Soult, o Marmont, che in Illiria si appropria dei profitti relativi alle miniere di mercurio. Tramite Fouché, colpisce con durezza la corruzione, perché nemica dell'ordine sociale. Sa che il cattivo esempio si espande rapidamente. Tra i militari, distingue tra chi amministra regioni in pace o in guerra. Gli enormi donativi, per lo piú frutto di prede di guerra, hanno anche la funzione di accelerare il volano dei consumi e dunque della produzione artigianale e industriale. Rispondono a una strategia economica.

«Un buon generale è quello che ha anche una sensibilità civile». Arriva a stabilire il primato del civile sul militare: «Il militare vuole tutto dispoticamente; il civile sottopone ogni cosa alla discussione, alla verità, alla ragione». Come successore di se stesso, pensa che un civile sarebbe meglio di un militare. A Sant'Elena la penserà diversamente: «In ultima analisi, per governare bisogna essere dei militari. Si governa soltanto con stivali e speroni».

Restano le grandi opere pubbliche: la fortezza di Alessandria, i porti di Anversa, Cherbourg (terminati nel 1853), Brest. «Ah, avessi potuto governare la Francia per quarant'anni, ne avrai fatto il piú bell'impero mai esistito», – sospira a Sant'Elena. – Non bisogna passare su questa terra senza lasciare tracce che consegnino la nostra memoria ai posteri». Trasforma i conventi requisiti in palazzi comunali, licei, ospedali. Ordina cimiteri fuori delle mura (Montmartre, Montparnasse, Père-Lachaise). Finanzia le grandi opere con la guerra. A lui si devono la colonna Vendôme, che porta in cima una sua statua scolpita da Chaudet (1810); la facciata di Palazzo Borbone, rue de Rivoli, quattro ponti, tre chilometri di *quais*, canali, una dozzina di fontane. Lungo dibattito per l'Arco di trionfo destinato alla gloria dell'armata. Viene improvvisato in legno, tela e gesso al tempo del matrimonio con Maria Luisa. Costretti ad accelerare i lavori, gli operai chiedono 24 franchi al giorno invece dei soliti tre. Gliene accordano quattro, e quando il cantiere viene chiuso, ne vengono pagati sei.

Nel 1810 il gigantismo imperiale sembra non avere piú limiti: si progetta un palazzo per il Re di Roma sulla collina di Chaillot. Dovrà avere 400 metri di facciata e il Bois de Boulogne come parco.

L'elemento fondamentale del sistema operativo di N. è la concezione del Tempo, che segna la differenza decisiva tra l'innovativo *self-made-man* e gli uomini dell'Ancien Régime. Per costoro, il tempo era una risorsa praticamente illimitata, di cui non occorreva rendere conto ad alcuno e si poteva scialare senza problemi. Perché affrettarsi tanto? Anche la guerra seguiva ritmi blandi e sostenibili. I due eserciti si presentavano sul campo di battaglia piú o meno come a una parata cerimoniale, si schieravano, poi davano avvio a un combattimento largamente ritualizzato, dalle cadenze teatrali, che obbediva a un copione già scritto. Dopo ore di un combattimento abbastanza statico, si faceva la conta delle perdite, e si decideva se ritirarsi o andare avanti. La ritirata, che non era un annientamento, comportava l'ammissione di una sconfitta e come tale veniva registrata.

Era una guerra di signori, accompagnata da pochi rischi per gli alti comandi, alloggiamenti confortevoli, ottimi muli, cantine ben fornite. La sera al quartier generale si poteva persino assistere a una delle buone rappresentazioni teatrali. N. fa letteralmente esplodere queste cadenze rallentate sin dalla prima campagna d'Italia. La forsennata mobilità del suo esercito, che è in grado di coprire 85 km in trentasei ore, e compare là dove non è previsto, è inconcepibile, sconvolgente.

Machiavelli lo aveva detto benissimo: «Le cose nuove e súbite sbigottiscono gli eserciti; le cose consuete e lente sono poco stimate da quegli». L'aggressività dell'armata d'Italia è quella di una banda di briganti o di guerriglieri che infrangono regole e convenzioni. La guerra sembra diventata una faccenda delegata a plebi indemoniate. Soldati male equipaggiati marciano senza scarpe, dormono all'addiaccio senza acquavite e senza pane, passano fiumi senza ponti. Sono un'orda selvaggia sospinta dall'inflessibile volontà del loro comandante, per il quale nessuna marcia è abbastanza veloce e nessuno sacrificio insopportabile. «L'imperatore usa le nostre gambe al posto delle baionette», si lamentano i *grognards*, ma obbediscono.

Un analogo uso intensivo del tempo regola gli affari civili. Spesso i Consigli di Stato si protraggono nel cuore della notte. Può accadere che il ministro della Guerra si addormenti e altri componenti diano vistosi segni di stanchezza. «Andiamo, andiamo, cittadini, – li risveglia l'allora Primo Console. – Sono appena le due! Bisogna guadagnarsi il denaro che ci dà la Francia!» L'ossessione del Tempo non risparmia i pasti di N., notoriamente frugali, quasi sbadati, compressi nello spazio di dieci minuti. Concedersi ritmi piú rilassati significa cedere alla «corruzione del potere», inammissibile in un rude soldato, dice.

Il tempo da investire al meglio è il tempo dell'imprenditore e del mercante, che deve ottimizzare i procedimenti di fabbricazione e lo smercio dei suoi prodotti, cercando di precedere la concorrenza. L'ossessione del tempo insegue N. anche lontano dai campi di battaglia, in tutta la sua attività di rifondatore della macchina statale. Impone ritmi frenetici ad amministrazioni attardate dalle loro pigre consuetudini. Non c'è branca dello Stato che non voglia ripensare nel segno dell'efficienza e della rapidità. Questa iperattività esige ritmi forsennati, che egli asseconda, cercando di insufflare lo stesso dinamismo votato al sacrificio in tutti i suoi collaboratori di ogni ordine e grado. Si tratta di rifare il mondo e dunque bisogna affrettarsi. L'intero ventennio napoleonico corre a perdifiato nel segno di questa concitazione programmata. Madame de Rémusat, dama di compagnia di Giuseppina, scrive: «Pensava che l'ansia stimola lo zelo; evitava accuratamente di mostrarsi contento delle cose e delle persone». Chateaubriand ha colto bene l'«agitazione perpetua» che lo faceva avanzare «a salti e a sbalzi»: «si gettava sull'universo e lo prendeva a strattoni; non ne voleva sapere, di quell'universo, se era costretto ad aspettarlo».

Per gestire al meglio il tempo bisogna pianificare tempestivamente: «Sono abituato a pensare a quello che farò con tre o quattro mesi d'anticipo, e baso i miei calcoli tenendo conto di tutte le situazioni, anche le piú avverse». Alle Tuileries le candele vengono tenute accese tutta la notte, perché i parigini devono sapere che l'imperatore è sempre lí che lavora, non si concede riposo e a tutto provvede, per tutto ha occhi, da buon padre di famiglia. «Se la polizia sa che sono sveglio, non s'addormenta», dice. Non a caso nel 1812, un anno reso piú difficile da una crisi economica, si fa ritrarre da David al termine di una notte di lavoro: stanco, ma appagato.

Lavorare sempre, lavorare bene. La rapidità di calcolo è garantita dalla velocità dei circuiti neuronali di N., che possono contare su una memoria di straordinaria capienza, un data base sempre aggiornato da cui attingere secondo necessità. Propiziata dalla disincantata conoscenza degli uomini, dal fiuto politico e dalle capacità gestionali, la velocità di elaborazione del pensiero è certificata anche dalla gran copia di aforismi, detti e motti che ha prodotto e che possono riempire interi volumi. «Potrei perdere una battaglia, ma non perderò mai un minuto», scandisce. Un pensiero veloce che mira all'essenziale e ha il dono della sintesi, senza sprecare una parola, a un livello di concentrazione che gli garantisce espressività epigrafica, già classica, come se N., buon lettore di Giulio Cesare, si traducesse dal latino.

Quando assegna un incarico, lo accompagna con una raccomandazione: «Andate, signore, fate presto, e ricordate che il mondo è stato creato in sei giorni». Ai ragazzi delle scuole: «Ogni ora di tempo perduta è una probabilità di sventura per l'avvenire… un regalo che facciamo al Diavolo». Ancora: «Chiedetemi tutto ciò che volete tranne il tempo: è l'unica cosa che non sia in mio potere». Durante le trattative per il Concordato vuole ridurre a quattro i giorni festivi all'anno perché «le feste dei santi sono le feste dell'ozio».

La rapidità è anche uno dei tratti che distingue la macchina del sistema meritocratico. Gesta di valore, prove di coraggio e ardimento, qualità intellettuali vengono fulmineamente identificate e premiate con titoli e prebende, che hanno il duplice effetto di fidelizzare soldati e collaboratori, e corroborare la fama di un sovrano che tutto vede e sa. Il soldato gravemente ferito che trova ancora la forza di inneggiare all'imperatore che passa accanto a lui viene nominato barone all'istante. I meriti di Canova cui la Repubblica veneziana non corrisponde piú lo stipendio vengono immediatamente riconosciuti e adeguatamente ricompensati. Lo scienziato Berthollet, che si ritrova in ristrettezze finanziarie, è immediatamente aiutato con sussidi generosi.

Non esiste campo in cui la celerità napoleonica non intenda manifestarsi. Parsimonioso del suo, N. è generoso con gli altri. Dopo Austerlitz, due milioni di franchi oro vengono distribuiti tra gli ufficiali di grado piú elevato, le vedove ricevono pensioni generose, gli orfani sono formalmente adottati dall'imperatore e hanno il permesso di aggiungere il suo al loro nome. Ai soldati: «Se tra i vostri figli ce n'è uno degno di voi, gli lascio i miei beni e lo nomino mio successore».

Presto si diffonde la convinzione che N. conosca personalmente tutti i suoi soldati. Il riconoscimento, le parole d'apprezzamento o d'incoraggiamento, le ricompense, i doni, creano un legame profondo, che resiste all'usura degli anni. «Di quel securo il fulmine | tenea dietro al baleno», come canta il Manzoni. Il «concitato imperio» alimentava anche un efficientissimo sistema premiale, che comprendeva la *Légion d'honneur*, istituita nel 1802. Non era un ordine propriamente detto, ma aveva un consiglio d'amministrazione e varie «coorti regionali», e prevedeva gradi cui corrispondevano pensioni di differente valore. Gli insigniti erano tenuti a proporsi come esempi di impegno civile e sociale.

Quella di N. è una corsa contro il tempo, una apnea interminabile e adrenalinica con il solo intervallo dei dieci mesi dell'Elba. Sa bene che il compito che si è assegnato è immane, che un intero mondo va rifatto a sua immagine e somiglianza, e quando si prende una decisione è già troppo tardi. Le difficoltà sono enormi e i nemici non aspettano, anzi, stanno imparando dalle loro stesse disfatte e dai loro errori. Non c'è nemmeno la possibilità di fermarsi per curare la formazione di collaboratori all'altezza della sfida, che lo possano sollevare almeno in parte da un carico troppo pesante. Bisogna accontentarsi del materiale umano che si ha a disposizione e cavare dai singoli il meglio che possono dare, pur continuando a vigilarli attentamente, perché il loro grado di affidabilità è sempre relativo. Gli unici, grandi professionisti della politica sono anche i piú infidi, i piú ambigui, i piú pericolosi, gli alleati di oggi che già si stanno preparando a tradire, Talleyrand e Fouché.

Il tempo di N. è il tempo di un uomo tragicamente solo, perfettamente consapevole che può sopravvivere soltanto ottenendo sempre nuove vittorie. Il tempo obbligato al futuro prossimo di chi si vorrebbe eternamente giovane ma sa che non gli sarà concesso il riposo della vecchiaia.

«Sincronizzate gli orologi». Cosí l'imperatore ai suoi ufficiali nell'imminenza di una battaglia. Sincronizzare gli orologi vuol dire fare della battaglia quello che deve essere: un'operazione accuratamente pianificata, matematica, scientifica, in cui non si può lasciare al caso piú del dieci per cento. Poiché gli ordini ai reparti vengono comunicati anche tramite segnalazioni con le bandiere, e c'è il rischio che il nemico si impossessi del codice (spie e infiltrati non mancano anche nell'esercito francese), ancorare gli ordini a una precisa sequenza temporale fissata in anticipo vuol dire aumentare i livelli di segretezza.

Gli orologi dell'imperatore sono sí a molla, ma non proprio da polso. Sono scatole alte 20 cm e larghe 15, i cosiddetti *officiers*, ancor oggi prodotti per la gioia dei collezionisti. N. esigeva che tutti gli strumenti di cui si serviva fossero all'altezza delle sue necessità. È un collaudatore che spesso agisce in condizioni estreme: pianure innevate, valichi di montagna, fiumi impetuosi, deserti infuocati. In Egitto si era fortemente irritato perché nel suo Bréguet era entrata della sabbia. Tornato rocambolescamente in Francia, restituisce l'orologio a chi glielo aveva venduto, facendosi dare indietro i soldi. Il produttore lo mette prontamente sul mercato del collezionismo, già allora fiorente, e fa un affarone.

Si era fatto fare un orologio che portava disegnato sul quadrante l'Europa, la «sua» Europa conquistata e vinta. Pare che dopo Waterloo il duca di Wellington, che lo aveva trovato, abbia fatto rifare il quadrante secondo la nuova mappa geopolitica imposta dai vincitori.

5.

Politica

La filosofia politica di N. è sempre applicata, ricavata dalla storia e dalla pratica: «Non si governa con la metafisica ma con il prodotto dell'esperienza dei secoli». Non è un esercizio astratto: riflessione dopo riflessione, massima dopo massima, quello che si configura è una sorta di manuale operativo dettato da una fredda valutazione di uomini e fatti. Nel 1791 il giovane artigliere Buonaparte è convinto che la libertà di pensiero e di parola sia il fondamento della normalità e della libertà. La legge deve proibire solo quello che va contro la società, e la libertà deve obbedire solo all'etica. Presto ripudiato il Rousseau letto in giovinezza con profonda partecipazione, il generale che torna vittorioso dall'Italia si è convinto di incarnare il Principe ideale delineato da Machiavelli. Il potere assoluto non è fine a se stesso, serve per rimediare a situazioni di grave pericolo, per opporre degli argini ben costruiti alla devastazione delle alluvioni: salva lo Stato perché garantisce la stabilità. Certo, non bisogna «partirsi dal bene», ma «sapere entrare nel male» se necessario. Non avere paura di sporcarsi le mani, di apparire autoritario. Circostanze eccezionali giustificano mezzi speciali.

Condivide anche le considerazioni di Machiavelli sui comportamenti umani: malgrado il mutare dei tempi e dei contesti storici, gli uomini si muovono sempre allo stesso modo, perché agitati dalle medesime pulsioni egoistiche e predatorie. Incapaci di imparare le lezioni della storia e di alzare gli occhi dal presente, di prevedere tempeste in tempo di bonaccia, «ingrati, volubili, simulatori e dissimulatori, fuggitori de' pericoli, cupidi del guadagno». «Mutano volentieri signore», illudendosi di migliorare. Quanto a lui, non ha usurpato la corona: «L'ho tirata su da un rigagnolo. Il popolo me l'ha messa sulla testa».

A Sant'Elena spiega di esser stato costretto a un regime autocratico e dirigista sin dal Consolato per non ritrovarsi nella confusione e nelle debolezze del Direttorio. «I francesi sono chiacchieroni, inquieti, larghi nel promettere, stretti nel mantenere. Una costituzione senza fermezza, troppo generosa di concessioni, avrebbe avuto per effetto di una rivoluzione all'altra, perpetuando nei successivi governi convulsioni a base di colpi di Stato». N. è un tutore che si sente autorizzato alla fermezza dalla fragilità dei suoi pupilli, che vanno tutelati da loro stessi. La debolezza del potere supremo, dice, è la piú spaventosa calamità che possa colpire i popoli. La sua non è una dittatura militare, è la dittatura di un solo uomo, che esce dall'esercito ma pensa che l'armata non debba avere un ruolo politico, anche se – ammette – «senza la mia armata non sono niente». Per lui, «la ragione e l'equità sono le due basi primarie della grande politica».

Ricordava Madame de Staël: «Nei suoi proclami parlava senza tregua di repubblica, ma i piú attenti potevano intendere che ai suoi occhi era un mezzo, non un fine. Per lui era cosí in tutte le cose, con tutti gli uomini». Un figlio della Rivoluzione, certo, ma un figlio parricida: «Gli si può applicare la bella immagine del dispotismo che sta in Montesquieu: ha tagliato l'albero alle radici per prenderne i frutti; e forse ha prosciugato anche la terra». N. le poteva opporre che solo con la forza è possibile fermare l'anarchia e il caos, garantire ordine e stabilità, propiziare lo sviluppo economico nel quadro di leggi giuste.

Qual era il vero interesse della Francia, in quell'ultimo scorcio del Settecento? A Sant'Elena N. detta un *Compendio delle guerre di Cesare* in cui rivendica la necessità storico-politica della propria azione. Con il suo gesto ispirato a una concezione scolastica e moralistica della tirannide, Bruto «non volle vedere che l'autorità di Cesare era legittima, perché necessaria e protettrice, perché tutelava gli interessi di Roma in quanto era l'effetto dell'opinione della volontà del popolo». È dunque il popolo che attribuisce al suo conducator una precisa funzione ordinatrice ed equilibratrice.

Gli aforismi napoleonici sulla politica sono al solito chiari e affilati. Non basta che un popolo dica: voglio esser libero della libertà che predicano gli apostoli del liberalismo, bisogna esserne degni per formazione. N. distingue il popolo dalla canaglia, ma tende a classificare come canaglia tutti quelli che non rispettano i suoi disegni d'ordine. Non ha difficoltà ad ammettere: «Ero a Parigi, vidi la plebaglia muovere all'assalto delle Tuileries. Ho sempre odiato le sommosse popolari. Fui indignato dalla volgarità di quei miserabili. Capii che i capi che li avevano sollevati erano stati per lo meno imprudenti». Non vagheggia il popolo, e disprezza chi lo blandisce attribuendogli «una sovranità che è incapace di esercitare». La credulità è un vizio congenito. Gli uomini non sono eccessivamente buoni o troppo perversi: la strada che prendono dipende dall'indole, dall'educazione, dagli avvenimenti. L'arte del governo e del comando è cosí complessa che non può essere esercitata che da poche menti superiori. Perché i popoli non hanno mai nulla di sicuro, di saldo, «sono portati qua e là dal vento delle passioni, senza meta, in balia di mutevoli opinioni».

Chi governa deve avere energia senza fanatismo, principî senza demagogia, severità senza crudeltà. La politica oggi ti consiglia una cosa, domani un'altra. Possiede rimedi differenti per mali simili. L'alta politica non è che buon senso applicato alle grandi cose, o meglio, «non è altro che il calcolo delle combinazioni e della possibilità» (oggi diremmo che deve essere governata dagli algoritmi). Si governano piú facilmente gli uomini facendo leva sui loro vizi che sulle loro virtú. Amministrare è molto piú difficile che fare una guerra. Il compito di un sovrano non è soltanto quello di dominare, deve diffondere l'istruzione, la morale, il benessere, deve mettere a frutto i poteri speciali che si è attribuito per necessità: «Tipico del militare è di volere tutto dispoticamente; tipico del civile è sottomettere tutto alla discussione, alla verità, alla ragione». Ancora: «L'amore degli uomini è piú forte del potere delle baionette. Un re che non regni sul cuore dei suoi popoli non è niente».

I parlamenti sono una congrega di ideologi parolai che si attardano a discutere di idee astratte quando quello che occorre è il coraggio di prendere decisioni tempestive, anche impopolari, basate su dati di fatto e analisi concrete. Il corpo legislativo può operare nell'interesse del Paese sino a quando non forma un'opposizione capace di bloccare un programma del governo, e in quel caso può e deve essere sciolto.

Anche quando è costretto ad accettare limiti costituzionali, N. è tentato di superarli appellandosi direttamente al popolo attraverso i plebisciti, in un rapporto fiduciario che fa a meno delle lungaggini e dei fumismi della politica, assai simile a quello quasi famigliare che intrattiene con i suoi soldati. Per questo tiene sotto controllo il Senato, che svuota di potere reale, seducendo i senatori con onori e donativi sino a renderli inoffensivi. Dimostra invece rispetto per il Consiglio di Stato, perché gli riesce utile, e costituisce una efficiente fucina normativa. Non si stanca di sottolineare la fondamentale importanza del Codice civile, che ha anche il preciso intento di far diminuire il gran numero di liti processuali, costose e inutili. Dai giuristi vorrebbe leggi semplici, e si duole che dopo l'emanazione dei nuovi codici siano fioriti commentari, chiose, interpretazioni cavillose. Dice ai consiglieri: «Signori, abbiamo appena finito di pulire le stalle di Augia, vediamo perdio di non insudiciarle un'altra volta».

È stato calcolato che nei quattordici anni e cinque mesi del suo governo, il Consiglio abbia prodotto 61 139 delibere alle materie piú diverse. Per questo ne loda i consiglieri come «uomini savi e laboriosi». Accanto a quello, crea la Corte dei conti, perché una gestione rispettosa dei budget è fondamentale, ma non le attribuisce il potere di vagliare l'attività di governo. Tra le benemerenze del Consolato e dell'Impero c'è anche quella di avere creato e dato prestigio alla funzione pubblica, che per prestare un'opera efficiente ma al tempo stesso subordinata alle direttive dell'esecutivo, deve poter contare su un trattamento dignitoso. La fedeltà e la competenza vengono ricompensate con la stabilità degli incarichi. Rientrano nella categoria dei funzionari i membri del Senato e del corpo legislativo, i consiglieri di Stato, i ministri, i consoli e i giudici; e piú in generale tutte le persone che esercitano in nome dello Stato una porzione di autorità. Decadono cosí quegli agenti privati che svolgevano funzioni pubbliche.

Un'ampia riforma investe anche la magistratura, che viene epurata degli elementi giacobini, ma in ogni caso resta sottomessa al potere imperiale. I giudici diventano inamovibili solo dopo cinque anni di attività in cui abbiano dato buona prova di sé. Esiste poi una miriade di tribunali specializzati, anch'essi obbligati a uniformarsi alle direttive imperiali.

Il sistema giudiziario è duro, ma funzionante. Il dissenso politico viene spesso equiparato al brigantaggio e comporta condanne pesanti, anche capitali. La libertà di stampa è considerata un'arma impropria che può essere usata male dagli scontenti, dagli ambiziosi, dagli ideologi: produce confusione e anarchia. A partire dal Consolato, il regime poliziesco perfezionato da Fouché esercita un controllo capillare e all'occorrenza spietato, anche se nel suo assillo finisce per andare a caccia di fantasmi, come se gli squilibrati o gli ubriachi fossero realmente capaci di gesta eversive. L'*intelligence* diventa un vero e proprio corpo dello Stato, articolato in tre grandi sezioni: militare, civile e diplomatica, ognuna delle quali riferisce al ministero di competenza.

Gli archivi arrivano a raccogliere quattro milioni di schede e grossi dossier. Con i suoi dossier riservati, Fouché è in grado di ricattare l'intero *establishment*. N., che ne conosceva bene i metodi, ha sviluppato servizi segreti personali, non meno efficienti. Ovunque ci sono spie, delatori, informatori: nei salotti, a teatro, in Borsa, nei giornali, negli uffici. I loro rapporti confluiscono nelle relazioni che N. legge con attenzione ogni giorno: non gli sfugge un suicidio, un annegamento, un incendio, un incidente, un pettegolezzo.

N. è attentissimo alle voci, ai «si dice», barometro dell'opinione pubblica. Il ministro degli Interni è considerato direttamente responsabile delle voci che non riesce a controllare o a intimidire. Vuole sapere tutto di quello che si sussurra anche nelle alcove. A Sant'Elena si rammaricherà di non aver usato le donne in attività di spionaggio, sarebbero state ottime. Fa persino spiare il fratello Giuseppe, sospettato di insidiare Maria Luisa, da un usciere che va a frugare nei cestini della carta.

Sotto il Consolato e l'Impero si vota su appositi registri, ci vuole molto coraggio per scrivere dei «no» pubblici, e moltissimi sono gli astenuti. La corrispondenza è regolarmente controllata da un ufficio specializzato, che apre e chiude le buste senza lasciare tracce. Le lettere in arrivo dalla Spagna sono sistematicamente intercettate perché possono portare cattive notizie. Tiene sotto sorveglianza la stessa Maria Luisa.

Altrettanto stretto il controllo su giornali e libri, destinati a una élite che però faceva opinione. Confida a Bourrienne, dopo il Brumaio: «Se lascio briglia sciolta alla stampa, non resto al potere tre mesi». La libertà di stampa è un'arma impropria che produce anarchia. Nel 1800 i giornali autorizzati erano tredici, sessanta gli esclusi. Nel 1811 vengono ridotti a quattro in Parigi e a uno per ogni dipartimento. Ufficialmente, N. dichiara di non volere che i francesi diventino dei servi, perché «in Francia tutto quello che non è proibito è permesso». Non vuole che un funzionario qualsiasi tiranneggi lo spirito o mutili il genio. Poi di fatto richiamando librai e autori alle loro responsabilità, li spinge all'autocensura.

Scrittori e libellisti sono incarcerati o condannati all'esilio per un *pamphlet*, un libretto, un semplice gioco di parole. Proibito parlare della Rivoluzione, del vecchio regime, dei gesuiti, del papa, di Roma. Non si può neanche scrivere che maggio è il mese delle insurrezioni e delle grandi rivoluzioni. Va bandita ogni notizia sgradevole o contraria agli interessi nazionali, sconfitte, delitti, crimini, suicidi, difficoltà economiche, movimenti di truppe o di navi.

«L'arte della polizia, per non punire spesso, è di punire severamente», prescrive N. Si può essere arrestati per qualunque motivo, N. detta sentenze capitali prima dei giudici, e anche gli assolti vengono sorvegliati a vista «fino a nuovo ordine». La severità delle punizioni deve diventare esemplare e scoraggiare i malintenzionati. N. arriva a giustificarla pubblicamente. All'indomani dell'assassinio del duca d'Enghien, che desta sdegno in tutta Europa, intima ai suoi: «Alzatevi in piedi, precorrete i secoli, allargate la vostra immaginazione, guardate nel futuro, e capirete che i grandi personaggi che voi credete violenti e crudeli, non sono che uomini politici». Un esempio di difesa basato sull'attacco preventivo: «Ho versato sangue, dovevo farlo, forse ne verserò ancora. Ma senza collera, e soltanto perché il salasso è uno dei rimedi della medicina politica». Anche a Sant'Elena non esita ad assumersi le responsabilità del delitto, spiegandolo con le ragioni di una dura necessità.

Per fare bene la polizia non bisogna avere passioni: «Diffidate degli odi, ascoltate tutto e non pronunciatevi senza aver dato alla ragione il tempo di tornare sui suoi passi». Si tratta di un rimedio estremo che non bisogna usare nella normale pratica amministrativa. N. è contrario all'extraterritorialità delle ambasciate e all'immunità diplomatica. Se un ambasciatore d'Austria gli riesce sospetto, lo può far arrestare. Per un'attività repressiva cosí capillare le prigioni si dimostrano insufficienti. Sono 790 in tutta la Francia, di cui solo un terzo in buono stato, e registrano un alto numero di suicidi.

Una parte consistente del sistema si regge sui notabili, funzionari, banchieri, commercianti, notai, cui vengono riservate le cariche pubbliche, siano esse dipartimentali o nazionali, anche se N. esita a utilizzare per le liste dei «benestanti» il solo criterio del censo. Mira piuttosto a un accorto ricupero della vecchia aristocrazia, che deve fondersi con quella di nuovo conio. Ogni dipartimento deve designare 600 dei suoi maggiori contribuenti, ed è da questo bacino che vengono selezionate le persone per cariche da avviare alla carriera amministrativa e politica. Nasce cosí una burocrazia (prefetti, sottoprefetti, ispettori, capidivisione, impiegati) che gode di buoni salari e trattamenti di riguardo. La proprietà è tutelata come un principio sacro, consolidato da una fiscalità favorevole.

Nelle liste dei 66 700 notabili, vero nerbo della società napoleonica, che formano i collegi elettorali, i proprietari *rentiers* sono il 24,5 per cento, i proprietari imprenditori l'8,2 per cento, i negozianti e gli artigiani il 10,8 per cento, gli amministratori il 33,9 per cento. Scarsamente rappresentati i cosiddetti talenti che esercitano le professioni liberali, cioè medici, professori e scrittori, che si fermano al 14,4 per cento, anche se N. non manca di sottolineare l'importanza dell'istruzione e della scienza: sono utili alla società, ma è meglio che non si immischino troppo nella politica.

In provincia, il controllo centralizzato è affidato ai prefetti, dotati di ampi poteri, tra i quali quello di nominare i sindaci. Sono chiamati a riferire ogni giorno a Parigi di quello che accade nei loro territori. Anche il sistema delle prefetture viene riformato facendo un largo ricorso ai notabili, che si sentono cosí risarciti delle spoliazioni e delle offese della Rivoluzione. La loro si rivelerà tuttavia una fedeltà a tempo: nel 1814 aderiranno prontamente alla Restaurazione, che tutelava ancora meglio i loro interessi.

Le riforme imperiali investono anche l'insegnamento. I licei vengono regolati con una disciplina che oscilla tra il militare e il monacale: divise, ripartizioni in compagnie, esercizi al ritmo dei tamburi, prigioni, penitenze, forte istruzione religiosa. L'istruzione privata sembra funzionare meglio.

N. ha chiara l'importanza della formazione dei giovani, «garanzia per l'avvenire», cui intende impartire un'istruzione che guarda ai grandi modelli greci e romani e al valore della storia, ma resta chiaramente ispirata da valori monarchici. A lui interessa non tanto l'alfabetizzazione di massa, cui bastano pochi rudimenti e il saper fare di conto, quanto la formazione dei quadri necessari all'amministrazione: consiglieri di Stato, prefetti, ufficiali, ingegneri, professori, avvocati, medici. All'École

Normale Supérieure o al Politecnico, e in generale in tutti i contesti dell'educazione superiore, le idee libertarie fioriscono piú di quanto potesse sospettare.

Di ritorno dall'Elba, N. è costretto ad accettare una riforma costituzionale che si materializza nella stesura di un semplice *Acte additionnel*, in cui è coinvolto anche Benjamin Constant. Concessione formale e non sostanziale, perché nel frangente della frettolosa riorganizzazione dell'esercito in vista dello scontro finale con gli Alleati N. non intende sentirsi impacciato da remore parlamentari. Il resto lo aveva già fatto la consapevolezza (e la presunzione) delle proprie superiori capacità, che alla fine si è tradotta in un accecamento autodistruttivo. Ai tempi del Regno d'Italia era arrivato ad affermare: «I miei popoli mi conoscono abbastanza da sapere che ne sa piú il mio dito mignolo di quanto essi ne sappiano in tutte le loro teste messe insieme».

In una lettera del 1813 a Madame de Rémusat, Talleyrand traccia il progetto cui N. avrebbe dovuto attenersi se non si fosse fatto travolgere dalla sua smodata ambizione: mantenere l'ordine in Francia, apprezzare i civili costumi degli inglesi raggiungendo con loro un *modus vivendi*, rafforzare le frontiere orientali con la Confederazione del Reno, fare dell'Italia uno stato alleato della Francia e indipendente dall'Austria, tenere lontano lo zar utilizzando la barriera-cuscinetto della Polonia.

N. gli risponderà da Sant'Elena. Tutti lo invitavano alla mediazione, ma lui aveva scelto un contegno «fermo, dignitoso, energico», perché convinto che ogni accordo al ribasso avrebbe moltiplicato gli appetiti dei suoi nemici. Il dilemma era sempre lo stesso: «Vivere potenti o consegnarsi in balía degli Alleati». Il nuovissimo edificio della Francia era edificato su fondamenta deboli, e poteva reggersi solo su continue vittorie. Le guerre non erano il frutto malato dell'ambizione di un uomo, ma la conseguenza dello scontro senza quartiere tra vecchio e nuovo, tra passato e avvenire, in cui diceva di essere stato trascinato suo malgrado. Avrebbe apprezzato la distinzione che Antonio Gramsci registra nei suoi *Quaderni del carcere*: esiste un cesarismo progressivo e uno regressivo, categorie da verificare ogni volta nei loro contesti storici. Il primo aiuta le forze progressive a trionfare, sia pure a prezzo di certi compromessi, e si può incarnare in Cesare e Napoleone I; il secondo aiuta le forze regressive, come nel caso di Napoleone III e di Bismarck.

Resta il paradosso di una rivoluzione che aveva voluto abbattere l'autoritarismo e il dispotismo dell'Antico Regime, e nel giro di pochi anni aveva prodotto uno Stato ancora piú dispotico, poliziesco, dirigista, censorio, teso a plasmare cittadini ubbidienti, sottoposti a un controllo stringente, mandati a combattere in guerre di conquista. Tuttavia anche nel momento della sconfitta finale N. continua a sentirsi in credito con i sovrani europei, forse perché aveva vagheggiato per sé medesimo una monarchia ereditaria in cui l'aristocrazia avrebbe avuto un ruolo centrale. Sostiene d'aver chiuso le porte al caos della Rivoluzione, e fermato il torrente eversivo che minacciava i loro troni.

Si considera uno di loro, un fattore d'equilibrio, ancora in grado di garantire stabilità e sviluppo grazie ai principî moderni che propugna, sino a favorire la nascita di un'Europa finalmente unita. L'uomo che aveva conculcato le libertà nazionali vagheggiava un disegno utopico che sarà parzialmente realizzato solo dopo un secolo e mezzo, e due rovinose guerre mondiali.

Nel *Memoriale di Sant'Elena* il sogno degli Stati Uniti d'Europa resta una delle pagine piú stupefacenti. Unificare codici, principî, opinioni, sentimenti, interessi significava creare «una grande famiglia europea, una federazione come quella degli Stati Uniti o un'anfizionia, come nell'antica Grecia. Quale prospettiva, allora, di forza, di grandezza, di prosperità! Quale sublime spettacolo!» In tutta Europa le stesse monete, pesi, misure, la stessa legislazione ovunque. Ciascuno, viaggiando, si sarebbe sentito a casa sua.

Anche se enunciato per corroborare la propria leggenda di paladino delle nuove libertà, la grandezza visionaria del progetto ci autorizza a pensare che N. fosse degno di una impresa del genere.

6.
Strategia

«La guerra, come il governare, è una questione di sensibilità». «In guerra, come in natura, nulla si crea e nulla si distrugge». Come tutti i veri innovatori, N. sviluppa la sua metodologia bellica studiando il passato, cogliendone i punti deboli, ottimizzando le risorse, sviluppando idee e tecniche preesistenti. È un genio pratico, non teorico, con uno speciale talento per adattare le risorse disponibili al contesto in cui devono essere usate. «L'arte della guerra è semplice, tutta esecutiva; non ha niente di vago, è tutta buon senso, non vuole nessuna ideologia».

L'accurata preparazione di ogni mossa, la messa a punto della macchina statale e militare si accompagnano alla consapevolezza che è nel «qui e ora» del momento decisivo che un capo misura la qualità dei suoi riflessi e la bontà delle sue intuizioni: «Nulla è piú difficile e insieme piú importante quanto il saper decidere con prontezza».

N. ama scrivere un copione dettagliato, ma una volta salito sul palcoscenico è pronto a cambiare, improvvisare, stupire i suoi avversari con mosse imprevedibili, che hanno una forte ricaduta psicologica. Buon lettore di storia, studia le campagne dei grandi generali, Alessandro, Cesare, il principe Eugenio, Federico il Grande. Si ispira ai classici ma li sottopone a un severo vaglio critico, ridimensionando le leggende e le iperboli con sano realismo, perché le battaglie non si vincono con la retorica e le leggende. Tuttavia rimprovera ad Alessandro che, «giunto al culmine della gloria, abbia perso la testa e gli si sia corrotto il cuore. Aveva iniziato la carriera con l'animo di Traiano, la chiuse con il cuore di Nerone e i costumi di Eliogabalo». Il piú sorprendente, ardito e audace generale dell'antichità resta Annibale, che sceso in Italia a ventisei anni, la occupa per sedici, mettendo Roma in gravissime difficoltà. Ma tutti si sono attenuti ai principî essenziali: esattezza di piani, meditato rapporto fra mezzi ed effetti, sforzi e ostacoli: «Per loro la guerra non cessò mai di essere una vera scienza».

Per il resto, quanti miti campati per aria. Ad esempio, la guerra tra Greci («un popolo vanitoso e iperbolico») e Persiani è stata un seguito di azioni confuse di cui ognuno si è poi attribuito la vittoria. La storia di Roma si basa invece su ben altri riscontri oggettivi, perché lí i fatti e i risultati sono chiari e visibili a tutti; cosí come sono indiscutibili le moltitudini di Gengis Khan e di Tamerlano, sovrani che si tiravano indietro interi popoli. La memoria storica gli fa temere che un giorno l'Europa possa essere soffocata da queste grandi migrazioni.

Il giovane artigliere che a Tolone mette in pratica le sue intuizioni aveva imparato a memoria il trattato di Jean du Teil, *De l'usage de l'artillerie nouvelle*, pubblicato nel 1778, e metabolizzato l'*Essai général de tactique* del conte di Guibert, uscito anonimo a Londra nel 1772, assai critico con il sistema economico e politico dell'Ancien Régime e con le dottrine belliche, allora inquinate da classi dirigenti sostanzialmente mediocri e litigiose. Non a caso sarà considerato eretico e avversato dal vecchio *establishment*, sino a quando la vedova dell'autore potrà pubblicarlo con il suo nome nel 1802, presso un editore prestigioso come Didot, e una prefazione che indicava Federico II, Washington e Bonaparte tra i suoi estimatori.

Troppi cannoni e troppi soldati – argomentava Guibert –, eserciti pesanti, lenti, incapaci di manovrare, da approvvigionare attraverso i magazzini sempre troppo lontani, con grande dispendio per le finanze pubbliche. Occorreva creare eserciti mobili, piú elastici, piú arditi, capaci di essere ovunque e da nessuna parte, di apparire e scomparire, di rifornirsi sui territori, insegnando ai soldati a marciare in fretta, piú che in ordine, educando i cittadini all'orgoglio militare, rinunciando ai mercenari. Il primato della velocità esigeva il primato dello spirito, delle forze morali. Un condottiero provvisto di energia, genio e autorevolezza, doveva infondere nei suoi uomini slancio, coraggio, entusiasmo, immaginazione. Come dirà N., motivatore sommo, si vince con i sogni che fanno i propri soldati. Il profilo della sgangherata armata d'Italia corrispondeva ai requisiti di un'ardente giovinezza: i suoi soldati hanno dai 20 ai 24 anni, contro i 35-40 dell'esercito austriaco. Come ha dimostrato Guglielmo Ferrero nel suo *Bonaparte en Italie* (1936), il libro di Guibert spiega molte cose della campagna vittoriosa.

«Niente si ottiene in guerra se non per mezzo di calcoli precisi», proclama N., appassionato cultore di matematica. E tuttavia, avendo presto imparato l'importanza del caso, pur confinato in un prudenziale 10 per cento, sa mettere nel calcolo anche gli imprevisti, elabora piani per le emergenze. Insegue un «insieme di intuizione e scienza che può essere presente soltanto nella mente di un genio». Con alcuni punti fermi: il movimento, l'offensiva, l'unità di comando («meglio un cattivo generale che due buoni»), la conoscenza ottimale del nemico e del terreno di scontro, l'importanza del morale e quindi la capacità di motivare i propri uomini (che «sta al fisico nel rapporto di tre a uno»), la meritocrazia come strumento fondamentale per formare nuovi quadri. Anche se si dispone di forze inferiori, bisogna saperle concentrare nel punto decisivo, al momento decisivo.

Se bisogna dare battaglia, nessuno schema prestabilito, ma cinque principî da tenere ben presenti. 1) Fissare chiaramente l'obiettivo. 2) L'obiettivo deve essere il nucleo forte del nemico, su cui va concentrato il massimo dello sforzo iniziale con l'ausilio dell'artiglieria. 3) Attaccare il nemico sui fianchi o alle spalle. 4) Aggirare i fianchi piú esposti del nemico, in modo da tagliarlo fuori dai suoi rifornimenti e dalle forze alleate. 5) Mantenere sicure e aperte le proprie linee di comunicazione. L'esercito ideale deve rispondere a proporzioni precise: la cavalleria deve essere 1/4 della fanteria (un quinto nei paesi montagnosi), l'artiglieria 1/8, il genio 1/40.

È stata proprio la partecipazione diretta alle battaglie napoleoniche a suggerire a Carl von Clausewitz, il brillante autore di *Della guerra*, gli elementi che concorrono al successo strategico. Anzitutto il vantaggio ambientale, il predisporsi allo scontro da posizioni favorevoli, che nasce da una minuziosa conoscenza del terreno (di qui l'importanza che N. annette alle carte geografiche e alla cartografia). Poi l'elemento sorpresa, che gioca benissimo grazie alla straordinaria mobilità che sa imprimere ai suoi uomini. L'attacco da piú lati, che sconcerta il nemico, che non sa piú dove indirizzare le proprie riserve. Il rafforzamento del teatro di guerra con adeguate strutture di consolidamento, che garantiscano a cose fatte una buona difesa delle conquiste territoriali. Infine l'appoggio popolare (che è fatalmente mancato a N., impegnato in guerre di sostanziale conquista) e lo sfruttamento delle forze morali (in cui invece era abilissimo).

Lo stesso von Clausewitz ci ha lasciato una pagina bellissima in cui descrive che cosa succede in una battaglia tradizionale. Ci si ordina con calma in grandi masse, ma ne viene dispiegata solo una piccola parte, e la si fa scontrare in un combattimento a fuoco che dura ore, «interrotto di tanto in tanto da piccoli assalti alla baionetta o incursioni della cavalleria». Quando queste truppe hanno esaurito la loro potenza di fuoco o sono state logorate o decimate, vengono sostituite con altre fresche. La battaglia prosegue cosí per ore, al pari di un fuoco che bruci lentamente e faticosamente, come paglia umida. Quando scende la notte, si fa un bilancio delle forze che rimangono, «si valuta che cosa si sia guadagnato o perduto in termini di spazio, e quanta sicurezza rimanga ancora alle spalle». Si valutano criticamente le proprie mosse e quelle del nemico, e si decide se ritirarsi o dare battaglia il giorno seguente.

L'impeto, la mobilità speciale, la concezione del tempo che caratterizzano il metodo napoleonico ribaltano questa impostazione statica. Per prima cosa, occorre un'azione offensiva nel segno dell'audacia: «È l'unico nodo per diventare un grande comandante e capire a fondo i segreti dell'arte bellica». Ma attaccare da una posizione forte, dopo aver captato le intenzioni del nemico e gli errori che ha già commesso.

Le battaglie seguivano uno schema convenuto, che prevedeva un pesante bombardamento iniziale sull'obiettivo scelto per l'attacco. L'«ordine misto» caro a N. comportava poi l'irruzione di nugoli di *voltigeurs* e *tirailleurs*, che avanzavano in ordine sparso verso le file nemiche, cercando di colpire ufficiali e comandanti, con una continua azione di disturbo. Poi partivano gli attacchi della fanteria e della cavalleria pesante, cui i nemici rispondevano disponendo le loro prime file nei quadrati, anche se questo comportava una riduzione della potenza di fuoco e dunque una piú agevole avanzata degli assalitori. La fanteria cercava di aprire un varco che veniva ampliato dal sopraggiungere dell'artiglieria ippotrainata, che arrivava in linea e sparava a bruciapelo. Una volta aperta una breccia, toccava alla cavalleria consolidare il vantaggio attaccando sui lati o scompigliando le truppe che si ritiravano o fuggivano.

La preparazione dell'attacco doveva avvenire nella massima segretezza. N. è particolarmente attento a predisporre un sistema di sicurezza, che comprende la chiusura delle frontiere e dei porti, un attentissimo controllo della stampa, la sorveglianza degli elementi sospetti, affidata all'efficienza della polizia segreta di Fouché. Sul terreno dello scontro, la cavalleria in avanscoperta esplora i villaggi, raccoglie informazioni, vuota le cassette postali, cattura prigionieri e disertori, raccoglie voci e pettegolezzi. Sul campo, per nascondere i movimenti del grosso delle proprie forze, N. manda avanti colonne mobili di cavalleggeri, ussari e lancieri, che impediscono ai ricognitori nemici di farsi avanti e identificare le posizioni delle formazioni principali.

N. ha cura di disporre le sue divisioni in una sorta di rete a raggiera: distanziate le une dalle altre quel tanto che basta da garantire un rapido ricongiungimento in caso di necessità. Spesso l'esercito si trova dislocato su un fronte di 120-200 km, e la qualità delle comunicazioni diventa decisiva. N. finge di tenersi a due giorni di distanza dal campo di battaglia, poi «ruba» una notte di marcia e si presenta all'improvviso. La manovra sulla media distanza entra dunque a far parte integrante dello scontro. Nel 1805, l'anno di Austerlitz, l'armata aveva raggiunto un tal grado di mobilità che un totale di 210 000 uomini, con 396 cannoni trainati da 6430 cavalli, era in grado di percorrere 350 km in tredici giorni. Ma già nella prima campagna d'Italia, Augerau aveva potuto percorrere 85 km in trentasei ore, grazie alla leggerezza dei convogli, all'autodisciplina e alla ferrea volontà del comandante in capo.

Ogni corpo segue una via diversa per non intasare le strade, solitamente pessime, e non bruciare le stesse risorse. I convogli hanno razioni per appena quattro giorni, da distribuire solo in caso di battaglia imminente. Il resto deve essere trovato in loco. Si marcia dalle cinque del mattino alle dodici, poi si pensa agli approvvigionamenti e al riposo. Fanteria e cavalleria marciano ai lati della strada, lasciando al centro cannoni e carrozze. La marcia media è di 5 km all'ora. Dopo ogni ora, è prevista una sosta di cinque minuti, rallegrata dal suono di orchestrine. Una divisione di 40 000 fanti copre uno spazio di 4 km, un reggimento di cavalleria un chilometro. In caso di necessità, il ritmo delle marce viene accelerato.

La *Grande Armée* comprende sette corpi, ognuno formato da due a quattro divisioni di fanteria, una brigata o una divisione di cavalleria leggera, una quarantina di cannoni, distaccamenti del genio e reparti di intendenza. C'è poi una Grande Riserva, con la Guardia Imperiale, e vari distaccamenti di granatieri. Intorno al 1805, ai 350 000 uomini dell'*Armée* si aggiungono le truppe degli alleati, per un totale di 520 000 uomini, che in Russia diventano 630 000 e in Spagna 250 000. Di quelli, un quarto sono veterani, la metà coscritti e volontari arruolati dopo il 1801.

La novità delle armate rivoluzionarie è la loro composizione mista di soldati professionali e militari di leva, che diventeranno sempre piú numerosi, via via che le troppe campagne decimeranno i veterani. Come ha osservato Vittorio Criscuolo, la vera forza delle nuove leve era lo slancio patriottico, prima in difesa della Rivoluzione, poi di un Impero che non cessava di ingrandirsi. Nasceva la guerra patriottica di massa, i cui combattenti si sentivano stimolati dalla fiducia nel loro condottiero e dal sistema premiale che riconosceva il merito e apriva a tutti le carriere. «I soldati non sono repubblicani, – rifletteva N. a Sant'Elena. – Abituati a obbedire, sono contenti di vedere i borghesi sottomessi come loro. Gli eserciti sono essenzialmente monarchici!»

L'arruolamento viene condotto tra i diciotto e i venticinque anni; piú tardi è esteso ai trenta e anticipato ai quindici. Gli stranieri rappresentano almeno un terzo del totale e vengono dalle regioni incorporate nell'Impero: mercenari svizzeri e irlandesi, contingenti nazionali da Baviera, Sassonia, Italia e Regno di Napoli. Di questi, si diceva che italiani, svizzeri e polacchi fossero bravi soldati, i napoletani e gli olandesi poco affidabili, i tedeschi discontinui. La multinazionalità e la babele dei linguaggi provocavano notevoli problemi di comunicazione che diventavano drammatici nei contesti piú difficili, come durante la campagna di Russia.

Altro nodo decisivo, la logistica: amministrazione, magazzini, mezzi di trasporto. «Non ci sarà vero esercito moderno finché il soldato non sarà autosufficiente in tutto», predica N. Il nemico è la «spaventosa burocrazia imbrattacarte», l'inerzia vischiosa del vecchio sistema, l'ingordigia dei fornitori. Bisogna imitare i Romani, equipaggiati per andare in capo al mondo, ma la riorganizzazione esige tempo, un periodo di pace e di stabilità, che le guerre continue vanificavano. In tempo di pace, N. pensava di utilizzare l'esercito, ristrutturato e reso autonomo, anche nei lavori pubblici, ma questo è restato uno dei tanti sogni di Sant'Elena, le cose che potevano essere e non furono.

Nel 1809 N. è costretto a costituire nove battaglioni con il compito di allestire depositi avanzati che garantiscano una migliore distribuzione degli approvvigionamenti, resi piú gravosi dal cattivo stato delle strade, che rallentavano i convogli dell'intendenza, troppo piú lenti dell'armata. L'altro anello debole della macchina militare sono la *maison* imperiale e lo Stato maggiore, che pure rappresentano un vero centro nevralgico. Secondo Raymond Chandler, massimo storico militare dell'età napoleonica, l'organizzazione era inutilmente complessa e difettosa, con vari duplicati delle stesse funzioni, e non poteva prendere decisioni autonome in alcun caso. Tanto piú che nelle campagne N. si faceva accompagnare da rappresentanti del suo governo, per poter continuare a gestire gli affari interni e diplomatici.

Lo Stato maggiore generale, che ha il compito di interpretare e trasmettere gli ordini ricevuti, era presieduto da Berthier, piccolo, corpulento, sorridente, sempre indaffaratissimo. Duroc, Grande Maresciallo di palazzo, provvedeva all'amministrazione, gestiva la servitú e poteva adattarsi a procacciatore di donne; Culaincourt era responsabile della scuderia, dei paggi, dei messaggeri e delle scorte. C'era poi un gruppo di generali senza comando per missioni speciali, e ufficiali aiutanti di campo, ma tutti di prim'ordine, che potevano guidare una carica, negoziare un trattato o cucinare un pollo.

Fondamentale il Gabinetto, anche detto «santuario del Genio», il cui segretario teneva i collegamenti con gli assistenti personali e lo Stato maggiore. Tre segretari personali provvedevano a trascrivere gli ordini e a diramarli agli interessati, con la collaborazione di una decina di civili. Complessivamente, il quartier generale arriverà a contare 3500 ufficiali, e 10 000 soldati, compresi scrivani e truppe di scorta. Lo spostamento dell'intero Stato maggiore poteva anche richiedere sette giorni. Assumendo il comando in battaglia, N. era assistito dal capo di Stato maggiore, il Gran scudiero, il Maresciallo di giornata, due aiutanti di campo, due ufficiali d'ordinanza, uno scudiero, un paggio che portava il cannocchiale, un soldato con carte e compasso, il cameriere Roustam, un ufficiale interprete, un palafreniere. A mille metri seguivano la scorta principale, e quattro squadroni di cavalleria della Guardia.

Molti degli ufficiali provenivano dall'École Spéciale Militaire e dall'École Politechnique, dove si formavano gli artiglieri e gli ufficiali del genio, come il virtuoso generale Drouot. Subivano forti perdite, perché in battaglia si esponevano conducendo gli assalti e venivano presi di mira dagli interditori nemici. La loro età diminuí progressivamente, e si arrivò al punto da promuovere in massa sergenti e allievi appena arruolati.

L'élite era rappresentata dalla Guardia Imperiale, che crebbe dai 2000 uomini di Marengo ai 112 000 del 1814, per scendere ai 25 000 effettivi dei Cento Giorni. N. la definisce «speranza suprema e supremo pensiero». Articolata in granatieri a piedi e a cavallo, cacciatori a cavallo, dragoni, lancieri, mamelucchi e gendarmi scelti, richiedeva cinque anni di servizio e due campagne effettive, e garantiva privilegi consistenti: una paga da sergente, razioni e rifornimenti speciali, un prestigio che diventava facilmente arroganza. Tenuta di riserva e pensata per infliggere al nemico il colpo finale o per difendere l'imperatore in casi di estremo pericolo, il suo paradosso è che non influí mai sulle battaglie in modo decisivo. A Waterloo non riuscí a invertire il corso della sconfitta che si profilava nel tardo pomeriggio della battaglia in cui da ultimo fu scagliata contro forze di troppo superiori.

Il soldato napoleonico disponeva di armi di efficacia piuttosto ridotta. Il fucile a canna liscia e avancarica, lungo 1,57 m, aveva una gittata reale di 250 m, ma gliene occorrevano cento per colpire un bersaglio. Anche a quella distanza solo il 60 per cento dei colpi arrivava a segno, e poteva diventare micidiale sotto i cinquanta metri. Il caricamento richiedeva cinque operazioni alquanto complesse. Prendere la cartuccia dalla giberna, strapparla a morsi e tenere in bocca la pallottola. Aprire lo scodellino del moschetto, riempirlo di polvere, chiuderlo, mettere l'arma in posizione verticale. Versare la polvere nella canna e sputarci la pallottola. Accartocciare la carta, spingerla con la pallottola giú per la canna sino alla polvere. Puntare, mirare, far fuoco. La complessità dei gesti faceva sí che la cadenza media fosse di un tiro al minuto. La canna era da pulire dopo cinquanta colpi e la pietrina da sostituire dopo dieci. Le scariche producevano nuvole di fumo che gravavano sul campo di battaglia compromettendo la visibilità, aumentando la confusione, tanto che era abbastanza frequente essere colpiti dal fuoco amico, come accadde a Waterloo.

L'arma di maggior efficacia era rappresentata dall'artiglieria. Il Primo Console aveva potenziato i servizi di traino, favorendo la mobilità delle batterie e la cadenza di tiro, in modo da farle convergere rapidamente là dove fosse necessario aumentare la potenza di fuoco. La media era di due colpi e mezzo al minuto. N. si proponeva di assegnare cinque cannoni ogni mille uomini, ma riuscí rare volte nell'intento, come a Lipsia. Venivano utilizzate le normali palle rotonde, contando sull'effetto rotolamento, o le scatole a mitraglia, riempite di pallottole da moschetto e sbarre di ferro. Esistevano anche delle palle cave, riempite di esplosivo e fatte esplodere da una miccia. È una di quelle che in *Guerra e pace* ferisce a morte il principe Andrej.

L'artiglieria aveva il compito di preparare l'attacco della fanteria martellando l'obiettivo prescelto. N. faceva affidamento sull'efficacia del fuoco concentrato di cento e piú cannoni: «Dev'essere raggruppata in massa se si desidera ottenere risultati precisi». Presto l'artiglieria fu in grado di manovrare ai lati e davanti alla fanteria, riuscendo a staccare gli avantreni a cinquecento metri dal nemico, e sparando a mitraglia. Se la linea di battaglia si spostava in avanti, doveva essere pronta a riattaccare gli avantreni e accompagnare l'avanzata.

La parte piú spettacolare e pittoresca dell'*Armée* era costituita dalla cavalleria, in particolare da quella leggera, la piú numerosa. I suoi generali erano tutti giovani. Era divisa in tre categorie classiche: i cacciatori a cavallo e gli ussari della cavalleria leggera; i dragoni e i lancieri della cavalleria di linea; i carabinieri e i corazzieri della cavalleria pesante. Panneggiati in divise eleganti e quasi sfarzose, dovevano essere coraggiosi sino alla temerarietà, ma anche veloci, ordinati, capaci di un corretto uso delle proprie riserve. Il fatto che fossero degli esibizionisti, facili alla rissa, grandi giocatori d'azzardo e bestemmiatori, faceva parte della leggenda. Dotati di pistole e sciabola, avevano compiti di ricognizione e protezione dei fianchi, conducevano attacchi di disturbo, coprivano la ritirata, inseguivano il nemico in rotta, caricando spietatamente i fuggiaschi.

«Senza la cavalleria, le battaglie sono senza risultato», sentenziava N. a Sant'Elena, ricordando quanto fosse stata decisiva nel mettere in fuga 200 000 prussiani a Jena. Nelle sue *Notes sur l'histoire de la guerre*, osservava che richiedeva audacia, abilità e rinuncia allo «spirito d'avarizia e conservazione». Un esercito che goda di una superiorità in fatto di cavalleria avrà il vantaggio di proteggere al meglio i propri movimenti, d'essere sempre bene informato sui movimenti nemici e di impegnarsi soltanto quando lo avrà deciso essa stessa. Ma la cavalleria richiedeva ottimi ufficiali e un superiore livello d'istruzione.

Sarà durante le campagne del 1806-1807 in Germania che N. darà una dimostrazione magistrale di un suo perfetto utilizzo. Per lui la «regina del movimento» non doveva essere aggregata ad altri corpi, e tantomeno alla fanteria, ma mantenere la sua libertà e agilità di manovra, la sua ubiquità. Per essere sempre disponibili ed evitare sorprese, i cavalieri non potevano passare la notte in città, villaggi, castelli o fattorie, ma dovevano allestire bivacchi, restando sempre pronti a riprendere immediatamente il servizio.

I corazzieri della cavalleria pesante, che costituivano il nerbo della riserva, si distinguevano per l'elmo e il pettorale in acciaio, montavano enormi cavalli e brandivano un paio di pistole e lunghe spade diritte. N. li riteneva decisivi nell'aprire o chiudere una battaglia con la forza del loro impatto. Avanzavano al trotto sino ai cento metri, poi caricavano al galoppo trovando la massima velocità ai cinquanta metri; ma anch'essi poco potevano se i quadrati nemici riuscivano a formarsi rapidamente, opponendo agli assalitori una selva di baionette. Spesso i loro condottieri, come Ney e Murat, si distinguevano piú per coraggio che per avvedutezza, anche se poi riuscivano a farsi perdonare le imprudenze con imprese azzardate.

Quel che distingue un generale è l'equilibrio tra l'ingegno, la tempra del carattere e il coraggio. N. lo ravvedeva solo in Eugenio di Savoia. Diceva che non v'era alcuno dei generali di cui non sapesse quanta acqua poteva contenere. Morti prematuramente i suoi uomini migliori (Kléber, Desaix, Lannes) si era sentito costretto ad arroccarsi nel centralismo esasperato che alla fine lo ha perduto.

Le battaglie sempre piú sanguinose e la disastrosa campagna di Russia infliggeranno alla cavalleria una crescente carenza di ufficiali preparati, cui non si riuscirà piú a porre rimedio. Non c'era piú tempo per l'istruzione e la formazione di nuovi quadri. Nelle campagne del 1813-14, l'assenza di una cavalleria adeguata accresce le difficoltà operative e impedisce di consolidare i successi. Quando si riuscivano a trovare i cavalli, mancavano gli uomini, anche se Parigi e le altre grandi città ne finanziavano la ricostituzione. «Se avessi avuto una cavalleria, avrei potuto conquistare l'Europa», si rammaricherà N. Intanto gli Alleati avevano sperimentato quanto fosse utile non solo in una battaglia campale, ma in continue azioni di disturbo, tipiche della guerriglia, condotte contro piccoli distaccamenti, convogli, corrieri.

Quando nel 1814 gli Alleati entrano in Francia, N. combatte contro forze quattro volte superiori, e può contare soltanto su 15 000 cavalleggeri. Tornato dall'Elba, ha con sé solo uno squadrone di lancieri polacchi che facevano parte della Guardia, ma riesce nel miracolo di ricostruire in breve tempo un corpo di 22 000 cavalieri. Due mesi dopo Waterloo, Wellington riconosce che la miglior cavalleria d'Europa è stata quella francese.

I migliori allievi di N. sono stati i suoi nemici, che hanno presto imparato a imitarne strategie, tattiche, modelli organizzativi, astuzie ed espedienti. Dirà lui stesso a Sant'Elena, parlando della disastrosa guerra di Spagna: «Avviluppatomi in tanti impicci militari e politici, aprii una scuola di guerra agli inglesi: sono stato io che, disgraziatamente, in terra di Spagna ho addestrato l'esercito inglese prima di Waterloo». Il ventennio napoleonico ha costretto molti Paesi europei e la stessa Russia a una lunga rincorsa che ha prodotto un sostanziale ammodernamento delle strutture statali, della produzione industriale e dell'organizzazione. Questo spiega perché, almeno a partire dal 1806, le battaglie siano state sempre piú equilibrate e cruente, e abbiano bruciato uomini e risorse che N. è stato sempre meno in grado di rimpiazzare.

Alla fine, il maestro che era riuscito a inventare un nuovo modo di utilizzare spazio e tempo per mettere a punto un innovativo modello bellico e gestionale, il calcolatore che basava le proprie decisioni sull'accuratezza delle analisi e la freddezza del ragionamento, commette errori di misura e di semplice buon senso che lo distruggono. Sono le stesse dimensioni della macchina che ha costruito, diventate ormai incontrollabili, a perderlo. Nel momento in cui si spinge oltre livelli sostenibili, il gigantismo pone le premesse di una caduta che avevano predetto in molti, a cominciare da Talleyrand.

7.
Economia

Cresciuto nell'economia ridotta all'osso della sua Corsica tribale, N. ha dovuto sviluppare rapidamente le capacità di un bravo amministratore quando è stato costretto a sostenere la famiglia, in grave difficoltà dopo la prematura morte del padre. Le sfrutterà in grande quando si troverà a gestire una nazione di quarantadue milioni di abitanti, uscita dalle macerie rivoluzionarie, e indebolita da uno sviluppo diseguale: avanzato a nord, arretrato nelle regioni centrali, carente nel sistema portuale, ma con estese coltivazioni di grano nelle pianure occidentali.

Seguendo l'esempio dell'antica Roma, la prima e principale preoccupazione di N. è quella di ammodernare il sistema viario lungo le grandi direttrici. Tra le quattordici strade di prima classe ci sono la n. 6, che arriva a Milano e Roma attraverso il Sempione, e la n. 7, che porta a Torino attraverso il Moncenisio. Malgrado gli sforzi profusi, la percorribilità resta relativa. Occorrono centoventi ore per andare da Parigi a Bordeaux con la diligenza, il servizio postale richiede otto giorni per andare da Parigi a Milano.

«Sono io che ho creato l'industria francese», si vanta N. con Caulaincourt nel 1812. A riprova, può portare una legislazione favorevole allo sviluppo, i progressi nel campo della meccanica, l'apertura di vasti mercati europei sottratti all'influenza inglese, l'introduzione di rilevazioni statistiche che consentono di monitorare lo stato dell'arte. I risultati sono visibili. Nel giro di un decennio, i 220 espositori dell'Esposizione universale arrivano nel 1806 a 1422.

L'industria degli armamenti è articolata in tre grandi settori, cui provvedono le manifatture dello Stato: fucili, armi bianche, cannoni. Il settore pubblico è affidato alla gestione di imprenditori controllati da ispettori, controllori e revisori; gli operai sono equiparati ai soldati e dunque sottoposti a una disciplina asfissiante. N. resta diffidente verso i fornitori privati. Gli armamenti sono implementati in misura notevole dalle prede belliche. Sono ben 2000 i cannoni sottratti agli austriaci nel 1805, e consistenti anche le requisizioni in Prussia l'anno seguente.

In siderurgia, malgrado il regime favorisca le concentrazioni, le fonderie conservano dimensioni ancora famigliari, e sono oggetto di accese contestazioni perché richiedono un alto consumo di legna e carbone e risultano molto inquinanti. Nel 1815 si censiscono 372 altiforni e un migliaio di *feux de forges*, che garantiscono alla committenza militare 8000 tonnellate annue, ma la produzione resta insufficiente.

Nella chimica, le nuove conquiste sono considerevoli, se si pensa che sono avvenute in tempi turbolenti. Dopo Lavoisier, ghigliottinato nel 1794 per aver servito la monarchia, a cavallo del secolo la Francia produce grandi chimici come Berthollet e Chaptal, che applicano le loro scoperte all'industria manifatturiera e ricoprono importanti incarichi diplomatici, politici e organizzativi.

Berthollet segue N. in Italia (dove si occupa anche delle requisizioni di opere d'arte) e in Egitto (dove studia il natron); nominato senatore, raccoglie attorno a sé nella sua casa di Arcueil i migliori scienziati dell'epoca in una sorta di *brainstorming*. Quando si pone un qualche problema scientifico, è a lui che N. chiede lumi. Chaptal, già autore di un fortunato manuale di chimica, e organizzatore della Scuola politecnica, avvia importanti sperimentazioni sintetiche nei processi industriali, e arriva a ricoprire la carica di ministro degli Interni.

Cresce in maniera esponenziale la produzione di acido solforico e soda artificiale, indispensabile a vetrerie, lavanderie e tintorie. Consistenti anche gli sviluppi del tessile, facilitati dal protezionismo, dall'apertura di nuovi mercati e dai progressi tecnici, malgrado la difficoltà di far arrivare le materie prime dal Brasile e dall'Oriente. Un eccesso di importazioni di cotone spinge N. a restrizioni che peraltro non frenano i consumi. La lana viene importata dalla Spagna, e le migliorie tecnologiche vengono fornite dai professionisti inglesi. Lione resta il centro piú importante per la produzione della seta, grazie al protezionismo di N., e alle forti commesse della corte.

In forte crescita l'industria del lusso (oreficeria, orologeria, ebanisteria), anch'essa favorita dagli ordinativi imperiali, anche se non è vista di buon occhio dalle amministrazioni cittadine che non gradiscono la presenza di troppi operai, per il timore di tensioni sociali e disordini. La stessa Parigi deve fare i conti con un'immigrazione stagionale che porta nella capitale almeno 40 000 uomini, costretti a vivere nei tuguri del centro e nelle periferie.

Imponenti anche gli investimenti nei lavori pubblici, quasi a dimostrazione della superiorità dell'Impero rispetto alle vecchie monarchie, che non avevano «genio amministrativo, non curavano il fiorire e lo sviluppo della città», diceva N. Si comportavano come certi signori inetti e stolidi, che «si lasciano mandare in rovina dai loro astuti e avidi intendenti». Nemico di spettacoli pubblici, fuochi d'artificio e spese inutili, N. incontra pigrizie e resistenze nelle sue imprese costruttive, deve arrabbiarsi, protestare, mandare lettere, sollecitare gli ignavi. Avrebbe voluto trasformare Versailles, poco adatta al soggiorno di una corte, in un luogo aperto al pubblico, una specie di Disneyland con le vedute in rilievo delle capitali «in cui il nostro esercito è entrato vittorioso».

La base della ricchezza resta la terra, specie dopo le disastrose esperienze degli assegnati. Il nuovo Codice civile ha tra i suoi obiettivi quello di proteggere la proprietà immobiliare. Nel 1807 viene avviato il catasto per fissare la ripartizione della proprietà fondiaria e ratificare le vendite dei beni nazionali. Gli acquirenti sono mercanti e negozianti, avvocati, funzionari, ecclesiastici, associazioni di contadini, ma le pezzature dei terreni in vendita sono modeste e la redditività scarsa. Vengono messe sul mercato anche le proprietà private di nobili e borghesi depauperati o rovinati dalla Rivoluzione. Se ne avvantaggiano finanzieri e imprenditori. Sono sempre le grandi proprietà fondiarie, se ben gestite, a garantire il prestigio sociale, a stabilire le gerarchie delle élite di cui l'Impero non può fare a meno.

Alla crescita del Pil corrisponde anche la crescita di masse di diseredati, sottopagati e precari, non protette da alcuna legislazione, e guardate con sospetto dallo stesso N., come pericolosi detonatori sociali. Le tensioni che nascono con lo sviluppo industriale, con lo sfruttamento coloniale e il perdurare della servitú della gleba nei paesi a est dell'Elba, continueranno ad alimentare i conflitti sociali che occuperanno tanta parte del Novecento.

Nel delineare una politica economica, N. utilizza metodi comparativi e guarda in casa d'altri. È molto critico con l'Inghilterra, malgrado l'apprezzabile solidità di istituzioni maturate nei secoli. A suo giudizio, i ministri, arricchitisi in India, sono rapaci e corrotti. L'enormità del debito pubblico produce un continuo aumento delle tasse che fa lievitare il prezzo delle derrate, il costo del lavoro e delle merci, non piú competitive, con un generale aumento della povertà. N. rimane convinto che, se solo fosse riuscito a sbarcare in Inghilterra, sarebbe stato accolto come un liberatore, e l'economia del Paese ne avrebbe ricavato un forte impulso.

Appena nominato Primo Console, vara la riforma monetaria e istituisce il *franc germinal*, una moneta in argento del peso di 5 grammi, che resiste sino al 1926. La riforma è preceduta dalla fondazione della Banca di Francia, quotata in Borsa, per sostenere il commercio e le esigenze dello Stato, il cui andamento sarà sensibile a vittorie e sconfitte militari. Il Tesoro attingeva lí e al *Domaine extraordinaire*, alimentato dalle prede belliche e dai contributi dei paesi vinti. N. si vantava di essere un nemico dichiarato di agenti di Borsa troppo spregiudicati, speculatori e ribassisti, che arrivava a far arrestare. Mentre era in marcia verso Vienna aveva studiato un regolamento per regolarne l'attività.

Uno dei grandi problemi era l'esazione delle imposte, riordinata dal ministro delle Finanze Gaudin, sempre lealmente a fianco di N. sin dal Brumaio, poi nominato duca di Gaeta per i suoi molti meriti. Il ministro crea una struttura centralizzata con un suo direttore, un ispettore per ogni dipartimento, e 840 controllori. Un sistema che a regime in tutto l'Impero garantirà entrate per 400 milioni di franchi l'anno, in cui le contribuzioni fondiarie incidevano per il 70 per cento e quelle personali e mobiliari per il 10 per cento.

Le imposte indirette colpivano i beni di consumo, ed erano mal sopportate (quelle sul sale provocano rivolte popolari), ma Gaudin riesce a renderle sistematiche e ad ampliarle fino a comprendere le bevande, le carte da gioco, i metalli preziosi, i tabacchi, le vetture pubbliche, cosí che i 60 milioni incassati nel 1807 diventano 150 sette anni dopo. Altri 100 milioni arrivavano dai dazi doganali, e 156 dalle imposte di registro e dal demanio. Entrate minori venivano dalle lotterie, le poste, i diritti di navigazione e le saline. La grande macchina, cosí ben organizzata, era pronta a svolgere compiti anche piú gravosi, come si vanterà lo stesso ministro: un modello davvero unico, tra i grandi stati, in grado di raccogliere regolarmente 800 milioni di franchi all'anno, sufficienti alle spese ordinarie; e al tempo stesso una fucina di bravi contabili e amministratori selezionati secondo il merito. Alla fine dell'Impero, le entrate ordinarie salgono a 846 milioni di franchi l'anno, circa 3 miliardi di euro.

Nel 1815 le spese civili ordinarie ammontano a 204 milioni, cosí ripartiti: lista civile e principi francesi, 28 300 000; Giustizia, 28 300 000; Esteri, 14 000 000; Interni, 58 400 000; Manifatture e commercio, 7 800 000; Finanze e Tesoro, 31 000 000; Culto, 16 700 000; Polizia 2 000 000; Costi finanziari e riserve, 17 500 000. Restano sostanzialmente in linea con quelle dell'Ancien Régime, tranne le spese per la Marina, che triplicano, e quelle per l'Esercito, che crescono di sei volte sino a 673 milioni. È stato calcolato che dal 1806 al 1814 le spese militari siano state di 6360 milioni, con una media annuale di 706 milioni, oggi equivalenti a circa 2,350 miliardi di euro.

Tra i principî cui N. resta fedele c'è quello di non ricorrere ai prestiti. Ai suoi occhi il debito pubblico rappresenta una vera disgrazia. Teme che l'emissione di prestiti o obbligazioni, se non sottoscritte, si configuri come una sorta di referendum o di controplebiscito, un termometro della pubblica insofferenza. Anche i suoi consiglieri considerano i prestiti come altrettante truffe, ed è opinione diffusa che il governo inglese, molto indebitato, sarebbe crollato sotto il peso dei suoi debiti. Questo non impedisce a N. di prestare a titolo privato attingendo al suo tesoro personale, anche se con opportune garanzie, e con forti interessi, dal 5 al 6 per cento. Segue attentamente l'andamento della Borsa, peraltro mai troppo affollata con tante guerre in corso. Teme il panico finanziario, è molto interventista.

Stabilisce una netta distinzione tra il ministero delle Finanze, che provvede alle entrate e alla stesura del budget generale, e quello del Tesoro, che provvede alle spese e alle necessità quotidiane. Le Finanze devono avere capacità di previsione, non di azione; il Tesoro di azione, ma non di previsione. Nella sua funzione di supercontrollore votato al culto del budget, N. è facilitato dalla sua rapidità di calcolo, dall'estensione di una memoria che gli offre una banca dati sempre disponibile, e dalla facilità con cui legge i bilanci. Con tutte le difficoltà, aumentate dalla diversità di situazioni, contesti e lingue che l'Impero deve affrontare, le amministrazioni delle Finanze e del Tesoro acquisiranno un prestigio e un *know-how* che sarà poi utilizzato anche dalla Restaurazione, e contribuirà non poco al riassesto di un Paese sconvolto da venticinque anni di rivoluzioni e di guerre. Il sistema finanziario è regolato da leggi specifiche, svincolate dalla giustizia ordinaria. Le dogane hanno un corpo militare dedicato e tribunali propri, competenti in materia di contrabbando e frode; contro i loro poteri il contribuente si ritrova piuttosto indifeso.

A queste entrate bisogna aggiungere quelle prodotte dalle vittorie di guerra e dalle pesanti contribuzioni imposte ai vinti. Un flusso enorme, che fa da volano ai consumi, alla produzione, agli investimenti. Le contribuzioni belliche sono anch'esse oggetto di precise regolamentazioni. Dopo la vittoria di Jena

(1806), certi paesi della Renania e dell'Hannover devono pagare 100 000 franchi ognuno, l'elettore di Sassonia è obbligato a versare 25 milioni, 100 milioni il re di Prussia che ha lanciato l'attacco. La Frisia orientale è assegnata all'Olanda, le merci inglesi che si trovano nelle città del nord vengono confiscate.

Il principio è che la guerra deve pagare la guerra, e anche gli alleati devono sostenere il costo degli eserciti imperiali. Sin dalla campagna d'Italia, N. ha impressionato il Direttorio con i convogli carichi d'oro. La spoliazione dei paesi vinti o occupati è sempre stata spietata, e qualche volta ha creato problemi pratici. Spagna a Portogallo avevano pagato con monete di rame, il cui trasporto richiedeva ben 675 carri, carichi ognuno di una tonnellata di metallo su strade infestate dalla guerriglia.

Anche quando non sono gravati da contribuzioni dirette, i regni satelliti, a cominciare da quello d'Italia, subiscono l'aggressività economica della Francia, i cui interessi industriali e commerciali sono stati dichiarati prioritari. N. esige accanto a sé dei tributari, non degli alleati. Il protezionismo spinto privilegia i prodotti francesi attraverso l'imposizione di dazi pesanti, che accrescono le entrate doganali. La sua spregiudicatezza arriva al punto di finanziare le guerre fabbricando enormi quantità di monete false in uso nei Paesi nemici: monete prussiane e banconote austriache dal 1806 al 1809, banconote inglesi nel 1810 e, soprattutto, rubli russi. A fronte di una massa circolante di 832 milioni di rubli, ne immette ben 70 milioni. Oltre a danneggiare la credibilità della circolazione monetaria nei territori aggrediti, remunerando generosamente le espropriazioni operate dall'esercito in marcia, N. vuole apparire come il munifico liberatore dei popoli che si accingeva a sottomettere.

Le difficoltà finanziarie si aggravano nel 1812, quando i russi catturano il tesoro imperiale durante la disastrosa ritirata da Mosca. Dalla Germania non arriva piú un soldo, Austria e Prussia diventano nemici dichiarati, la Spagna in rivolta è un pozzo senza fondo, e deve essere sostenuta dalle contribuzioni imperiali. Le imposizioni aumentano dal 30 al 100 per cento, ma la riscossione si fa sempre piú difficile. N. fa circolare la voce di avere ancora 200 milioni di riserva, ma gliene restano 30, che in realtà sono destinati all'esercito, e non si possono stanziare per altri investimenti o per sostenere la Borsa. I fondi pubblici crollano. Alimentato dalle conquiste, l'Impero implode quando non riesce piú a sostenere la propria espansione. Tuttavia, grazie all'oro accumulato e al timore del ricorso al prestito, il debito pubblico resta insignificante. Il sistema sopravvive per un secolo e mezzo, e a otto diversi regimi politici.

N. ama ragionare con i numeri, ma non si fa impacciare dal rigore finanziario. Ha mano libera sul *Domaine extraordinaire*, il fondo speciale alimentato con le conquiste belliche. Si è calcolato che oltre ai 25 milioni assegnati alla casa imperiale, poteva contare su 31 milioni l'anno, approssimativamente cento milioni di euro. N. ne spendeva circa la metà, il resto andava a ingrossare il tesoro custodito nelle cantine delle Tuileries, e gestito da uno stuolo di solerti funzionari. Era composto, oltreché di oro, di azioni, redditi vari, interessi di prestiti.

N. si era vantato con un suo ministro di aver accumulato 400 milioni di franchi oro, in previsione dell'attacco alla Russia (poi ridimensionati a 300 in altre occasioni). Come al solito, il grande comunicatore vuole impressionare i suoi interlocutori. È molto severo con chi si arricchisce spudoratamente, come Massena, Soult o Marmont, che in Illiria si appropria dei profitti relativi alle miniere di mercurio. Tramite Fouché, colpisce con durezza la corruzione e le furberie dei fornitori, perché nemiche dell'ordine sociale. Sa che il cattivo esempio si espande rapidamente, ma tra i militari distingue chi amministra regioni in pace o chi in guerra. Molto si perdona a chi vince.

Il Blocco continentale, che pure favorisce l'industria francese, è un muro provvisto di molti buchi, specie nei Paesi Bassi. I doganieri sono facilmente corruttibili, e corrono a rivendere i beni che hanno appena sequestrato. La merce inglese arriva egualmente alle fiere di Francoforte o di Lipsia, e se sequestrata riappare in Olanda o Svizzera. Il Belgio diventa il centro nevralgico del contrabbando. All'occasione, i civili e gli stessi soldati danno man forte ai contrabbandieri negli scontri armati con i doganieri.

Alle ricorrenti crisi economiche nel (1806-807, 1810 e 1812) N. cerca di supplire con le produzioni autarchiche (lo zucchero ricavato dalla barbabietola, i succedanei del caffè) e con le opere pubbliche. L'Impero avvia l'illuminazione a gas e vuole sostituire la pietra con il metallo nelle costruzioni pubbliche, ma non prevede lo sviluppo delle macchine e delle scienze applicate, e non sembra molto interessato nemmeno alle innovazioni tecnologiche in campo bellico o nell'artiglieria. Alla fine scopre che i cannoni inglesi e russi tirano piú in fretta, piú lontano e con piú precisione. Scarso interesse desta anche l'invenzione del battello a vapore di Fulton, giudicata dall'*Institut* «chimerica» e «inapplicabile», e cosí i palloni aerostatici e i razzi incendiari, sempre piú perfezionati, che pure avevano colpito Boulogne.

Ancora una volta, e sino alla fine, sembra che N., pur cosí sensibile all'organizzazione, alle forniture e alla logistica, tenda a privilegiare il fattore umano.

8.

Comunicazione

N. lo aveva spiegato a Metternich nel giugno 1813: «I vostri sovrani, nati sul trono, possono lasciarsi battere venti volte in battaglia e rientrare sempre nelle loro capitali. Io non posso, perché sono un soldato *parvenu*. Il mio dominio cesserà il giorno in cui avrò cessato d'esser forte, e quindi d'essere temuto». Ma il dominio non può sostenersi soltanto sulla forza: ha bisogno di consenso, di adesione, di condivisione. Il capo carismatico è un trascinatore, un motivatore che trova nella parola lo strumento principe.

Davanti a uno dei quadri potentemente teatrali che ha commissionato a David, riflette: «Non è di verità, che gli uomini hanno bisogno, ma di sogni. Essi conoscono bene da soli il prezzo della fatica e del disinganno. Hanno bisogno di immagini potenti che li infiammino, che li muovano a gesta grandiose, che facciano dimenticare loro la mediocrità di esistenze di formiche senza nome». Se un leader è in primo luogo un venditore di sogni realizzabili, deve dedicare una cura speciale alla comunicazione.

Come recita uno dei suoi tanti aforismi, «è stupefacente il potere delle parole sugli uomini». N. impara presto come usare al meglio questo potere. La prima e piú importante caratteristica della sua comunicazione è la capacità di adeguare il proprio linguaggio a quello degli interlocutori che ha davanti, dargli la giusta tonalità. La comunicazione dev'essere condensata, stringata, essenziale: «La vera arte dello scrivere consiste nel sopprimere tutto quello che è inutile». Come accade in battaglia, deve porsi un obiettivo prioritario (lo sfondamento centrale) e battere su quello. L'attenzione degli adulti non è piú durevole di quella dei bambini, dunque occorre colpirli con immagini semplici, potenti, dirette, pienamente accessibili. Lo stesso Metternich riconosce a N. la gran capacità di elaborare il proprio pensiero, inseguendo la parola giusta, fino a renderlo chiaro e convincente. Scrive Chateaubriand: «La sua educazione non era raffinata né approfondita. Mezzo straniero, ignorava le regole basilari della nostra lingua, ma che importa che la sua parola fosse approssimativa? Dava la parola d'ordine all'universo. I suoi bollettini hanno l'eloquenza della vittoria».

Ne sono un esempio significativo le celebri parole che il ventisettenne generale finito a capo dell'armata sgangherata in partenza per l'Italia nel marzo 1796 rivolge ai suoi soldati: «Voi non avete scarpe, né abiti, né camicia. Avete poco pane e i nostri magazzini sono vuoti. Quelli del nemico rigurgitano di tutto. A voi conquistarli. Voi lo volete, voi lo potete, partiamo». Non nasconde una realtà fatta di impreparazione e di carenze gravi: la enfatizza, la rovescia per farne un'occasione di rivincita. Dice l'unica cosa che i soldati possono intendere, li trasforma da gregari anonimi e trascurati nei protagonisti della rivincita che meritano, negli artefici della propria fortuna. Questo comporta l'introduzione di criteri meritocratici in grado di individuare e premiare il valore, creando tra i soldati una competizione virtuosa.

La straordinaria affezione che per vent'anni l'*Armée* nutrirà per il proprio condottiero nasce da un forte rapporto fiduciario. Oltre a portare nel proprio zaino il bastone del futuro maresciallo, ogni soldato sa che un suo gesto valoroso sarà immediatamente conosciuto dal capo, e fulmineamente ricompensato. N. dedicherà sempre alla macchina del riconoscimento un'attenzione maniacale.

Uno dei grandi punti di forza dell'operatività napoleonica è la perfetta conoscenza psicologica del materiale umano che deve gestire. La capacità di parlare ai propri sottoposti deve essere la prima dote di un capo. Teorizza: «Con le sue parole dissipa i timori, infiamma il coraggio, accresce l'accanimento, smaschera le trappole, promette ricompense, addita i pericoli e il modo di evitarli, rimprovera, prega, minaccia, semina la speranza, la lode, il biasimo, e infine gioca con tutto quanto possa accendere e spegnere le passioni degli uomini». Ha scritto Balzac che la sua voce era quella del profeta, perché nessuno dei suoi proclami era stato smentito da una battaglia.

Dopo le vittorie N. tonifica l'autostima dei suoi uomini lanciando messaggi in cui enumera il materiale catturato e le gravi perdite nemiche. Prima della Moskova ricorda ai fedelissimi *grognards* le grandi imprese di Austerlitz, Friedland, Vitebsk, Smolensk. Per far sentire ai suoi che fanno parte della stessa famiglia, fa esporre davanti alla propria tenda un ritratto del piccolo Re di Roma.

Provoca scientemente l'emulazione, mettendo in competizione corpi diversi. Ai granatieri dice che sono dei capponi buoni soltanto per l'ingrasso, per battersi non ci sono che i *voltigeurs*, le truppe leggere d'assalto. E ai *voltigeurs*: ce ne vogliono cinquanta di voi per fare un granatiere.

La pratica del potere è dunque in primo luogo un esercizio di narrazione, oggi diremmo uno *storytelling*. Una rappresentazione in cui la qualità del copione e quella degli attori sono ugualmente importanti. Di qui la passione di N. per il teatro. Lettore competente di tragedie (che tonificano lo spirito, mentre «le commedie non servono a nulla, passato il Reno nessuno le capisce») e capace di giudizi taglienti (da cui ad esempio esce a pezzi il Voltaire drammaturgo), ha un'ottima opinione di sé come attore, e non si ritiene inferiore all'amico Talma, re dei palcoscenici parigini, cui non lesina consigli, piú che riceverne.

Le parole devono dunque essere poche, chiare, forti. Tutto quello che non rientra in queste categorie è vano e futile. Ai discorsi ornati, al politichese dei politici di professione, dei consiglieri e dei funzionari, oppone dati, fatti, riscontri oggettivi. Il discorso napoleonico è illuministico, razionale, pragmatico, empiristico, fondato su dati e statistiche, sottratto di emotività ma in grado di promuovere emozioni. L'economicità dell'espressione annuncia quello che diventerà un imperativo della nascente borghesia imprenditoriale: ottimizzare i tempi di produzione. Il suo parlato equivale allo scritto, lo stile è quello oggettivo, positivo, «tecnico» degli affari. Sainte-Beuve lo avvicinerà a quello di Pascal, sostenendo che c'è della geometria nell'uno e nell'altro: le loro parole sembrano incise come dalla punta di un compasso.

Con l'arrivo di N., fa la sua comparsa sul palcoscenico della Storia quella che oggi chiamiamo *audience*. A Sant'Elena spiega a Las Cases: «L'opinione pubblica è una potenza invisibile, misteriosa, alla quale nulla resiste. Nulla è piú mobile, piú vago e piú forte; e benché sia capricciosa, resta tuttavia vera, ragionevole, giusta, molto piú spesso di quanto si pensi». Alla conquista dell'*audience* N. utilizza ogni possibile strumento. È il fondatore di una semiologia applicata al potere. Sa che tutto è segno, anche il modo di presentarsi, abbigliarsi, gestirsi nelle occasioni private e in quelle pubbliche. Se deve trattare con lo zar Alessandro, per impressionarlo fa allestire sontuosi spettacoli teatrali; se deve incontrare Goethe, si prepara accuratamente, tanto che il grand'uomo ne rimane impressionato. Tutto concorre al formarsi di un'opinione, anche la scelta di preferire la costruzione di monumenti pubblici duraturi al fasto effimero di costose feste popolari.

Se il pubblico di Parigi è incostante, *blasé*, si nutre di pettegolezzi, N. gliene fornisce di preconfezionati. Sin dalla cerimonia mattutina del *lever*, architetta «confidenze» che vengono divulgate nei salotti, anche per il tramite dei clan famigliari. Il pettegolezzo viene cosí elevato ad arma politica di basso costo e buon rendimento. Taine ne parla come di vini contraffatti, «eccellenti per riscaldare gli entusiasmi, narcotici buoni per attizzare la credulità».

N. non si ferma ai salotti della borghesia: conduce personalmente indagini di mercato per sondare gli umori popolari. Di buon mattino scende in incognito in mezzo al popolo, frequenta mercati e sobborghi, scambia battute, raccoglie opinioni. Sa bene che il prezzo del pane è piú importante dei proclami. Chiama quel metodo «la polizia del cadí».

Autore di appassionati *pamphlets* giovanili, ha un vero talento di giornalista e copywriter. La platea cui si indirizza è ristretta, ma è quella privilegiata degli *opinion makers*. Aveva capito subito l'importanza della stampa e debuttato come direttore di giornale sin dalla prima campagna d'Italia, fondando nel 1797 il «Courrier de l'armée d'Italia ou le Patriote français à Milan», cui segue presto «La France vue de l'Armée d'Italie», entrambi critici con il Direttorio e dediti a magnificare i successi militari e diplomatici, il bottino di guerra, le idee politiche, il coraggio, la modestia e la semplicità repubblicana del giovane generale, il quale arriva a scrivere: «Ho visto i re ai miei piedi, avrei potuto avere cinquanta milioni nei miei forzieri, avrei potuto pretendere tante altre cose; ma sono un cittadino francese, sono il primo generale di una grande Nazione; so che la posterità mi renderà giustizia». Parallelamente, fa uscire a Parigi il «Journal de Bonaparte et des hommes vertueux», che prepara nemmeno nascostamente quello che sarà il colpo di Stato del Brumaio. Con lo stesso spirito in Egitto fonda il «Courrier d'Égypte» e «La Décade égyptienne», di cui esce un'edizione composta in caratteri arabi, anche se il suo impatto sarà modesto.

Con il crescere del proprio potere, il controllo della stampa diventa una priorità, una vera ossessione. I suoi collaboratori sono incaricati di provvedere a una mappa completa di tutto quello che si pubblica. Il bibliotecario ha anche il compito di redigere una rassegna stampa ordinando gli argomenti nelle tre categorie della religione, della filosofia e della politica. La stessa rassegna critica viene dedicata ogni dieci giorni a novità librarie, testi teatrali, manifesti, annunci, discorsi, persino alle prediche dei religiosi; ma anche alla stampa estera, in specie inglese, che viene fornita da contrabbandieri specializzati. L'attività delle librerie è sottoposta al controllo di una direzione che riporta al ministero degli Interni.

Le direttive impartite alla stampa sono sempre piú precise

e rigorose. Nella Francia consolare, poi imperiale, tutto deve procedere per il meglio, essere lo specchio di una società operosa, concorde e serena. Vietato dare notizie di disastri, sconfitte, difficoltà, dissensi, suicidi. Ogni iniziativa, ogni evento, ogni fatto deve essere comunicato nel modo piú opportuno, cosí da orientare i lettori nel senso piú favorevole. La stampa è chiamata a illustrare le eccezionali virtú dell'uomo, la sua memoria prodigiosa, la straordinaria capacità di lavoro (non a caso fa lasciare accese le candele alle Tuileries tutta la notte per dimostrare che lavora sempre), le realizzazioni civili, le opere del regime; ma anche le gesta dei generali, la devozione incrollabile dei suoi uomini.

La prima delle regole recita: «Mai mostrarsi preoccupato o pessimista»: un capo deve sempre vendere ottimismo, fiducia, propositività. Al tempo stesso la stampa serve anche per illustrare agli osservatori europei il vero significato delle proprie iniziative, per coltivare alleanze o alimentare contrasti e divisioni nei nemici. Abbondano le false notizie per depistare o ingannare gli inglesi, come quando N. fa trapelare informazioni che lasciano intendere uno sbarco imminente, in modo da far concentrare la flotta nemica nella Manica, sguarnendo il Mediterraneo. O come quando fa pubblicare un corsivo anonimo sulle debolezze strutturali della Russia, fingendo che siano informazioni di fonte inglese.

Non è il solo a usare questi mezzi: la contropropaganda degli inglesi, degli emigrati e degli speculatori è attiva e sofisticata. La falsa notizia della morte di N. a Boulogne provoca un mezzo crollo in Borsa. Se a Londra esce un periodico redatto in francese, «L'Ambigu», ferocemente satirico con l'imperatore, lui risponde con «L'Argus», scritto in inglese e redatto da presunti «repubblicani inglesi» rifugiati in Francia. Dà ordine a Fouché di far uscire sui giornali delle lettere provenienti da San Pietroburgo, in cui si parla male degli inglesi e si sostiene che il progetto di un'alleanza con la Russia è fallito. Stessa tecnica in Prussia per attaccare la famiglia reale e in Spagna per denunciare la ferocia e l'ignoranza dei monaci, «veri apprendisti macellai». I russi imparano in fretta e distribuiscono opuscoli in cui invitano i soldati francesi a ribellarsi al giogo di una tirannia militare.

Allo stesso modo, N. cerca di coinvolgere i turchi in funzione antirussa, facendo pubblicare un libello intitolato *Un vieil Ottoman à ses frères*. Nel 1808 fa uscire notizie secondo le quali Murat sarebbe sbarcato in Sicilia, poco difesa dagli inglesi, con trentamila uomini (invece ha conquistato soltanto Capri, allora difesa da Hudson Lowe, futuro carceriere di Sant'Elena). La strategia efficace comprende anche il silenzio. Nessuna notizia del disastro di Trafalgar nel 1805, del rapimento del papa nel 1809, del cattivo andamento della campagna di Spagna, di congiure e attentati. Vietato anche soltanto nominare i Borboni, colpiti da una radicale *damnatio memoriae*. All'impegno di non pubblicare opere contrarie ai doveri verso il sovrano e agli interessi dello Stato sono chiamati anche i librai, che nel 1810 vengono ridotti a sessanta, per essere sottoposti a un miglior controllo.

«La stampa è un arsenale che occorre non mettere a disposizione di tutti», un'arma pericolosa che non può essere lasciata in mano a quegli eterni bambini che sono i cittadini. Ogni cenno critico anche vago viene stroncato sul nascere. Vietato pubblicare tutto ciò che va «contro il patto sociale», dare notizie economiche, come i rialzi dei prezzi o le difficoltà che nascono dal Blocco continentale. Sono condannati anche gli eccessi di giacobinismo, i relitti dell'enfasi rivoluzionaria, ma perfino pezzi troppo smaccatamente servili, in quanto controproducenti. Meglio minimizzare i successi della polizia, perché potrebbero dare indirettamente notizie tali da mettere in sospetto la pubblica opinione.

Vigilanza raddoppiata sulle notizie d'ambito militare, come la consistenza o i movimenti dei reparti impegnati nelle varie campagne. Presto l'unica fonte restano i bollettini dell'esercito, noti per la loro inattendibilità («falso come un bollettino» diventa un modo di dire corrente). Celeberrimo quello del passaggio della Beresina, che si conclude dicendo che la salute dell'imperatore non è mai stata migliore. E tuttavia nelle campagne, dove le notizie stentano ad arrivare, i bollettini, di cui bisognava dare pubblica lettura, restano l'unica fonte d'informazione, e non resta che prenderli per veritieri o verosimili.

Ai dibattiti tumultuosi dei periodici della Rivoluzione subentra la calma piatta delle comunicazioni ufficiali, delle direttive dall'alto, da eseguire scrupolosamente in ogni angolo del Paese. Sui giornali, le notizie piú disparate vengono accumulate freddamente, senza che una qualche enfasi grafica sottolinei le piú importanti. A chiudere le pagine, cronachette letterarie, consigli pratici e le pubblicità di medicamenti. Il fuoco dell'attenzione si concentra sul Primo Console, poi sull'imperatore, come sull'unico soggetto meritevole di attenzione. Una raffica di decreti riduce le testate parigine dalle settanta del 1799 alle quattro del 1814.

I giornalisti dell'Impero finiscono ovunque per parlare con una sola voce, quella del padrone: stessi argomenti, stesse condanne, stessa propaganda. Un collaboratore imposto da qualche ministero e non ben accolto in redazione è motivo sufficiente per chiudere una testata. Nulla sfugge all'onnipotente Direzione generale per la stampa e la libreria, che può contare su personale specializzato. Interdizioni e intimidazioni colpiscono anche la stampa religiosa e quella letteraria. Anche singoli funzionari e i prefetti sono chiamati a rispondere dei «cattivi articoli», il timore di critiche e rimbrotti raddoppia lo zelo censorio. Fioriscono denunce e delazioni di singoli cittadini, diligentemente accumulate negli archivi nazionali. Ci sono direttori di giornale che segnalano alla polizia gli articoli dei fogli concorrenti. Frustrati ed esasperati, i giornalisti finiscono per accogliere con sollievo le veline ministeriali, o per andare oltre le stesse direttive ricevute, eccedendo in servilismo.

Meglio uno scribacchino nemico che un servo sciocco. Durante la campagna del 1814, N. lamenta che qualcuno abbia scritto che una battaglia è stata vinta contro forze soverchianti, uno contro tre, quando lui aveva dichiarato di poter contare su 300 000 uomini e il nemico ci aveva creduto. Ha per la stampa una sorta di ipersensibilità che alimenta una suscettibilità già puntuta del suo. Durante il Consolato, quando è irritato scrive ai giornali. Anche se escono anonimi, i pezzi sono riconoscibili dallo stile essenziale, dai giudizi sprezzanti che non ammettono discussione; talvolta, il segretario Bourrienne si prende la responsabilità di non inoltrare quelli che giudica controproducenti. Per sua fortuna il padrone è capace di autocritica.

Sin dal 1805 N. si è convinto che per l'informazione può bastare il solo «Moniteur» e non c'è bisogno d'altro. Ogni giornale è costretto a ospitare un «verificatore» che controlla minuziosamente le bozze. Di solito è scelto fra letterati che sembrano appartenere alla stessa area politica del giornale. La raffinatezza di N. arriva al punto che, per dimostrare che in Francia non esiste alcuna censura e tutti possono esprimere liberamente le loro opinioni, nel 1806 fa pubblicare una lettera in cui si dichiara sorpreso perché un autore stimabile con Collin d'Harleville ha avuto bisogno di un visto per stampare la sua opera: perché mai, quando tutti sanno che in Francia c'è libertà d'opinione? Dopo il 1810 la stretta si fa ancora piú occhiuta, sempre con il pretesto che la patria è in pericolo. N. spiegherà a Sant'Elena: «La censura dava fastidio a pochi per fare il bene di molti».

Le tecniche propagandistiche che usa anche in politica estera, denunciando presunte atrocità dei suoi nemici o facendo circolare la notizia che l'Austria è a serio rischio di default, verranno apprezzate e poi imitate da Metternich, il quale arriverà a dire che l'uso strumentale delle gazzette valeva a N. quanto un esercito di 300 000 uomini.

La comunicazione non si fa solo con le gazzette e i discorsi. Durante la disperata campagna di Francia del 1814, tutta difensiva, N. dà ordine a Maria Luisa di far tuonare i cannoni degli Invalides per annunciare vittorie in cui nessuno crede piú (anzi, l'effetto di tante cannonate, segno che le battaglie si intensificano, risulta deprimente per i parigini). Prima della battaglia di Lipsia fa suonare le campane in segno di trionfo, come se avesse già vinto.

La macchina del consenso dedica un'attenzione speciale alle

arti figurative. Non ci sono solo le grandi tele, poi riprodotte in copie e incisioni. Per dare ai francesi una orgogliosa consapevolezza di sé amplia il Louvre con le tante opere sottratte ai Paesi vinti e ne affida la direzione a un manager di grande cultura, sensibilità, competenza e capacità gestionali come Vivant Denon, che lo aveva seguito in Egitto con i *savants*. Ribattezzato *Musée Napoléon*, il Louvre è accessibile gratuitamente, deve rispettare precisi orari di apertura, vanta un laboratorio di restauro, organizza ogni due anni dei *Salons* di arte contemporanea. Lo sviluppo dei musei verrà favorito nei Paesi associati all'Impero, come Belgio, Olanda, Germania, Italia. L'Accademia di Brera viene affidata al commissario Andrea Appiani. Metà delle attuali collezioni è arrivata in età napoleonica.

Stesso dirigismo nel campo della programmazione teatrale, regolata da cinque decreti del 1805-1807, che riducono a otto i teatri parigini e fissano il repertorio. Anche i musicisti, tra cui il nostro Cherubini, sono invitati a composizioni che suonino a elogio delle benemerenze del sovrano. Il marketing imperiale favorisce la produzione di uno sterminato catalogo di oggetti che riproducono l'immagine dell'Eroe e intanto favoriscono l'artigianato e la piccola industria: tabacchiere, bottiglie, boccette per profumi, pendole, candelieri, pinzette, tenaglie, girarrosti, parafuochi, alamari, ventagli, portafogli, termometri, borse da signora, sigilli, coltelli, recipienti per il sidro. N. entra in ogni gesto della quotidianità, lo pervade, lo rende esemplare. Diventa oggetto di culto.

Per formare sudditi fedeli occorre lavorare sui giovani. A tal fine, N. punta su scuola, Chiesa ed esercito. Una legge del 1802 mette le scuole elementari sotto il controllo delle municipalità, a loro volta controllate dai sottoprefetti. Piú che alla qualità formativa, mira a insegnare la sottomissione alle istituzioni. Nel 1806 viene fondata l'Università imperiale, chiamata a fornire il nerbo della nazione, i futuri quadri all'amministrazione e all'esercito. Deve anche provvedere a vigilare sugli istituti privati, sottoposti al suo controllo e alle sue autorizzazioni. I docenti vincolati da un giuramento di fedeltà.

Pesantemente strumentalizzati anche i ministri del culto, siano essi cattolici o protestanti, a partire dallo stesso obbligo di fedeltà al regime. Devono pregare per l'imperatore ed esortare i fedeli a rispettare le leggi. I vescovi diventano altrettanti prefetti con la tonaca, «apostoli dello Stato» che devono esortare al pagamento delle imposte e agli obblighi della coscrizione militare. Le diseguaglianze sociali e la povertà fanno parte di un ordine voluto da Dio. Nei catechismi si parla di amore, rispetto, obbedienza e fedeltà che i buoni sudditi devono al loro imperatore. È Dio che crea gli imperi e li distribuisce secondo la sua volontà. Onorare e servire l'imperatore significa servire Dio. Chi manca ai suoi doveri verso di lui merita la dannazione eterna, come ha detto anche san Pietro. Restituite alla loro importanza, a un ruolo educativo, le varie chiese rivaleggiano in obbedienza e fervore. I rapporti si raffredderanno solo negli ultimi anni del regime, per via del trattamento aggressivo di N. verso il papa, rapito e relegato a Savona.

Quanto all'*Armée*, è in pari tempo il vecchio esercito rivoluzionario e quello nuovo della *grandeur* imperiale che conquista l'Europa. Sostenuto dal fervore popolare, garantisce il prestigio dell'uniforme, è un ascensore sociale aperto al merito. La casta degli ufficiali è premiata da onori e consistenti benefici di varia natura. La forte consonanza popolare comincerà a calare con la guerra di Spagna, che non è piú la vecchia e cara guerra rivoluzionaria per la difesa della patria, ma è diventata la prova delle smodate ambizioni dinastiche della famiglia Bonaparte, che drena risorse e svuota le campagne. Le cose peggiorano con il disastro di Russia e il 1814. Con il ritorno dei Borboni, fioriscono *pamphlets* molto violenti: l'Eroe diventa un Orco, un Nerone, un nemico del popolo, un mostro finalmente smascherato. La deformazione è di segno opposto e contrario alla glorificazione precedente, troppo gridata per risultare credibile.

Dopo la breve parentesi dei Cento Giorni, è a Sant'Elena che N. ritrova il suo passo di sommo comunicatore con l'aiuto di un bravo e scaltro pubblicista, il conte di Las Cases. Nel 1800 aveva scritto al generale Moreau: «La grandezza ha le sue bellezze, ma solo retrospettivamente e nella fantasia». Nel limbo inospitale dell'isola c'è tutto il tempo per raccontarle, di reinventarle. Il *Memoriale di Sant'Elena*, pubblicato nel 1823 con grande successo, ha tre obiettivi: denunciare le vessazioni cui il prigioniero è sottoposto dagli inglesi; ripercorrere - anche criticamente - una gloriosa vicenda storica magnificando le tante conquiste, anche in campo civile; costruire a futura memoria l'immagine del sovrano liberale sconfitto dalle vecchie monarchie coalizzate, di un liberatore e riaggregatore di popoli (gli italiani, i tedeschi) che nutriva progetti grandiosi. È un messaggio universale, che si rivolge in primo luogo agli stessi carcerieri, vittime a suo dire di un'oligarchia miope, egoista e taglieggiatrice. Il *Memoriale* diventa il «breviario d'energia» su cui generazioni di borghesi sognano la loro ascesa.

Trasformando Sant'Elena nel nuovo Calvario e avvicinando se stesso a Cristo, con il *Memoriale* N. si garantisce una resurrezione che non è ancora terminata.

9.

Arte

«Le lettere, le scienze, l'alto insegnamento, ecco gli attributi dell'impero, quello che lo distingue dal dispotismo militare», dichiara N. nel 1809. «Un governo che a chiama a sé tutte le intelligenze, lavora nel suo stesso interesse«. Quello che fa la sua peculiarità sono le imprese civili e culturali che si accompagnano a quelle guerresche. Tra queste, lo sviluppo di grandi musei nazionali come il Louvre e Brera, e la scoperta dei tesori archeologici dell'antico Egitto. L'alleanza tra tecnica, scienza e potere era peraltro una prassi consolidata, nata dalle esigenze pratiche della Rivoluzione, che aveva bisogno di tecnologie innovative per meglio combattere i suoi nemici. Come spesso accade, la ricerca era messa alla frusta dalle esigenze belliche. Ai compassati accademici dell'Ancien Régime subentravano i cittadini-scienziati sfornati dalla neonata École Polytechnique, che si occupavano di cose concretissime: aerostati, telegrafi ottici, parafulmini, artiglieria, trasporti.

Allo spirito dei tempi N. aggiungeva la sua onnivora curiosità di autodidatta, e la consapevolezza che la *grandeur* e l'autostima d'un Paese passano anche attraverso le imprese culturali e scientifiche. Resta il paradosso di un grande riformatore e organizzatore proveniente da un ambiente arretrato come la Corsica tribale ai tempi del passaggio da Genova alla Francia. E di un geniale ministro dei Beni Culturali che esce dalla crisalide di un generale vittorioso.

N. ha ben chiara l'idea che i vinti non devono soltanto

pagare in oro sonante e contribuzioni di varia natura la loro sconfitta: le requisizioni di opere d'arte devono rientrare tra le clausole degli armistizi e dei trattati di pace. Ancora prima di partire per l'Italia, progetta di requisire opere d'arte di primaria importanza per arricchire il Museo nazionale al Louvre, creato nel 1791 (anche per salvare opere dalle distruzioni rivoluzionarie), e aperto due anni dopo. Di lí a qualche anno sarà ribattezzato per gratitudine Musée Napoléon, all'insaputa dell'interessato.

Quello italiano non è un saccheggio casuale, ma un progetto studiato a tavolino. I bibliotecari della *Bibliothèque Nationale* hanno già compilato e consegnato ai commissari incaricati di requisirli un elenco di libri di pregio. Già il 1° maggio 1796, dopo l'armistizio di Cherasco con i piemontesi, N. scrive da Acqui al plenipotenziario Faypoult, di stanza a Genova, di procurargli un elenco dei principali gabinetti artistici e gallerie del nord. Crea commissioni in cui figurano non solo artisti, ma architetti, studiosi e scienziati: il botanico Thouin, il chimico Berthollet e il matematico Monge. Ci sono anche degli italiani, come quell'Andrea Appiani che diventa il vero fondatore della Pinacoteca di Brera. Tra il maggio e giugno del 1796, N. occupa in rapida successione Milano, Modena, Parma, Bologna. Due mesi dopo scrive al direttorio che 110 quadri erano sulla strada di Parigi, senza parlare di oggetti grandi e piccoli, sculture, manoscritti, reliquari, medaglie e monete.

A Milano, mentre ancora si combatte al Castello Sforzesco, il commissario Tinet è all'Ambrosiana, dove requisisce il disegno preparatorio di Raffaello per la *Scuola di Atene* al Vaticano, dodici manoscritti con disegni di Leonardo, come il *Codice Atlantico*, il prezioso codice delle *Bucoliche* di Virgilio con le miniature di Simone Martini, nonché cinque paesaggi dipinti da Jan Brueghel per Carlo Borromeo, e due opere della scuola del Luini. Non dimentica di svuotare le chiese, dove trova l'*Incoronazione di spine* del Tiziano, proveniente da Santa Maria delle Grazie, ancora oggi al Louvre.

Non diverse sono le imposizioni al duca di Modena, ma le

prede piú ghiotte vengono fatte a Parma e Bologna, a partire dalle pale d'altare del Correggio, come la *Madonna con san Gerolamo*, amatissima dal duca, che arriva a offrire un milione di franchi pur di tenersela. N. scrive al Direttorio d'aver messo le mani sulla *Santa Cecilia* «che dicono essere il capolavoro di Raffaello», e informa che i suoi fidi Monge, Berthollet e Thouin sono a Pavia, dove provvederanno ad arricchire il *Jardin des plantes*. Da Bologna partono allo stesso modo un centinaio di opere tra quadri, sculture, mosaici, vasi e cinquecento manoscritti che i commissari avrebbero scelto tra le collezioni pontificie.

Non contento N. passa a Firenze, si fa ricevere a Palazzo Pitti, ammira le collezioni dei Medici e scrive: «Ho visto la famosa Venere Medici, che manca al nostro museo e un gabinetto di modelli anatomici di cera che sarebbe non meno importante possedere». Stesse razzie in Veneto. Da Venezia spariscono tra l'altro 23 prime edizioni di Aldo Manuzio. Successivamente partiranno anche il leone di bronzo che dominava Piazza San Marco fin dal Medioevo, e i quattro cavalli di bronzo che i veneziani avevano depredato a Costantinopoli durante il sacco della città messo in atto nel 1204 dagli eserciti crociati: finiranno all'arco del Carrousel. A Verona i francesi mettono le mani sulla *Madonna in trono* del Mantegna conservata a San Zeno, a Mantova su un altro suo capolavoro, la cosiddetta *Madonna della Vittoria* oggi al Louvre, ma i duchi di Mantova avevano già venduto i loro tesori artistici a Carlo I d'Inghilterra e a Richelieu.

N. è insaziabile. Dopo aver firmato la pace con lo Stato pontificio a Tolentino nel febbraio 1797, scrive che con tutto quello che hanno già preso a Ravenna, Rimini, Pesaro, Ancona e Perugia, e «con quello che spediremo da Roma, tutto quello che c'è di bello in Italia sarà nostro, ad eccezione di alcuni pezzi che si trovano a Torino e a Napoli». Quando fa ritorno a Parigi, il Direttorio organizza in suo onore un banchetto con settecento invitati nella Grande Galleria del Louvre, dove vengono esposti per la prima volta parte dei quadri fiamminghi e italiani conquistati sul campo. L'esperto Lebrun compila un catalogo destinato a rimanere un modello del genere, ma le centinaia di candelabri che illuminano la serata anneriscono a tal punto le pareti che la Galleria deve essere chiusa per restauri.

Tocca poi a Roma subire la spoliazione. Un computo sommario comprende sei statue colossali, 170 figure singole e gruppi di marmo, 36 busti, 180 erme e busti piú piccoli, rilievi, mosaici, bronzi, vasi e terrecotte. I codici miniati e i manoscritti delle Biblioteche Vaticane occupavano 350 casse. Saccheggiati anche i capolavori del barocco seicentesco: Guido Reni, Guercino, Domenichino, Carracci, Giulio Romano e la *Deposizione* del Caravaggio. Tra le prede piú ambite, l'*Ascensione* di Raffaello, completata da Giulio Romano, proveniente da San Pietro in Montorio. I tesori vengono trasportati a Livorno e di lí via mare a Marsiglia, da cui risalgono il Rodano, la Saône e i canali fino alla Senna.

Un capitolo a parte merita il saccheggio di Torino. Quando viene installato un governo repubblicano provvisorio, il 19 aprile 1799 una commissione artistica sceglie a Palazzo reale 40 quadri che vengono mandati a Parigi in due turni. Il governatore, generale Fiorillo, ne approfitta per impossessarsi a titolo personale di 27 dipinti.

Le collezioni sabaude s'erano arricchite quasi cinquant'anni prima di pezzi importanti che Carlo Emanuele III aveva acquistato dal principe Eugenio, al Belvedere. Partono cosí per Parigi la *Piccola Annunciazione* di Roger van der Weyden, che faceva parte di un trittico la cui portella di destra viene stranamente lasciata a Torino. Ci sono anche due Van Dyck, tre Poussin, tre Guido Reni. Dopo Marengo i francesi si portano via altri 84 dipinti. A Genova il generale Soult, che ama presentarsi come intenditore d'arte, si impadronisce di 12 quadri, tra cui una *Visitazione* di Rembrandt. Non meno arbitraria l'occupazione di Firenze nel marzo 1799, perché il granduca Ferdinando III, che pure era un principe asburgico, era rimasto neutrale. La spoliazione è gravissima: otto Raffaello, cinque Tiziano, un Giorgione (*Le tre età dell'uomo*), due Andrea del Sarto, per un totale di 63 quadri e 25 tavole intarsiate.

A Parigi molte opere vengono sottoposte ad accurati restauri e liberate da vernici, sporcizia e ridipinture, come già era stato fatto con i fiamminghi sequestrati in Belgio. La mole dei prelievi è tale da innescare anche delle polemiche. Nel frattempo N. era partito per l'Egitto. L'esperienza italiana gli aveva suggerito di fondare un istituto di ricerca, cui avrebbero contribuito decine di studiosi e scienziati di varie discipline. A fronte delle difficoltà di una campagna che doveva essere una passeggiata e si rivelerà una trappola, la ricaduta storico-scientifica della spedizione è sensazionale, tale da aprire la moderna stagione dell'egittologia e far diventare il Paese degli Egizi una vera moda culturale, come poco piú tardi lo sarà l'Oriente. Tuttavia le numerose e preziose opere raccolte nei due anni dell'occupazione, e depositate presso l'Istituto Orientale del Cairo, rimangono nelle mani degli inglesi dopo la fine ingloriosa della spedizione francese, e finiscono a Londra. I francesi, previdenti, avevano fatto preparare dei calchi in gesso dei pezzi piú importanti, tra cui la stele di Rosetta che avrebbe poi permesso a Champollion di decifrare la scrittura geroglifica.

La scoperta dell'antico Egitto si trasforma in un successo librario, il *Voyage dans la Basse et la Haute-Égypte* di Vivant Denon, uno dei protagonisti della cavalcata verso Tebe e la Valle dei Re. Pubblicato nel 1802, è dedicato a N.: «Unire lo splendore del vostro nome allo splendore dei monumenti d'Egitto significa collegare i fasti gloriosi del nostro secolo al tempo favoloso della Storia... Nulla ho trascurato per rendere la mia opera degna dell'Eroe al quale ho voluto dedicarlo». La pubblicazione dei materiali raccolti in Egitto diventa un affare di Stato, richiede una commissione speciale e sei tipografie, una carta speciale, formati inusitati. La stele di Rosetta viene riprodotta in grandezza naturale. Conté mette a punto una macchina che rivoluziona le tecniche di incisione.

I primi volumi della monumentale *Description de l'Égypte* escono nel 1810, malgrado i solleciti di N., ma le grandi tavole a colori appaiono solo nel 1826, quando è morto da cinque anni. Saranno in tutto otto volumi di testo e undici di tavole, tiratura mille copie, un prezzo astronomico che non ne facilita la diffusione. L'editore Panckoucke sarà autorizzato a stampare un'edizione piú maneggevole e meno costosa, in cui scompaiono le dediche e le allusioni al vincitore delle Piramidi. Ma tra le imprese memorabili di N. resterà un'iniziativa editoriale condotta, come tante altre sue, nel segno orgoglioso e geniale della dismisura.

Dopo l'Egitto, quando si tratta di potenziare quello che si chiama ancora Museo Francese, e dargli un direttore prestigioso e capace, la scelta di Denon è quasi obbligata, anche perché David e Canova, cui era stato offerto, avevano declinato. Non piú un pittore, come i direttori precedenti, ma un manager colto. N. gli concede poteri pressoché illimitati su tutti i grandi musei francesi, ivi compresi i laboratori di calcografia e incisione, delle monete e delle medaglie, e Denon li sa far fruttare al meglio. L'investimento provoca anche eccellenti ricadute turistiche e occupazionali. Nel 1802 approdano in Francia 16 000 visitatori, in prevalenza inglesi: gran cancellieri, membri di casa reale, leader politici, attori e artisti, come Heinrich Füssli e Turner. Si andava a Parigi per ritrovare riunite in un solo luogo le grandi opere che in precedenza erano sparse per chiese o raccolte private. L'eccitazione dei viaggiatori, fossero artisti, collezionisti o semplici persone colte, era palpabile.

I tempi della cuccagna artistica finiscono con il crollo dell'Impero. Si apre il problema delle restituzioni, cui lavora anche il Canova. Un inventario parla di 5233 pezzi complessivi, di cui 2000 dipinti e sculture di primissima qualità. Centinaia e centinaia di carri prendono la via del ritorno, ma non torna proprio tutto. Qualcosa s'era perso, qualcos'altro danneggiato. Prima dell'arrivo degli Alleati N. aveva mandato un suo aiutante a nascondere i pezzi piú preziosi. Molte opere spariscono nella confusione generale, per ignoranza, per incuria, o semplicemente perché qualcuno ha saputo approfittarne abilmente. D'altra parte l'identificazione delle opere avveniva sulla base di descrizioni che potevano anche riuscire imprecise o fumose, tali da propiziare equivoci. I commissari italiani si dimenticano di ricomporre certe pale d'altare smembrate, ed è cosí che singole parti delle opere di Gentile da Fabriano, Mantegna o Perugino sono restate in Francia.

La vicenda di furti di Stato ha avuto due ricadute importanti. Si afferma il principio che le opere d'arte, anche se collezionate sino ad allora da principi e sovrani, appartengono al popolo e devono essere ospitate in strutture pubbliche. L'esempio di un grande e prestigioso museo nazionale si impone anche a regnanti di non eccelsa cultura, che fino ad allora avevano tenuto per sé le loro collezioni. I Borboni di Napoli, il re di Prussia, la corte viennese, i re di Spagna, Baviera e Sassonia si decidono ad aprire le loro raccolte ai sudditi. Il modello del Louvre favorisce la nascita di nuovi musei e di un moderno spirito storico-critico. Tornando lentamente in patria, le opere trafugate contribuiscono a creare la coscienza, sino ad allora inesistente, di un patrimonio artistico e nazionale. Nasceva una nuova sensibilità culturale.

Della ricaduta delle ambizioni napoleoniche in campo artistico beneficia anche Milano, perché l'imperatore aveva deciso di farne una delle sue capitali, insieme a Parigi e Francoforte. Di qui le ambiziose realizzazioni urbanistiche: l'Arco della Pace, il Foro Bonaparte, la trasformazione di corso Venezia nell'arteria principale della città, la villa di Monza. E Brera, che già sotto l'Austria era un polmone culturale, abituale luogo d'incontro per i Verri, Beccaria, Manzoni, dotato di un'Accademia delle Belle arti, un Osservatorio astronomico, una Biblioteca, un Orto botanico. Il dinamico segretario dell'Accademia, Giuseppe Bossi, vi aveva già fatto entrare dipinti, gessi, intere collezioni.

Un impulso decisivo glielo conferisce un pittore, Andrea Appiani, anche lui neoclassicista con morbidezze leonardesche, che si intende a meraviglia con il nuovo padrone. Diventa il David italiano, affresca Palazzo reale, dipinge l'*Apoteosi di Napoleone come Giove trionfatore*, fa convergere sul neonato museo (dove sono state allestite le «sale napoleoniche» tuttora aperte) centinaia di opere da tutta Italia.

Alla data dell'inaugurazione ufficiale, il 15 agosto 1809, in cui N. compie i quarant'anni, si contano 139 dipinti, tra cui il *Matrimonio della Vergine* di Raffaello, la *Madonna* del Bellini, i teleri del Carpaccio e il *San Gerolamo* di Tiziano; quattro anni dopo sono già 899. Da allora, cardinali, aristocratici e sovrani si impegnano in una gara di mecenatismo. Nel 1824 arriverà il fenomenale *Cristo morto* del Mantegna, donato dal Bossi che lo aveva acquistato per suggerimento del Canova. Le ambizioni del nuovo Cesare si saldavano con quelle dell'illuminismo lombardo.

La politica culturale di N. in campo artistico non prevede soltanto predazioni. La costruzione della leggenda, la creazione e il consolidamento del consenso puntano anche sull'urbanismo, sulle arti figurative e sulla scultura. I pittori sono chiamati a esaltare i momenti epici delle campagne belliche, le gesta eroiche, poi la magnificenza del fasto imperiale, infine la cura rassicurante di un buon padre che non smette di pensare ai suoi figli. Si comincia con Antoine-Jean Gros che dipinge il Bonaparte di Arcole, pallido, scarnito, capelli al vento e bandiera in mano, mento proteso in avanti, che si lancia verso le pallottole nemiche. Il passaggio del Gran San Bernardo, nella seconda campagna d'Italia, è celebrato da Jacques-Louis David, il profeta del ritorno alla classicità che, seguendo puntualmente le istruzioni («Dipingetemi calmo su un cavallo focoso»), effigia il novello Annibale sontuosamente abbigliato, che indica ai suoi uomini la vittoria che li attende nelle pianure con il largo gesto solenne del grande attore. Gros raffigura l'imperatore che dopo la battaglia di Eylau porta soccorso ai nemici feriti.

L'*Incoronazione* in Notre-Dame (terminata nel 1807 con grande soddisfazione del committente, compenso richiesto 109 000 franchi) sembra rappresentata in grandezza naturale, vi si può riconoscere la folla di protagonisti e comparse. Nel 1812 l'Eroe diventa un amministratore esemplare, sorpreso nel cuore della notte al suo tavolo di lavoro, lievemente affaticato, ma sereno per il buon lavoro compiuto.

Come osserva Chateaubriand, «mentire alle orecchie non era

tutto, bisognava mentire agli occhi». Il capo di Stato diventa di volta in volta un eroe mitico, vittorioso, benevolo, provvido, modesto malgrado il fulgore, un uomo alla mano, un padre che pensa al bene della famiglia. La sua legittimazione passa anche per il ricupero della Grande Storia, da Roma a Carlo Magno.

Le prescrizioni imperiali sono sempre precise e tassative, indicano la dimensione esatta delle tele, i soggetti: le battaglie vittoriose, la sfilata dei nemici vinti davanti all'imperatore, i gesti magnanimi, gli incontri storici, come quello con Francesco II d'Austria all'indomani di Austerlitz. Per rispondere alle calunnie degli inglesi (N. in Siria avrebbe fatto sopprimere col veleno gli ammalati e i feriti gravi), si fa dipingere da Gros mentre conforta senza paura gli appestati di Giaffa con il piglio di un re taumaturgo. François Gérard si specializza nella ritrattistica della famiglia imperiale e dei notabili, per un totale di 84 tele. È suo il piú ufficiale dei ritratti di N., quello nel costume della consacrazione regale: ermellino, corona dorata di foglie d'alloro, bastone del comando sormontato da un'aquila. Il torinese Giuseppe Bagetti è stato incaricato di fissare con i suoi accurati e suggestivi acquarelli i momenti salienti delle due campagne d'Italia.

La richiesta di opere celebrative e di ritratti è martellante. Non ci sono soltanto l'imperatore e la sua insaziabile famiglia: generali, alti ufficiali, aristocratici vecchi e nuovi, funzionari, notabili, città, istituzioni, tutti vogliono nobilitarsi con le tele dei maestri. I quadri di maggior successo vengono replicati attraverso le copie e le incisioni. Da Lucca, la sorella Elisa avvia la produzione seriale di busti del fratello presso i marmisti toscani.

Tra gli artisti piú apprezzati dalla *maison* imperiale c'è lo scultore veneziano Antonio Canova, che ha trovato a Roma la sua vocazione neoclassicista. Le sue danzatrici, le Veneri, le Naiadi, le Muse, Elena, Ebe, impongono un modello di bellezza che vivrà per grande parte dell'Ottocento. N. lo scopre nell'estate 1797 e se lo guadagna con un gesto abilmente mecenatesco e mediatico dei suoi: «Apprendo, signore, da uno dei vostri amici, che siete stato privato della pensione di cui godevate a

Venezia. La Repubblica francese pone un'attenzione speciale al gran talento che vi distingue. Artista celebre, avete un diritto particolare alla protezione dell'armata d'Italia. Ho dato ordine che la pensione vi sia puntualmente pagata». Da allora, fioccano acquisti e committenze anche da parte di Murat e Giuseppina. Madame Mère si fa ritrarre come Agrippina, Paolina espone le sue nudità di Venere vittoriosa, Elisa – piuttosto mascolina – preferisce i panni mitologici di Polymnia, Carolina si accontenta di busti.

Nell'aprile 1801 Canova si sente chiedere «una statua del piú grande capitano del mondo, coronato dalla Vittoria», da ospitare nel Foro Bonaparte di Milano; poi un busto, ma il Console, che non ha tempo da perdere, si rifiuta di posare. Ottime accoglienze, grandi onori e incarichi prestigiosi lo attendono a Parigi. Una sua testa «antica» dell'Eroe viene molto lodata, ma l'interessato la giudica troppo «atletica», teme che i suoi soldati possano sorriderne. Canova ne fa una malattia, invano consolato da David: «Avete fatto per la posterità tutto quello che un mortale poteva fare». Per ripagarlo almeno in parte, N. gli fa assegnare d'ufficio il premio decennale di «scultura eroica».

Canova riuscirà a preservare la propria dignità: accetta committenze e donativi regali, ma senza cedere al servilismo. Rifiuta la Legione d'onore che gli viene offerta, lavora per gli oppositori (il busto di Madame Récamier), progetta una tomba per Nelson, realizza quella per Alfieri in Santa Croce, a Firenze. L'ultimo viaggio a Parigi lo fa per incarico del papa e con il titolo di ambasciatore per ricuperare le opere predate. Talleyrand lo chiama sarcasticamente «imballatore», Denon lo evita, lo zar lo ignora, ma Wellington lo protegge. Nelle pause del lavoro va a Londra, dove si commuove davanti ai marmi del Partenone che lord Elgin aveva depredato in Grecia.

La politica culturale di N. investe anche la letteratura, il teatro e la musica. Assegna aiuti e pensioni a scrittori, pittori, attori e musicisti. Protesta perché all'*Opéra* ha sentito dei versi mediocri. Ama il genere nobile, epico, i poemi eroici.

Dedica le sue maggiori attenzioni al *Théâtre Français*, istituzione d'importanza nazionale (poi *Comédie Francaise*), all'*Opéra* (ristrutturata nel 1812 con un decreto firmato a Mosca) e all'*Opéra-Comique*, nonché ai teatri di corte, le cui spese erano a carico della corona. Essendo anche luoghi d'incontro e d'assembramento, dove ci si scambiava opinioni, apprezzamenti e dissensi, e dove si potevano raccogliere umori significativi, i teatri erano sottoposti a un'assidua vigilanza poliziesca. Le stesse rappresentazioni dovevano essere autorizzate dal ministero degli Interni, cui gli autori dovevano consegnare i loro manoscritti in duplice copia.

L'attività teatrale era attenta alla cronaca, e v'erano autori capaci di stendere in breve tempo drammi-reportage ispirati ai grandi fatti dell'attualità, come *La vittoria di Marengo* o *Il giardiniere di Schönbrunn.* Vietato tuttavia portare in scena l'imperatore, anche indirettamente: sarebbe stata una pratica «sconveniente e indecente», a detta dell'interessato, che era sensibile al ridicolo. Vero è che, non potendo piú fare satira sul potere o sulla Chiesa, il teatro era costretto a ripiegare sulla commedia leggera, il melodramma e gli intrecci commoventi.

Tra i classici, N. privilegia, con Racine e Voltaire, soprattutto Corneille («se fosse vivo, lo farei principe»), e arriva a stabilire una rendita di 10 000 franchi per il maggiore dei suoi discendenti, senza dimenticare le figlie. Conosce bene le regole della tragedia e ci tiene a farlo sapere. Gli autori sono chiamati a padroneggiare i mezzi, le tecniche, il linguaggio della tragedia, devono sapere che un testo scritto e un testo recitato sono una cosa ben diversa. Non risparmia suggerimenti e consigli. Conosce bene il repertorio tragico, e ne collega i contenuti alla propria esperienza. Nel 1814, temendo che gli possano portare via il figlio, confessa di non aver mai potuto assistere a una *Andromaca* senza commuoversi alla sorte di Astianatte.

Arriva a distribuire le parti, a fissare il cartellone. Nel 1805 chiede notizie di un *Don Juan* che vogliono portare in scena; lo ascolterà poi a Stoccarda e la musica gli sembra «molto buona».

Controlla i budget, se all'*Opéra* continuano a spendere troppo si ripromette di mandare un commissario militare. Stabilisce le retribuzioni e le pensioni per gli attori, non solo quelle dell'amico Talma, gratificato di un premio complessivo di 600 000 franchi, addebitato al budget della *maison* imperiale. Nel 1806 si entusiasma per il cantante Crescentini, sentito a Vienna nel *Giulietta e Romeo* di Zingarelli, e lo fa venire a Parigi con 50 000 franchi d'appannaggio, cosa che provoca invidie e malumori.

Gli piace la musica da camera, e quando può se ne fa rallegrare anche in guerra, come a Posen nel 1806, quando ascolta un trio di Ferdinando Paër, poi chiamato a dirigere la musica di corte (considerato il successore di Cimarosa e Paisiello, scriverà una *Marcia nuziale* per le nozze del 1810 e diventerà maestro di canto di Maria Luisa). Sin dal 1797 aveva dichiarato che «di tutte le arti la musica è quella che ha piú influenza sulle passioni, quella che il legislatore deve maggiormente incoraggiare».

Conseguentemente, fonda istituzioni, promuove l'insegnamento nei Conservatori anche in provincia, fornisce adeguate risorse finanziarie, stimola i compositori, accoglie a Parigi gli autori stranieri, in particolare gli italiani, è largo di committenze, organizza concerti in seno alla propria *maison*, distribuisce onorificenze. Ogni grande città aveva almeno due teatri, uno per l'opera, l'altro per i concerti. A Parigi i concerti pubblici, tenuti anche nei parchi e sempre molto affollati, si moltiplicavano. Il Conservatorio disponeva di una sala capace di 1100 posti. Trionfava Haydn, apprezzatissimo. Molte delle sue *Messe* accompagneranno le celebrazioni alle Tuileries. Era stato proprio andando a ascoltare la prima della *Creazione* che N. era rimasto vittima dell'attentato della «macchina infernale». Ai suoi funerali, il 15 giugno 1809, presenziarono molti generali e ufficiali francesi. Fu eseguito il *Requiem* di Mozart, autore molto popolare a Parigi, dove si dava anche un *Flauto magico* adattato in francese e intitolato *Les Mystères d'Isis*.

È stato calcolato che N., il quale dedicava una o due sere alla settimana agli spettacoli, quando era a Parigi abbia assistito a circa 700 rappresentazioni, fra commedie, vaudeville, tragedie, opere e balletti, tra cui nove *Edipo*, dieci *Fedra*, dodici *Cinna*. «La scena, – confidava a Fouché, – ha bisogno d'antichità».

10.
Libri

Nessun grande statista o condottiero come N. ha fondato la propria azione sul potere della parola, piú forte di quello delle armi; ha trascinato e motivato con la parola milioni di uomini. La parola di N. è figlia dell'Illuminismo: asciutta, essenziale, funzionale, rispondente a caratteri di economicità e necessità, ogni volta appropriata agli interlocutori cui si rivolge. «La vera arte dello scrivere è sopprimere tutto quello che è inutile», recita uno dei suoi precetti. Dall'antichità classica e dal prediletto Cesare ha imparato la lapidarietà che si impone all'ascoltatore, incute soggezione, chiede ammirazione. Lo si potrebbe addirittura definire uno scrittore che è diventato il padrone dell'Europa.

Che gli autocrati siano scrittori mancati, che si risarciscono della gloria mancata nelle lettere cercando il potere assoluto, tanto piú spietato quanto maggiori sono state le loro frustrazioni d'autore, è un'ipotesi enunciata, tra gli altri, da Alberto Savinio, e poi sviluppata da Leonardo Sciascia. Secondo lui il giovane artigliere uscito dalla scuola militare di Brienne, ancora incerto della propria vocazione, è diventato N. il giorno in cui ha deciso di abbandonare le proprie velleità letterarie, avendo capito che su quel fronte non sarebbe stato in grado di raggiungere la primazia cui aspirava. Di quel periodo ci rimane un pensiero lieve come un sospiro, che potrebbe essere di Shakespeare o di un poeta novecentesco: «La vita è un sogno breve che si dissolve».

Il bacillo della scrittura sembra aver contagiato l'intera famiglia Bonaparte, ad eccezione di Girolamo, futuro re di Vestfalia. Scrivono Luigi e Giuseppe, e hanno la vanità di farsi ospitare in edizioni costose e raffinate. Scrive un romanzo anche la pragmatica Elisa coniugata Baciocchi, assurta al ruolo di principessa di Lucca e granduchessa di Toscana, forse durante un soggiorno a Piombino in cui non aveva altri svaghi. Ne è tentata persino Paolina, ma il fratello, che ne conosce la volubilità, la scoraggia bruscamente. Addirittura fluviale è il raptus scrittorio di Luciano, il piú intelligente e dotato dei fratelli.

Il N. ventenne tenta trucibaldi drammi storici, o si interroga sull'essenza dell'amore, che a suo dire nasce in situazioni di solitudine e smarrimento in persone bisognose di gratificazione e conforto. In un dialoghetto filosofico con un amico, arriva ad affermare che è nocivo alla società: fa trascurare i doveri e le amicizie, produce egoismo, chiusura in se stessi. Esiste un patto sociale che vincola i cittadini da cui è stato tacitamente sottoscritto, e al quale non ci si può sottrarre. Diritti e doveri devono essere illuminati dalla fiaccola della ragione, non inquinati dall'egoismo dei sentimenti individuali. L'amore intralcia a ogni passo il cammino della virtú. È lo stesso uomo che, giovane e solo in una metropoli sconosciuta, si lascia intenerire dalla giovane prostituta bretone con cui passerà la notte. O che medita sul suicidio come gesto eroico da opporre alla bassezza dei tempi, all'inutile soffrire che lo attende. Anni dopo deprecherà il suicidio come fuga vergognosa dai propri doveri.

Uno scrittore impaziente e irrequieto, che sembra affidare alla carta i diagrammi di un malessere in atto. Detesta gli indugi descrittivi, vuole andare subito al cuore dell'argomentazione, predilige il *pamphlet*. È il caso dell'unico suo scritto arrivato a stampa, *Le Souper de Beaucaire*, in cui un giovane ufficiale fedele alla Montagna e a Robespierre spiega con logica stringente a tre commercianti perché i tentativi di chi ha preso le armi contro la Repubblica non avranno fortuna.

Anche il piú lungo dei conati giovanili, *Clisson ed Eugénie*, è vergato frettolosamente su pochi foglietti stropicciati, poi finiti in mani diverse e ricomposti a fatica. Il protagonista sembra prefigurare il destino che attende l'autore. Afferma d'essere «nato per la guerra», sin bambino si è formato leggendo le vite dei grandi condottieri e meditando «i principî dell'arte militare». Baciato dalla gloria bellica, ma rattristato da invidie e calunnie, è premiato dall'amore della timida e modesta Eugénie, sorriso incantatore e mani bellissime. Nasce l'unione «piú ardente e perfetta che abbia agitato cuore umano», suggellata da dichiarazioni d'eterno amore e benedetta dall'arrivo di tre bambini. Richiamato a Parigi da una importante missione di guerra, Clisson è ferito, e invia alla moglie uno dei suoi migliori ufficiali per confortarla. Costui prende tanto sul serio la missione che tra i due divampa una passione inarrestabile. Clisson non può sopravvivere a tanta sventura: si lancia in battaglia cercando la morte, e cade trafitto dalle pallottole. Un racconto quasi profetico, visto che Giuseppina tradirà il generale che ha appena sposato con il brillante ufficiale degli ussari messo al suo servizio.

Abbandonate le ambizioni letterarie, intorno al 1795 l'ex allievo della scuola militare accarezza il proposito di diventare libraio. Considera seriamente l'ipotesi di dedicarsi all'export di libri, ma cambia rapidamente idea dopo che una prima spedizione di una cassa a Basilea non è andata a buon fine. Il libro è tuttavia destinato a restare un elemento centrale del suo sistema operativo. Non è soltanto un lettore onnivoro, magari disordinato ma dotato di ottima memoria, e un libraio mancato: è un bibliofilo appassionato, un costruttore di biblioteche, un uomo di editoria che sarebbe anche stato un ottimo redattore. Passioni e competenze che nutriranno una politica del libro sviluppata in coerenza con le strategie dello statista. Convinto di quanto la letteratura possa contribuire all'elevazione di una società, è contrario ad aprire scuole di scrittura: il talento non si può insegnare, è «un dono individuale». Utilizza *savants* e letterati, ma li tiene a distanza: «Guardo gli scienziati e gli uomini di spirito come a delle civette. Bisogna vederle, parlarci, ma non prenderne una per moglie o l'altra per ministro».

Il forte lettore ci balza plasticamente incontro da un'immagine dell'aprile 1814. Nella notte dell'abdicazione, a Fontainebleau, dopo aver patteggiato con gli Alleati il minuscolo regno dell'Elba, l'imperatore sconfitto va in biblioteca e sceglie personalmente i 186 volumi che lo accompagneranno nella nuova destinazione. Ci sono Plutarco e i *Commentaires* di Cesare, Seneca, Senofonte, Tacito, Virgilio, Pausania; e naturalmente i francesi: Boileau, i 15 tomi delle *Opere* di Diderot, Madame de la Fayette, Montaigne, Montesquieu (5 tomi), Rousseau, le lettere di Madame de Sévigné, Saint-Évremond libertino erudito e moralista, i 70 volumi delle *Opere complete* di Voltaire. Manca stranamente l'amato Corneille, cui egli attribuisce un ruolo fondamentale nella formazione morale e civile dei francesi. In compenso abbondano le opere di storia, scienza e tecniche applicate, trattati di astronomia e di matematica, la *Philosophie chimique* del Fourcroy, il corso di botanica dello Hanin, l'*Histoire naturelle de la rose* del Guillemeau, affettuoso omaggio a Giuseppina, cultrice di rose e di ibridi.

Questo nucleo centrale, i cui volumi recano sul piatto la scritta «Fontainebleau» e lo stemma imperiale, sarà poi arricchito e integrato dalla biblioteca del Genio militare di Portoferraio, prontamente requisita (conteneva per lo piú opere di strategia, architettura militare e civile); e dagli invii – per circa un terzo – dello zio Cardinal Fesch: storie di Stati, personaggi e casate illustri. In totale la raccolta del Palazzo dei Mulini ascenderà a 2378 volumi. Era ospitata nello studiolo adiacente la camera da letto della Villa dei Mulini e consultata con frequenza.

All'epoca, i libri erano divisi in cinque grandi classi: teologia e religione; diritto e giurisprudenza, storia, scienze e arti, belle lettere. Per N. libro è anzitutto un insostituibile strumento di lavoro che fornisce informazioni utili, dati oggettivi, inquadramenti generali. Un uomo che raramente dormiva due notti di seguito nello stesso letto, e faceva del movimento continuo il cardine di una strategia basata sulla sorpresa, non poteva accontentarsi di una biblioteca fissa. Vennero allestite a ufficio mobile anche le carrozze.

Prima di ogni campagna consultava la bibliografia sul teatro dello scontro, elaborando con la consueta rapidità una miriade di notizie storiche, geografiche, naturalistiche, climatiche. Quando era in Egitto, aveva cercato ispirazione in Erodoto e Plinio. Nulla è lasciato al caso: ogni pratica bellica viene accuratamente istruita, e la storia è chiamata a fornire il suo contributo. Allo scopo, era stata approntata una sorta di biblioteca ideale da viaggio, forte di 6000 titoli. La dotazione di base prevedeva volumi di 500/600 pagine in 12°, molto maneggevoli. Un migliaio di altri volumi dovevano essere ordinati in categorie assai precise: 40 opere di religione, 40 di epica, 40 di teatro, 60 di poesia, 100 di romanzi, 60 di storia. Nel 1809 la biblioteca viaggiante era arrivata a 3000 volumi in 18°, sistemati in 30 casse con tre ripiani ciascuna, 33 volumi per ogni ripiano. Era previsto un ulteriore ampliamento di 3000 volumi dedicati specificamente alla storia naturale, viaggi e letteratura, che non fu poi realizzato.

A Parigi, delle biblioteche si occupava il barone Alexandre Barbier. Redigeva un «Petit bulletin littéraire» sulle novità, con precise schede informative, per quando l'imperatore era in viaggio, e se a Parigi lo ragguagliava con cadenza settimanale. Le preferenze dell'augusto lettore sono molte nette, spesso si lamenta di trovare troppi libri inutili. Se un libro non è di suo gradimento, lo butta dalla finestra o dalla carrozza, se è in viaggio. Trova il tempo di occuparsi persino delle letture dei famigliari, in particolare della sorella Paolina, ma anche dei suoi valletti, i quali riempivano con i libri i tempi vuoti del servizio. Quando erano richiamati all'improvviso, talvolta li abbandonavano sulle sedie, e poteva capitare che il loro padrone, passando, si fermasse a esaminarli. Se li riteneva cattivi buttava dalla finestra anche quelli.

Tuttavia non disdegnava i romanzi, compresi quelli per signore, come gli è accaduto anche nella immobilità forzata di Mosca.

Delle sue qualità di lettore, Chateaubriand dà un giudizio piuttosto acido. Portarsi in Egitto *Ossian*, il *Werther*, *La nouvelle*

Héloïse di Rousseau, la Bibbia, gli sembra un sintomo del caos che regnava nella sua testa: un misto di «idee positive e sentimenti romantici, sistemi e chimere, studi seri e slanci dell'immaginazione, saggezza e follia. Dalle produzioni incoerenti del secolo cavò l'Impero; sogno immenso, ma rapido come l'immaginazione che l'aveva procreato». In realtà N. sapeva estrarre anche da materiali incoerenti quello che serviva alla pratica operativa, all'efficacia del suo discorso.

N. ha della letteratura un'idea descrittiva e pragmatica: non il mondo com'è ma come dovrebbe essere, ben regolato, ben amministrato: da lui, s'intende. Per questo rimprovera a Rousseau l'eccitazione, l'agitazione: troppe energie sprecate. Del teatro pensa che debba avere un'azione pedagogica, stimolare alla virtú, al dovere, al sacrificio di sé per il bene della patria. Per il Congresso di Erfurt (1808) che riunisce lo zar Alessandro e decine di re, duchi e principi tedeschi, alla ricerca di una pace difficile, fa venire da Parigi il complesso del *Théâtre Français* diretto da Talma, programma personalmente la fastosa rappresentazione di tredici grandi tragedie, Corneille e Racine in primis, con intenti politico-pedagogici, perché tutte portavano in scena «grandi eroi che compivano imprese gloriose e possenti, e che si innalzavano al di sopra degli uomini comuni per il loro coraggio e per loro elevate virtú spirituali», come scriveva Talleyrand.

Riesce anche a dimostrarsi lettore acuto e disinteressato. La sua interpretazione dell'antichità presuppone una conoscenza critica non banale. Si dispiace che Chateaubriand lo abbia paragonato a Tiberio, che non si muoveva da Roma se non per andare a Capri. Lui si ritrova piuttosto in Traiano (ha ricostruito la società con la moderazione che, «piaccia o no, è la mia norma di governo») e in Diocleziano (stessa capacità di vedere tutto, stessa autorevolezza civile in un impero tutto militare). L'uno e l'altro erano «uomini che dovevano tutto a se stessi, che sollevavano il mondo». Quanto a Tacito, lo considera una sorta di bravo autore di *pamphlets* con cui ha calunniato gli imperatori: «Ne ha fatto dei grandi scellerati, senza ammirare il genio di cui erano imbevuti».

A Sant'Elena tesse l'elogio dell'*Iliade*, che definisce «il massimo monumento, l'espressione piú efficace e rappresentativa di un'epoca. Omero è veramente, oltre che poeta altissimo, oratore, storico, legislatore, geografo, teologo: in una parola il meraviglioso enciclopedista di un secolo». Apprezza lo stile «terso e attraente» di Madame de Sévigné. Quando si sente depresso si tonifica con l'*Ifigenia in Aulide:* «Questa lettura ci farà bene», commenta. Apprezza il raffinato *Viaggio sentimentale* di Lawrence Sterne. È convinto che la Bibbia sia anche un'opera di buona storia, capace di sopportare riscontri puntuali.

Delle ambizioni giovanili gli rimane una cordiale disistima per i letterati, narcisi incompetenti e confusi («*Ah, que les gens de lettres sont bêtes!*») e un'intatta passione per la ricerca storica. Se avesse potuto vivere tranquillo, confida a Las Cases, la sua vocazione sarebbe stata proprio lo scrivere di storia. Le opere storiche sono scritte dai retori, dai professori, per questo risultano enfatiche, retoriche, poco scientifiche, o addirittura ridicole: egli è il primo a ridere degli eccessi dei suoi agiografi. Non esiste una storia di Francia che non sia un centone di pettegolezzi, spiate, storielle da salotto. Invece l'alto compito della storiografia dovrebbe essere affidato a uomini di Stato che conoscono la politica, gli affari del mondo, la concretezza del gestire la cosa pubblica. Aborre l'ostentazione dei sentimenti personali perché improduttiva: dichiara che non si abbasserà mai all'esibizionismo ambiguo delle *Confessioni* di Rousseau. È disposto a parlare solo di quello che riguarda la sua vita pubblica.

Sa bene che esistono tanti Napoleoni quanti sono gli autori che se ne occupano. È il primo a dire che la storiografia è sempre quella scritta dai vincitori: Catilina è stato affidato alla memoria storica sotto una luce odiosa soltanto perché è stato sconfitto. L'insuccesso provoca accuse ingiuste e volgari. Se non fossi riuscito a reprimere i moti del Vendemmiaio, spiega, la mia figura sarebbe rimasta sinistra come quella di Catilina. Tuttavia gli sarebbe piaciuto scrivere una storia degli ultimi anni dei Borboni, lavorando sui documenti d'archivio e le relazioni degli ambasciatori. Nella concezione dell'uso delle fonti rivela una modernità impressionante. Ma alla fine è assalito dal dubbio che non si possa arrivare alla verità storica: impossibile quando gli avvenimenti sono in corso e le passioni ancora accese, difficile quando le voci e le testimonianze si accavallano e si contraddicono. Ma per lui, dice, la verità sta tutta nei fatti, le parole non bastano a distruggerli.

Abituato al controllo maniacale d'ogni minimo dettaglio, ha idee molto chiare anche nel campo dell'editing. Matita alla mano, si diverte a togliere alle *Rivoluzioni romane* del Vertot gli aggettivi ridondanti e le frasi superflue: «Sarebbe un lavoro opportuno ed utile sfrondare con gusto e discernimento le principali opere della nostra lingua. Se ne salverebbe uno solo: Montesquieu». Per tutti gli altri, ci voleva il bisturi affilato del bravo redattore. Raccomanda di rappresentare i tragici greci in buone traduzioni; applica una sorta di filologia anche alle regie teatrali, e invita ad avvicinarsi quanto piú possibile al modo di recitare, ai costumi e alle tecniche degli antichi. Sa che la messa in scena ha il potere di svelare le magagne di un testo.

Ha idee innovative anche in fatto di editoria. Sulle orme di Aldo Manuzio, pensa a edizioni commentate degli autori classici, a cominciare da Strabone. Ritiene che la cultura sia uno strumento essenziale che deve occupare una posizione primaria in un progetto di Stato moderno. Il suo dirigismo non si limita all'enunciazione di principî generali, ma investe ogni singola pratica operativa.

È in grado di dare suggerimenti e fare proposte anche a Goethe, che incontra a Erfurt. Come scriverà Paul Valéry, l'uomo che dispone di milioni di vite e l'uomo che dispone di tante doti spirituali, la potenza e lo spirito, si conoscono e si riconoscono. N., all'apice della potenza e dello splendore, guardato da amici e nemici come un semidio. Goethe è ricevuto durante una riunione con i suoi collaboratori. «*Vous êtes un homme!*», lo accoglie N., che di veri uomini intorno a sé ne scorgeva sempre pochissimi. Sa che il poeta ha tradotto dal francese il *Maomet-*

to di Voltaire, ma con l'aria del competente osserva che «non è un buon lavoro», forse perché mette in scena una sfrenata sete di potere o minimizza un personaggio che aveva saputo trascinare i popoli; e lui, «che era un altro Maometto, se ne intendeva piuttosto bene».

Poi chiede delucidazioni su certi comportamenti del giovane Werther (dirà di averlo letto sette volte e di esserselo portato anche in Egitto) che gli sembrano innaturali e artificiosi. Goethe sorride, acconsente, spiega. Poi il discorso va sul teatro. L'imperatore si dispiace che il teatro francese si sia «allontanato dalla natura e dalla verità». Non gli piacciono neanche i drammi che tirano in ballo il destino, perché il destino è la politica, cioè qualcosa che si può governare. Per gli uomini di Stato, la tragedia è una scuola migliore della storiografia. Il poeta tragico come maestro di politica, un compito che non può non lusingare Goethe, il quale si sente considerato un suo pari, e rimane colpito dal fatto che l'interlocutore accompagni alle critiche precise proposte costruttive. N. dirige il mondo come un direttore di teatro, dice. Poi riceve un invito: «Dovreste scrivere una *Morte di Cesare* in un modo piú degno e grandioso di quanto abbia fatto Voltaire. In questa tragedia, bisognerebbe far vedere come Cesare avrebbe potuto fare la felicità dell'umanità se gli avessero lasciato il tempo di realizzare i suoi ampi progetti».

L'imperatore gli conferisce la Gran Croce della Legione d'onore, e il poeta, che prende a chiamarlo *Mein Kaiser*, non esce di casa senza il nastrino rosso della decorazione, e si mette a studiare d'impegno per migliorare il suo francese, un po' claudicante. Anche dopo Waterloo confida a un giovane amico che N. gli aveva fatto una grande impressione: «Era la mente piú grande che il mondo avesse mai visto»; dieci anni dopo lo definirà «questo compendio del mondo». Quando nel gennaio 1822 riceve l'ode del Manzoni ne rimane colpito, vi ritrova qualcosa dell'energia napoleonica e decide immediatamente di tradurla: «*Zum Pyramiden von Alpen her* | *Vom Manzanar zum Rheine*»... «L'uomo fatale» di Manzoni diventa «*Schreckensmann*», uomo terribile. L'essere superiore che aveva imposto il silenzio ai suoi nemici, e «arbitro | s'assise in mezzo a lor», era proprio quello che aveva visto, trionfante e complice, a Erfurt.

Lo scrittore che N. avrebbe voluto essere da giovane riemerge nella tormentosa quiete di Sant'Elena. Come sempre, non scrive di suo pugno ma detta «i grandiosi fatti di cui siamo stati protagonisti» agli «evangelisti» che lo attorniano: il fido Emmanuel de las Cases, che firmerà il *Memoriale di Sant'Elena*, i generali rimasti con lui, Gourgaud, Bertrand, Montholon. La sua ultima e definitiva vittoria, quella che nessuno potrà strappargli, è affidata ai libri.

Nel marzo 1817 era uscito a Londra presso l'editore John Murray un libro anonimo, in francese, arrivato per posta, che aveva destato un enorme scalpore. In una scarna nota introduttiva, Murray dichiarava di non conoscerne la provenienza, ma la considerava un'opera «notabile per il suo spirito e per il suo carattere ingegnoso». Si intitolava *Manoscritto pervenuto misteriosamente da Sant'Elena*, e si presentava come una memoria autobiografica che aveva molte carte per essere ritenuta credibile. In essa il sedicente N. ricapitolava gli incontestabili «fatti» del suo regno, rivendicandone la coerenza con quello che era sempre stato il suo impegno: la conservazione e la valorizzazione dello spirito dell'89, la difesa della Francia. Sullo sfondo, il grandioso dramma storico della lotta tra le forze nuove uscite dalla Rivoluzione e il gretto conservatorismo dell'Antico Regime, incarnato dagli inglesi.

Metternich e Wellington la ritenevano autentica, e molti altri con loro, per i concetti espressi, lo stile asciutto, il ritmo concitato. N. ne declinò la paternità, quando ebbe modo di vederla sei mesi dopo, ma ne restò colpito («è un'opera che farà epoca») e dettò a Gourgaud una quarantina di note sugli «errori grossolani» e le inesattezze che conteneva.

L'anonimo ventriloquo che dava voce al grande sconfitto dimostrava una forte capacità mimetica, sembrava persona bene informata dei fatti, indicava all'Europa le vie di nuovi assetti liberaleggianti che tutelavano la proprietà e aprivano a tutti le funzioni pubbliche, la nobiltà, la gloria militare, secondo criteri meritocratici. Il *Manoscritto* venne attribuito a Madame de Staël e a Benjamin Constant: la prima negò, il secondo, che voleva rientrare nel gioco politico, non lo rivendicò. Goethe, avido lettore di quello che riguardava l'imperatore, la considerava una mistificazione, ma l'anonimo autore sembrava avere una conoscenza di prima mano di quel che N. aveva detto.

Sergio Romano, che nel 1980 ha curato l'edizione italiana, ha dimostrato che negli scritti coevi della de Staël e di Constant figurano molti dei pensieri espressi dall'anonimo. Nel 1843 il genero del misterioso memorialista ne rivelava l'identità: era Frédéric Lullin de Châteauvieux, un agronomo ginevrino devoto a Madame de Staël, di cui frequentava il salotto di Coppet, dove poteva incontrare Constant e gli altri eminenti intellettuali che facevano della piccola corte un *think tank* bene informato e in continua effervescenza. Lo aveva scritto di getto nel 1816 e lo aveva portato di persona a Londra.

Sarebbe stato capace di tanto, il bravo agronomo, gran viaggiatore che conosceva bene l'Italia e la Francia per averne studiato sul campo l'agricoltura? Forse Lullin aveva raccolto ed elaborato riflessioni che appartenevano alla piccola comunità di cui faceva parte, cui premeva difendere quel che di buono dell'esperienza napoleonica si poteva ancora salvare dalle chiusure di una Restaurazione che voleva riportare indietro le lancette della storia. Forse, ipotizza Romano, Germaine de Staël, che aveva duellato per vent'anni con N., sentiva ancora il bisogno di un grande antagonista con cui misurarsi da pari a pari, magari assumendo la sua stessa voce. Un gioco di sdoppiamenti, rifrazioni e specchi che sarebbe piaciuto a Jorge Luis Borges. Ancora una volta, quando si parla di N., i libri rappresentano un crocevia obbligato.

11.
Comprimari

Klemens Wenzel Lothar, principe di Metternich dal 1813, è il piú signorile dei *competitors* di N. Viene da una nobile famiglia della Mosella, costretta a rifugiarsi in Boemia con l'arrivo dei francesi. Grazie anche a un avveduto matrimonio con la nipote del cancelliere di Maria Teresa d'Austria von Kaunitz, ha compiuto una rapida ascesa in diplomazia (Dresda, Berlino, Parigi). Nel 1809, a trentasei anni, è ministro degli Esteri. Occhi azzurri, conversatore brillante, sorriso lievemente beffardo, *tombeur de femmes*, afflitto da un forte complesso di superiorità al punto da risultare indisponente, ha ottime relazioni un po' dappertutto. È nemico di ogni pretesa egemonica che metta a repentaglio l'equilibrio complessivo del sistema europeo. Lo chiamano «il ministro del bordeggio», perché preferisce far navigare sottocosta il vecchio e malandato galeone imperiale, che di tempeste ne ha già viste anche troppe; teme l'ingombro della Russia ancor piú di quello francese; nel 1814 appoggia con discrezione una reggenza di Maria Luisa, poi la rigidezza di russi e prussiani gli fanno sostenere il ritorno dei Borboni.

Apprezza l'energia sovrumana di N. e le sue capacità organizzative, ma ha capito presto che la sua folle corsa, costretta a nutrirsi del sangue di sempre nuove vittorie, non poteva durare. Nel 1813 a Dresda ha un drammatico incontro di nove ore con lui, e cerca invano di portarlo a un ragionevole compromesso di pace. Impassibile davanti a minacce e sfuriate, alla fine gli dice a muso duro: «Sire, voi siete perduto!»

Era stato sempre lui a firmare il capolavoro diplomatico (un anno di fatiche) delle nozze di Maria Luisa con N. Il *parvenu* corso voleva sposare la sorella dello zar Alessandro, ma questo per l'Austria avrebbe significato finire in una morsa letale. Sacrificando Ifigenia - Maria Luisa sull'altare degli equilibri, Metternich poteva continuare a essere l'ago della bilancia europea almeno per qualche anno.

Il maestro dei contrappesi, il custode del *rigor mortis* dell'Ancien Régime è anch'egli un farfallone amoroso, e non si dà pena di nasconderlo. Di lui si dice che è sempre innamorato, che ama due donne alla volta, per esempio la duchessa ma anche Carolina Bonaparte coniugata Murat e regina di Napoli. Si fa fare in continuazione dei ritratti, scrive bigliettini, e la Cancelleria va come può. È vero che anche le donne fanno parte del gioco politico, ma la sua leggerezza può diventare una calamità, in circostanze delicate come quelle.

Si trova perfettamente a suo agio nella mondanità che accompagna il Congresso di Vienna. Il Congresso «danza ma non avanza», secondo il celebre *calembour* coniato dal principe di Ligne. Nelle sue memorie, Metternich gli dà una risposta piccata, come ci ricorda Luigi Mascilli Migliorini nella sua biografia del cancelliere austriaco: i lavori del Congresso non vennero per nulla ritardati da una cornice di festeggiamenti che in qualche modo erano dovuti ai tanti illustri ospiti della corte imperiale, e tutto sommato si conclusero nello spazio di cinque mesi. Dimentica di aggiungere, prosegue Mascilli, che quella cornice non solo rispondeva bene «a quella maniera sempre un po' svagata con la quale egli sembrava condurre gli affari politici: proprio l'inevitabile rallentamento, l'elusiva rilassatezza dei tempi, si rivelava in qualche modo funzionale al lento maturare di un pensiero ancora assai impreciso su come raggiungere gli obiettivi che ci si prefiggeva».

Il Congresso incorona Metternich come il vero vincitore della lunga partita, ma paradossalmente è proprio da questo punto che il paziente tessitore irrigidisce le sue percezioni, perde duttilità, la capacità di leggere e gestire i mutamenti, lui che aveva detto che gli avvenimenti che non possono essere impediti devono essere diretti. I concetti di libertà, democrazia, nazione, gli restano indigeribili. Parla di un mondo in preda alla demenza solo perché non riesce piú a capirlo, si affida alla forza della repressione, non coglie il significato delle rivolte del 1820 e del 1830. Aveva rinfacciato al patriota liberale Federico Confalonieri, in partenza per lo Spielberg, di essere quello che oggi chiameremmo l'utile idiota dei giacobini, lui cosí colto e civile. Gli sfuggiva che proprio il non aver saputo ammodernare l'offerta politica attraverso riforme liberali avrebbe provocato vigorosi scoppi rivoluzionari, l'ultimo dei quali, quello del 1848, l'avrebbe travolto. L'Austria aveva gonfiato a dismisura i suoi apparati burocratici, trascurato agricoltura e industria, ingigantito il debito pubblico. Scelsero lui come capro espiatorio: dovette fuggire, trovare scampo in Inghilterra su una nave maleodorante, carica di pecore. Riabilitato dal giovane Francesco Giuseppe, muore nel 1859, a ottantacinquenne. Sin dagli anni di N., aveva capito che i due grandi problemi europei, connessi tra loro, erano i futuri assetti di Germania e Italia.

Charles-Maurice de Talleyrand-Périgord è l'insuperato campione di cinismo e fredda lucidità politica. Ministro degli Esteri durante il Direttorio, poi con N. nel Consolato e durante l'Impero, è l'uomo che nel 1814 fa dichiarare al Senato la sua decadenza e diventa ministro di Luigi XVIII che lo delega a rappresentare la Francia al Congresso di Vienna, dove compirà il suo capolavoro diplomatico.

Il Grande Camaleonte, il maestro d'ogni possibile trasformismo, favolosamente ricco, corrotto e corruttore, mentitore sistematico, venale, talento di grande attore, è l'uomo che tutti detestano, ma di cui nessuno può fare a meno. Spiritoso, gaudente, buon conoscitore d'arte e letteratura, ha subíto da bambino un grave infortunio a un piede che gli ha lasciato una forte zoppia e lo costringe a una scarpa ortopedica. Lui trasforma la disabilità in una attitudine aggressiva, con cui intimidisce gli interlocutori. «Capripede», lo chiamava il prussiano Hardenberg. Ma lui si vantava che la tartaruga zoppicante fosse arrivata piú lontano della lepre napoleonica.

Ha una bocca enorme, denti neri, piccoli occhi grigi, infossati e senza espressione. Difficile capire su quel volto impietrito quali sentimenti lo agitino. Le signore adorano i suoi doppi sensi e le sue arguzie malevole. A vent'anni è stato nominato vescovo di Autun solo perché lo zio cardinale e il padre lo hanno chiesto al re. Deputato del clero agli Stati Generali, pilota l'acquisizione forzosa dei beni ecclesiastici per ripianare i debiti dello Stato e papa Pio VI minaccia di scomunicarlo. Quando scoppia la Rivoluzione si tiene prudentemente lontano, prima a Londra poi in America.

Tornato a Parigi nel 1796, a quarantadue anni è nominato ministro degli Esteri. Maneggia con disinvoltura i fondi pubblici e fissa un tariffario per i suoi servigi di mediatore e lobbista, pratica peraltro diffusa. Guadagna un milione e mezzo di franchi speculando su fondi francesi ed esteri; si fa accreditare un milione dall'Austria per alcuni articoli aggiunti al Trattato di Campoformio; e dalla Prussia un altro milione per averla informata di quegli stessi articoli e averne impedito la pubblicazione; intanto incassa 500 000 franchi dal re di Napoli per aver riconosciuto la sua neutralità e altrettanti dal papa. Dirà Chateaubriand: «Quando non cospira, traffica».

Intuito il talento del giovane generale Bonaparte, ne diventa il consigliere piú ascoltato e ne favorisce l'ascesa, anche per mettere fine ai disordini postrivoluzionari. Nel 1805 gli consiglia invano un processo di pace che preveda la costituzione di un Regno d'Italia (ferma restando l'annessione del Piemonte e di Genova), e un'alleanza con l'Austria, che andrebbe spinta a guardare a Oriente in funzione antirussa. La sua contrarietà all'invasione della Spagna segna un momentaneo distacco dall'imperatore, che resta sensibile alla sapienza con cui si muove nei salotti che contano. Quando capisce che la parabola napoleonica ha già oltrepassato il suo culmine, si prepara per il dopo, e avvia con discrezione contatti con i principali nemici della Francia, tra cui lo zar. Arriva a ordire un colpo di Stato che porti sul trono Murat. N. se ne accorge ed esplode in una invettiva diventata celebre: «Siete un ladro, un vigliacco, un uomo senza fede, non credete in Dio... Avete tradito e ingannato tutti... Vendereste anche vostro padre. Siete una merda avvolta in una calza di seta».

Scrive Sainte-Beuve nel penetrante ritratto che gli ha dedicato: «N. lo sentiva nemico, sordamente all'agguato, gongolante, in segreto, di ogni suo scacco, di ogni sbaglio, capace di misurarne la portata e le conseguenze, aspettando soltanto l'ora per abbandonarlo; e vedendolo là in piedi, davanti a lui, con la sua faccia solenne, insolentemente impassibile e fredda, non sapeva contenersi, usciva dai gangheri».

«Come volete che quest'uomo non sia ricco, avendo venduto tutti coloro che l'hanno comperato?», diceva N. nel 1810. Tuttavia i suoi consigli tornano sempre utili. È lui a favorire il divorzio da Giuseppina e a indicare in Maria Luisa d'Austria la consorte ideale per le fortune dell'Impero. Dopo la campagna di Russia, fiutato il vento avverso, si ritira nuovamente di scena, pronto poi a tornare per firmare l'armistizio con gli Alleati, presiedere il Consiglio provvisorio, rimettere sul trono Luigi XVIII ed essere nuovamente nominato ministro degli Esteri. Suoi detti: «Diffidate dei primi impulsi: sono quasi sempre buoni»; «In fondo la politica non è altro che un certo modo di agitare il popolo prima dell'uso»; «Ho sempre visto che ogni governo che lasciavo era destinato a crollare di lí a poco». Muore quasi a ottantaquattro anni come ambasciatore del nuovo sovrano liberale Luigi Filippo. Durissimi i giudizi che di lui dà lo zar Alessandro: «Sapendo quel che gli mancava, si sottraeva a chiunque potesse conoscerlo... Invecchiando, gli era venuta una testa da morto. I suoi occhi erano spenti, in modo che era difficile leggerli, cosa che gli andava benissimo; avendo ricevuto molto disprezzo, se ne era impregnato, e l'aveva piazzato ai due angoli penduli della sua bocca... Ha tradito tutti i governi e, lo ripeto, non ne ha innalzato o rovesciato alcuno».

Diceva di sé: «Credono che sia immorale e machiavellico, ma sono soltanto impassibile e sdegnoso». Aveva un'ambizione: «Desidero che nei secoli si continui a discutere di quello che sono stato, di ciò che ho penato e voluto». Ha fatto abbastanza per meritare l'interesse dei posteri.

L'altro grande compare di delinquenza politica, ancora piú indecifrabile della sua spietata gestione del potere, è Joseph Fouché, il ministro della Polizia per eccellenza. Ha dieci anni piú di N., viene da un villaggio della Loira, terzo figlio di un capitano di marina. Già seminarista, poi insegnante di matematica e fisica in collegi di qualche prestigio, entra in politica con Robespierre e Carnot. Eletto rappresentante della Loira Inferiore alla Convenzione con un programma moderato, vota per la condanna a morte di Luigi XVI. Diventa un acerrimo anticlericale (la religione cristiana è un «culto superstizioso che va sostituito dalla fede nella Repubblica e nella morale»), propone l'abolizione dell'insegnamento religioso e del celibato dei preti, e il monopolio statale in fatto di istruzione.

Per il suo zelo rivoluzionario e il suo pragmatismo, viene incaricato di punire duramente Lione, rea d'essersi ribellata alla Convenzione Nazionale nell'agosto 1793. La città deve essere distrutta, un Comitato di Salute Pubblica giustizierà i controrivoluzionari. Duemila cittadini vengono massacrati non con la ghigliottina, giudicata troppo lenta, ma con cannoni caricati a mitraglia, soluzione che vale al suo ideatore la qualifica di «mitragliatore di Lione». I corpi di 213 vittime vengono gettati nel Rodano, affinché il fiume li porti sino al mare e siano di ammaestramento a quelli di Tolone. Sin da allora Fouché è abilissimo nell'attribuire ad altri (nel caso il collega Collot d'Herbois) le responsabilità delle violenze piú efferate e a ritagliarsi una parte piú moderata. La sua capacità di prevedere gli sviluppi degli eventi e il sottile fiuto politico, che divide con N. e con Talleyrand, sono una delle chiavi della sua ascesa.

Con la stessa abilità entra nel complotto contro Robespierre (che arriva a chiamare beffardamente Massimiliano I), contribuendo alla sua caduta, ma senza schierarsi con i Termidoriani, artefici dell'eliminazione dell'Incorruttibile, perché li giudica di scarse capacità. Rientra nella grande politica due anni dopo, legandosi al venale e corrotto Barras, presidente del Direttorio, che ricambia i suoi servigi garantendogli lucrose forniture per l'esercito. Nel luglio 1799 è nominato ministro della Polizia, perché ritenuto capace di fronteggiare le trame degli aristocratici, le sommosse popolari e le inquietudini dell'esercito. Ha quarant'anni, volto allungato su cui sembra profilarsi un sorriso beffardo, «occhi che hanno la freddezza del pesce, pupille grigie come quelle di certi gatti, simili a palline di vetro» (Stefan Zweig). Veste abiti grigi, un po' antiquati, ha una voce profonda che induce alla confidenza. Casto, quasi puritano, ha qualcosa di gelido e livido che intimidisce i suoi interlocutori.

Coglie perfettamente le debolezze del Direttorio, e appoggia il colpo di Stato del 18 Brumaio, che porta al Consolato. Spiega: «Il Direttorio era oppressivo perché era debole. Il governo che gli è succeduto si è proposto di essere forte per poter essere giusto». Il suo ministero deve far rispettare le leggi di polizia e garantire la sicurezza, ma si occupa anche di approvvigionamenti commerciali, sanità, circolazione urbana, controllo di stranieri e immigrati. Si ripropone di «vegliare su tutto e su tutti». Avvia subito una riorganizzazione dei quadri, affidando la polizia politica a collaboratori reclutati tra la nobiltà. In quella giudiziaria utilizza anche noti pregiudicati, come Vidocq, messo addirittura a capo di un gruppo di ex forzati e pagato con fondi segreti, in base al principio che solo chi ha rubato può conoscere bene i ladri. Garantisce una certa impunità ai piccoli delinquenti in cambio di informazioni, provvede subito a chiudere i club giacobini e undici giornali, sia reazionari che giacobini. Paga bene, anche perché estorce mazzette a bische e case di tolleranza, di cui regola le aperture a proprio piacimento. Conduce una intensa frequentazione del bel mondo, sempre mescolando corruzione, intimidazioni e menzogne ben orchestrate.

La sua arma vincente è la raccolta di dossier riservati che accomunano oppositori, spie, ministri, generali e letterati e lo stesso N. I suoi uomini sono ovunque, e raccolgono ogni genere di notizia. Gli informatori diventano pubblici ufficiali pagati dallo Stato o dalle città, le tecniche investigative vengono perfezionate attraverso rapporti minuziosi, raccolta di testimonianze e intercettazione della corrispondenza. Fouché diventa il creatore di una polizia moderna, ben strutturata, professionale, tutta sottotraccia, abilmente corruttrice, capace di imporre la propria onnipresenza senza particolari esibizioni di forza.

È la sua stessa efficienza, e l'immenso potere che ne consegue, a insospettire N. («Le tenebre sono il suo regno», dice), che nel 1802 abolisce il ministero compensandolo con una nomina a senatore. Pur detestandolo, è costretto a richiamarlo due anni dopo, alla vigilia della proclamazione dell'Impero. Lo giudica «un intrigante, un ladro che prende a piene mani, ricco a milioni», ma anche «il solo uomo di Stato che abbia avuto», «molto capace», non fosse che non ci si può fidare di lui.

È la convinzione della intrinseca debolezza dell'Impero a spingere anche Fouché al doppiogiochismo sin dal 1808. Entra probabilmente in un complotto che vuole portare Murat sul trono di Francia, ha contatti con Wellington e Metternich. N., che ha una sua *intelligence* personale non meno efficiente, intercetta i suoi agenti, e gli revoca l'incarico («La carica di ministro dell'Interno esige una affidabilità totale e assoluta, e questa affidabilità non esiste piú»). Allontanato da Parigi con incarichi che lo portano a Dresda e poi in Illiria, dopo l'abdicazione di N. appoggia il ritorno dei Borboni, salvo farsi trovare puntuale alle Tuileries nel marzo 1815, quando N. torna dall'Elba e ancora una volta riottiene il suo incarico. Dopo Waterloo briga nuovamente per costringere N. alla abdicazione definitiva, e viene confermato ministro della Polizia da Luigi XVIII.

È troppo per i realisti, che nel 1816 fanno passare una legge che bandisce dalla Francia quanti avevano votato per la pena di morte di Luigi XVI durante la Rivoluzione. La sua fama sinistra lo fa respingere dalle corti europee, muore esule a Trieste all'età di sessant'anni.

François-René de Chateaubriand è il piú acuto interprete del suo tempo. Le sue *Memorie d'oltretomba*, non meno fascinose di *Guerra e pace*, lavorate per quarant'anni e destinate a essere pubblicate postume nel 1849-50, sono insieme autorappresentazione, racconto storico, testimonianza dal vivo, reportage, filosofia della storia, riflessione politica, alta letteratura farcita di citazioni appropriate, in cui rientrano anche Dante e Ariosto.

È figlio di un bretone della piccola nobiltà che si è fatto marinaio e arricchito con la pirateria e il commercio degli schiavi, pratiche allora comunemente ammesse. Cresce quasi sperduto in un enorme castello dell'entroterra, straripante d'energia e d'interessi, ma sempre dubitando di sé. È bravissimo in latino, in matematica, negli scacchi e nella caccia. «Capace di tutto per gli altri, buono a niente per me: ecco come mi definisco». La Rivoluzione gli sembra un «festino di cannibali». A Parigi vede con orrore la pratica delle teste infilzate sulle picche: «Non conosco niente di piú servile, di piú spregevole, di piú vigliacco, di piú limitato di un terrorista». La Bastiglia praticamente indifesa è assaltata da una folla ubriaca della sua stessa sete di violenza. I massacratori vanno poi in giro a godersi il trionfo scortati da prostitute e sanculotti. Tutti si ritrovano in piazza come a un evento mondano cui non si può mancare. I patrizi avevano cominciato la Rivoluzione – commenta –, i plebei la portavano a compimento.

Il giovane bretone sa cogliere magistralmente la vitalità scomposta e febbrile di quei giorni di rovesciamento totale del vecchio mondo, in cui la contiguità della morte eccita le piú basse carnalità. Per lui Marat è un «aborto svizzero», un «Caligola da trivio»; Fouché una iena vestita. Danton non fa mistero della sua propensione a vendersi a chi paga meglio, i sanculotti sembrano dei «trippai». Disgustato, passa a Londra, poi in America, con l'intento di scoprire il favoloso passaggio a Nordovest.

Viaggia per cinque mesi sino alle cascate del Niagara e ai grandi laghi, tra pianure sterminate e monti impervi. Non lo impressionano le città, troppo anonime, senza storia («di antico non ci sono che i boschi»), quanto la grandiosità della natura, il catalogo di piante e animali, gli usi e costumi degli indiani, di cui studia i linguaggi, arrivando a scoprire che hanno una grammatica simile a quella dei Greci. Quello che lo appassiona è l'ipotesi di un laboratorio politico che preveda la costruzione di una società nuova, di una repubblica ideale innestata direttamente sul tronco di una natura incontaminata. Coglie benissimo il momento in cui la cultura dei nuovi padroni bianchi sta per seppellire quelle indigene, e i contrasti tra sudisti e isti in materia di schiavismo. Le misere tende degli indiani fiancheggiano case di un'opulenza europea. Giunge ad affermare che l'Africa deve le sue catene a quell'America tanto libera oggi. Pranza con Washington. Il generale vive in una villetta di stile inglese non diversa da altre, non ha guardie né valletti. È un uomo imponente, fin troppo normale, dall'aria calma e fredda piú che nobile, che incarna i valori poco appariscenti di una sana lentezza.

La notizia dell'esecuzione di Luigi XVI lo riporta in Europa. Poiché l'arroganza dei vincitori gli risulta insopportabile, sta dalla parte dei piú deboli, si arruola nelle armate realiste, raccolta brancaleonesca di nobili poveri che facevano la guerra a loro spese. È ferito gravemente, prende il vaiolo, si salva per miracolo. Trova rifugio a Londra. Sono anni di povertà e di intense letture. Mette in cantiere il *Genio del Cristianesimo*, ancora una volta controcorrente. Vuole dimostrare che il cristianesimo è il pensiero della libertà, il fondamento dell'uguaglianza, perché gli pone accanto la necessità del dovere, persegue la fraternità universale, guarda all'uomo che soffre, in vista dell'affrancamento di tutti.

È un'opera che vuole attaccare l'empietà di Voltaire, la leadership degli enciclopedisti, lo stesso dispotismo di Bonaparte che si avvia rapidamente all'impero. Contro ogni previsione, è un grande successo, come poco prima il romanzo ecologico *Atala*, ispirato dal viaggio americano.

Chateaubriand diventa un personaggio pubblico di grande carisma. Il Primo Console, che ha bisogno di riconquistare i cattolici, dichiara di apprezzarlo e lo nomina primo segretario dell'Ambasciata di Roma, poi ambasciatore nel Vallese. In quello stesso momento cade l'assassinio del duca d'Enghien, il Borbone prelevato in Germania e fucilato subito dopo un processo farsesco. Chateaubriand, inorridito, rinuncia all'incarico, sceglie ancora il sentiero impervio dell'opposizione. Comincia il lungo duello con N., che diventa il vero protagonista delle *Memorie*, di cui occupa decine di capitoli. Nessuno come lui ha saputo analizzare e rappresentare con tanta efficacia le superbe qualità e i limiti gravi di colui che egli stesso ha definito «il piú potente soffio di vita che ha mai animato l'argilla umana»: «Un poeta in azione, un genio immenso nella guerra, una mente instancabile, abile e sensata nell'amministrazione, un legislatore laborioso e ragionevole», ma un politico carente. Di qui il contrasto fra le sue azioni prodigiose e i loro miserabili risultati: «Teneva il mondo sotto i piedi e non ricavò che una prigione per sé». Eppure quell'«arido di ardente fantasia, impaziente nella volontà, incompleto e incompiuto» rappresenta pur sempre «l'ultima delle grandi esistenze individuali; nelle società infime e livellate nessuno riuscirà piú a dominare».

Nel 1810, parlando con Metternich, N. confida che Chateaubriand gli si è offerto «venti volte; ma poiché era per piegarmi alla sua immaginazione e non per obbedirmi, ho rifiutato i suoi servigi, cioè di servirlo». Quattro anni dopo dirà di non avere rimproveri da muovergli: «Mi ha resistito quando ero potente». E a Sant'Elena rimpiange di non averlo avuto accanto durante i Cento Giorni.

Dall'autoincoronazione a Notre-Dame alle solitudini di Sant'Elena, N. gli detta pagine vibranti che restano un modello di giornalismo e di romanzo moderno. Come ha scritto Cesare Garboli, riesce a essere al tempo stesso «un editorialista principe, un fondista capace di far cadere i governi, un polemista civile, un corsivista, un inviato speciale, uno scrittore di viaggi». Racconta la ritirata di Russia ricostruendola sui documenti, come se l'avesse vissuta di persona. Con lui, l'assassinio del duca d'Enghien diventa un incalzante giallo-inchiesta.

Sa parlare con eguale efficacia della Francia, della Germania, della Boemia, di Londra, Roma, Valchiusa, dell'Oriente. Per lui scrivere è una necessità fisiologica, come la polemica: «La polemica è la mia condizione naturale, mi ci vuole sempre un avversario». Sa dare panoramiche d'ampio respiro e cogliere il piccolo dettaglio rivelatore. Depreca «la rapidità con cui si arriva al successo, la volgarità dei costumi, la velocità con cui s'innalzano e cadono i personaggi moderni». Detesta opportunisti, ingrati e voltagabbana. Ha la fulmineità della sentenziosità aforismatica («Che qualcuno cada in disgrazia, è una cosa che fa sempre piacere»), l'eleganza della grande tradizione settecentesca dei salotti, il distacco ironico di chi pur stando nel cuore delle cose osserva tutto di lontano. Guarda piante e animali con amore di naturalista, fissa il grido della gallinella d'acqua che rompe il silenzio della campagna mentre a poche leghe già romba la battaglia di Waterloo; sa decifrare i mille segni che sull'Atlantico annunciano la tempesta. Scalando il Moncenisio: «In basso si udiva la voce dell'usignolo, in alto il grido dell'aquila; il sorbo fiorito nella valle, la bianca neve sulla montagna».

I suoi ricordi, organizzati come scatole cinesi, partono sempre da un'emozione individuale che poi ci viene magistralmente trasmessa. L'autobiografia gli serve per rappresentare «idee, avvenimenti, catastrofi, epopee» del suo tempo. Ministro e ambasciatore a Londra, ma sempre scomodo anche tra i suoi, finirà col raccontare anche la Francia balzacchiana dei burocrati, degli arrivisti faccendieri, della corsa al denaro e ai posti che contano. Leggiamo con sorpresa: «Nella nostra epoca tutto diventa decrepito nel giro di un giorno». Questo figlio dell'Ancien Régime, signore d'alto stile, maestro di politica e di scrittura, sapeva leggere con profetica intuitività le fragilità della modernità che faceva i suoi primi passi.

Anne-Louise-Germaine Necker, baronessa de Staël, è l'imperatrice dello Spirito che per quattordici anni duella con l'imperatore della Materia. Suo padre è il celebre finanziere che Luigi XVI nel 1777 ha messo a capo dell'amministrazione finanziaria francese. La figlia lo considera il piú grande uomo del mondo («che grazia, che fascino»), avvia con lui una complicità divertita e sogna un marito che gli assomigli, salvo unirsi a uomini diametralmente opposti. La madre Suzanne, figlia di un pastore svizzero, istitutrice, la alleva secondo i dettami roussoiani: allattamento al seno e niente governanti. La bambina cresce senza amichette con le stelle intellettuali del salotto di casa, quasi una succursale dell'Accademia di Francia, Diderot, D'Alembert, Gibbon, Grimm, e ne beve le conversazioni tra il dotto e il fatuo. Allevata a dosi di Dovere, Sacrificio e Cultura dal rigore calvinista della madre, cova una forte emotività. Colorito scuro, labbra spesse, naso prominente all'insú, occhi grandi e luminosi, cattivo gusto nel vestire, scollature abissali, «sembra una cameriera», come scrive il diplomatico americano Gouverneur Morris, ma dopo cinque minuti incanta tutti. Nel 1786 le fanno sposare l'insulso segretario dell'ambasciata svedese a Parigi, Eric Magnus Staël von Holstein, che dominerà con facilità. Finalmente emancipata, comincia a scrivere furiosamente, coniugando amore, politica e letteratura (il padre la chiama «M.me de Saint-Écritoire»). Le donne la odiano: riconoscono che è geniale, ma troppo ambiziosa, autoritaria, sicura di sé, amorale, incurante della pubblica opinione. Troppo tutto: generosa, entusiasta, idealista.

Segue il padre, che nel frattempo è stato esiliato nella villa di Coppet, sul lago Lemano, ma si annoia. Tornata a Parigi nel 1791, diventa la stella del salotto di Sieyès, dove si fa un gran discutere di monarchia costituzionale. È convinta che occorra arrestare il corso della Rivoluzione e consolidarne le conquiste con senso d'equilibrio, cercando la giusta misura di mediazione. Per i monarchici è «la baccante della Rivoluzione», nelle commedie-*pamphlets* le fanno fare la parte della ninfomane che a letto sa mettere d'accordo girondini e giacobini, ma è una buona incassatrice.

Offre al re un complicato piano di fuga, ma Maria Antonietta si rifiuta di ricevere un'emissaria dei «costituzionalisti». Arrestata, sfida animosamente una selva di picche, sventolando i privilegi dell'immunità diplomatica di cui gode. Passata in Inghilterra, continua a scrivere, cantare, discutere, leggere i propri manoscritti agli amici. Tornata in Svizzera, riunisce sul lago gli scampati al Terrore, ma i locali guardano con diffidenza questi esuli innamorati di se stessi, dall'aria cosí snob. È allora che entra in scena Benjamin Constant, con cui avrà per quindici anni una relazione intensa e tempestosa, fatta di fughe, ricongiungimenti, ricatti, «la piú verbosa della storia». È un'amicizia che si nutre di viaggi da e per Parigi, stesure di *pamphlets*, progetti politici, interminabili discussioni.

La «*trop célèbre*», come la chiamano, nel 1797 decide di conquistare N., da lei definito «il miglior repubblicano di Francia, il piú amante della libertà fra tutti i francesi»; e intanto gli suggerisce di mettere agli Esteri Talleyrand, con cui ha avuto una relazione (dirà che Germaine amava buttare la gente in acqua per il piacere di ripescarla). A lei sembra naturale che il piú grande uomo vivente si unisca alla piú grande donna vivente in un sodalizio alla pari, ma il Console non vuole dividere niente con nessuno. Quando all'indomani della campagna d'Italia lei aveva cercato di sedurlo sfoggiando tutta la sua cultura e l'incanto della sua conversazione, e gli aveva chiesto quale tipo di donna preferiva, aveva risposto secco: «Quella che fa piú figli, madame».

Respinta, l'ammirazione si trasforma in esecrazione. N. arriverà a dare a lei della sgualdrina, e a Constant del birbante. Lei lo inquadra con acume facendolo diventare un personaggio di una sua tragedia in versi, *Jan de Witt*, che incarna il freddo calcolo contro il caldo impulso della Natura: «Io temo il suo carattere, anche la sua saggezza. Questa calma imperturbabile in un cuore cosí giovane, lungi dall'assicurarmi, mi riempie di terrore. Già da ora è soltanto un interesse a dettare i suoi sentimenti: nulla si vede in lui che non sia controllato dalla sua volontà. Ogni passo ha il suo scopo, ogni parola il suo enigma; il suo volto, appena sfiorato dai vent'anni, già appare affaticato da una vita intera di ricordi; su quel volto la vecchiaia sta fianco a fianco con la fanciullezza. Fin dai suoi primissimi anni egli ha programmato il potere; prima ancora che la sua mente si formasse, l'artificio ne prese possesso, per strangolare la voce nascente della ragione».

Tuttavia il progetto politico del 18 Brumaio era anche il suo.

In preda a un'irrequietezza che le faceva condurre una «miserabile vita da zingara», come le scrisse suo padre, continua a cercare di conciliare Storia e sentimento, passione e ragione, culto del proprio io e doveri verso la collettività, assegnando alla letteratura un fine morale e sociale. Constant, che le ha dato una figlia, Albertine, pensa che nel suo comportamento ci sia «davvero qualcosa del saltimbanco», ma non riesce a lasciarla né a esserne lasciato. Quando scrive *Adolphe*, che è appunto la storia di un amore finito e di un lungo abbandono, a lei vengono le convulsioni. La madrina di tutte le libertà nelle relazioni personali è una bonapartista. «L'esistenza intera di tutti, ora per ora, minuto per minuto, per anni e anni, dev'essere a disposizione di lei, altrimenti c'è un'esplosione pari a tutte le tempeste e a tutti i terremoti messi insieme», annota Benjamin nel suo diario.

Meta agognata è sempre Parigi, ma N. la tiene lontana: «Non permettete che quella cagna si accosti a Parigi», intima a Fouché. Il ministro suggerisce a Germaine di inserire una qualche adulazione in *Corinne*, ma lei rifiuta sdegnata. Una notte si intestardisce a voler entrare nella capitale e Fouché, colpevole di non averla fermata, subisce dure reprimende. N. si vanta di sapere di quella «pazza» molte piú cose del suo ministro, pur stando a 500 miglia di distanza: «È veramente difficile trattenere il proprio sdegno dinnanzi allo spettacolo di tutte le metamorfosi che questa puttana, e brutta per giunta, sta compiendo». Germaine regge bene anche gli insulti piú triviali. Il direttore di un giornale realista era arrivato a darle del «miserabile ermafrodita».

La stampa di regime accoglie *Corinne* (1807) come un'opera antifrancese, ma i lettori non ne intuiscono il messaggio politico, sopraffatti dagli elementi sentimentali e romantici. N. le dà un'occhiata e la definisce robaccia; Berthier, suo capo di Stato maggiore, se ne entusiasma. A Sant'Elena prova a rileggerlo, non riesce a finirlo malgrado la buona volontà che ci mette, ma ha l'onestà intellettuale di ammettere che probabilmente è un'opera interessante. Per scrivere il romanzo, ambientato in Italia, Germaine aveva viaggiato nella penisola e ne aveva saputo cogliere acutamente l'anima rimasta feudale, la vita vera dei suoi abitanti, le miserie e le grandezze.

Mentre N. mette a ferro e fuoco l'Europa centrale, Coppet resta un frequentatissimo crocevia intellettuale, politico e mondano, dove si danno grandi feste e rappresentazioni teatrali. Il filosofo Schlegel, ospite fisso, giudica madame «un'amica divina, un essere soprannaturale».

La stessa capacità d'analisi e rappresentazione sostiene *De l'Allemagne* (1810), ritratto della cultura di un Paese che ha molto da insegnare all'Europa, tra poesia, teatro, filosofia, morale, religione, all'ombra del gran padre nobile, Kant. È un libro che vuole incitare gli scrittori francesi a rinnovarsi, a ritrovare la loro ispirazione nelle radici della nazione, come avevano fatto Schiller e Goethe, e Shakespeare prima di loro. Per N. è troppo: il titolo è bandito dalle librerie, e all'autrice è fatto divieto di pubblicare nei territori dell'Impero, e di muoversi da Coppet e da Ginevra. È l'isolamento, anche perché gli amici piú stretti sono anch'essi costretti all'esilio.

Germaine passa a Vienna, poi in Russia proprio quando N. sta per invaderla, e ne lascia un ritratto penetrante, apprezzato anche da Puškin: la Russia che resiste le sembra magnifica, tutta profonde affinità elettive. Arriva in Svezia sotto la protezione del vecchio amico Bernadotte, salito al trono, e finalmente a Londra. Per lei, battersi contro N. significa lottare contro il genio del Male, il flagello del mondo, per salvare le conquiste dell'Illuminismo. È angoscioso pensare che per far cadere N. occorra trionfare sulla Francia, ma non si dà altra soluzione, e Germaine gioca con i Tories e i Whigs (cui si sente vicina, ma restano troppo benevoli con Bonaparte) tutto il suo carisma intellettuale. Nel 1814 accetta di malavoglia il ritorno dei Borboni, un anno dopo si sdegna per le compromissioni di Constant, che ha offerto la sua collaborazione a N. per riscrivere la costituzione. Dopo Waterloo, usa tutta la sua influenza per convincere lo zar Alessandro e Wellington a non infierire sulla Francia vinta. Nei salotti circola una battuta: in Europa ci sono tre grandi potenze: Inghilterra, Russia e Madame de Staël. Quando viene a sapere che vogliono assassinare N. all'Elba, manda un messaggero per avvertirlo. Paralizzata da un ictus, dirige egualmente la conversazione dal letto (ha ripreso a ricevere in grande stile: lo zar, Talleyrand, La Fayette). Lucida analista della parabola napoleonica, in quello che doveva essere il suo ultimo libro, le *Considerazioni sulla Rivoluzione francese*, morendo nel 1817 questa donna eccessiva e indomabile, istrionica e contraddittoria, che usava mezzi appassionati per scopi moderati, ha lasciato alle nuove generazioni il messaggio di un romanticismo non ripiegato su se stesso, a consumare sterili nostalgie, rimpianti, sensibilità estenuate, ma attivo, fattivo, votato all'incontro delle idee, come aveva sempre fatto lei. Era stata tra i pochissimi a tenere vivo uno spirito di resistenza nelle élite europee. Riscuoterà l'apprezzamento postumo di N.: «Nessuno può negare che la signora abbia grande ingegno, molto spirito e vasta rinomanza. Il suo nome resterà».

Il paradosso della vicenda di Benjamin Constant è che proprio le svolte piú autoritarie della parabola napoleonica, il Brumaio, il Consolato e l'Impero, hanno aiutato l' uomo che si autodefiniva «missionario della verità» a trovare la forza per battersi contro un dispotismo tanto piú pericoloso quanto piú sembrava anacronistico. Il pensiero liberale di cui Constant è uno dei piú autorevoli interpreti nasce insomma dallo scontro tra un tiranno anomalo e uno scrittore isolato, che esprime principalmente se stesso e non ha alle spalle il supporto della borghesia. Poi improvvisamente nella primavera 1815, dopo anni di riflessioni, affidate a opere che gli era impossibile pubblicare, l'accanito oppositore si vede offrire l'opportunità di diventare il consigliere del principe e l'artefice della costituzione che ha vagheggiato a lungo. Nel giro di pochi giorni, sembra materializzarsi una coesistenza ritenuta impossibile: quella tra liberalismo e bonapartismo.

Nato a Losanna da un ufficiale svizzero al servizio dell'Olanda, inquieto studente giramondo, di moderate simpatie giacobine, Constant ritiene che la violenza del Terrore sia destinata a esaurirsi e che una repubblica possa crescere soltanto nella libertà. A momenti eccezionali possono corrispondere mezzi straordinari, poi bisogna guardare al dopo. Conosce Madame de Staël nel settembre 1794 e se ne entusiasma. Scrive all'amante in carica, Madame de Charrière: «È un essere superiore, come ne compaiono forse una volta ogni secolo».

Con «Minette», come la chiama, stabilisce subito una forte convergenza di ideali e di passioni politiche che non verrà mai meno. Con lei scopre la Francia immiserita del Termidoro, dove i nuovi padroni, i «ribaldi per amore del profitto», gli spregiudicati affaristi come Barras e Tallien, hanno sostituito i sanguinari «ribaldi per amore del delitto». Appoggia il Direttorio, che naviga a vista tra i soprassalti della reazione e il pericolo di un ritorno del Terrore. Talleyrand lo propone come segretario a N. in partenza per l'Italia, ma senza fortuna, forse perché è un barone svizzero e amico della figlia di Necker. «Legge» perfettamente le crescenti ambizioni autoritarie di N. dopo il 18 Brumaio. Nominato tribuno, si sforza di limitare i poteri del Console, che infastidito dalle sue critiche nel 1802 lo esclude dall'incarico.

Si impegna a fondo nei suoi studi costituzionali, sempre calati nella realtà del contesto francese ed europeo, si avvicina a Goethe e a Schiller, conosce momenti di sconforto: «Tutto altro non è se non fango, sangue e polvere. Un destino crudele, in ogni epoca, per gli amici della libertà». Il timido e appassionato Benjamin, afflitto da una paralisi della volontà, nel 1803 annota di non provare piú amore per Germaine, ma «un grande rapporto intellettuale ci tiene insieme», malgrado i ricatti e le scenate di lei, che non si rassegna a perderlo e continua ad avere su di lui un potere fortissimo. Sono intellettualmente indispensabili l'uno all'altra. «Nessuno può dire di aver conosciuto Madame de Staël se prima non l'ha vista con Benjamin Constant», scriverà lo storico ed economista ginevrino Sismondi, che li conosceva bene.

Constant non poteva accettare la guerra di conquista, l'egemonia di una nazione sull'intero continente, di cui parla in

Dello spirito di conquista e dell'usurpazione nel 1813. L'unica competitività ammissibile è quella commerciale. Ma la parabola discendente dell'Impero, ormai evidente dopo la Russia, poneva una domanda: lo spettro della reazione monarchica valeva il dispotismo napoleonico? Se la guerra può anche essere una scuola di coraggio e di virtú civili, adesso era diventata un puro flagello. E tuttavia si sforza di distinguere i francesi dal loro cattivo genio. Scriverà: «Ho difeso per quarant'anni lo stesso principio, libertà in tutto, nella religione, nella filosofia, nella letteratura, nell'industria, nella politica: e per libertà, intendo il trionfo dell'individualità, tanto sull'autorità che vorrebbe governare attraverso il dispotismo, quanto sulle masse che reclamano il diritto di asservire la minoranza alla maggioranza».

Quando N. sbarca a Golfe Juan, moltiplica gli interventi in favore di un parlamentarismo moderno. Nel famoso articolo del 19 marzo 1815 sul «Journal des Débats», la demonizzazione di N., diventato un Attila e un Gengis Khan, è strumentale, fatta per conferire maggior peso alla rivendicazione di gesti liberali, di garanzie costituzionali che il re deve concedere. Il 22 marzo, con una tipica mossa inclusiva delle sue, N. lo nomina consigliere di Stato, e un mese dopo gli offre di concorrere alla stesura di una costituzione liberale. Per lui è la grande occasione per mettere in pratica i principî su cui tanto aveva lavorato, per incidere nella realtà viva del proprio tempo.

Constant l'incostante, come lo chiamano i suoi detrattori, accetta: «Alzai gli occhi, e vidi che il trono era scomparso, ma la Francia era rimasta». In una lettera a N., spiega l'intima coerenza dei propri comportamenti: «Quando per vent'anni ci si è battuti per la libertà di stampa, l'indipendenza dei tribunali, la sicurezza individuale, la garanzia della proprietà, l'abolizione di ogni arbitrio, l'energia di una rappresentatività forte e numerosa, è lecito rallegrarsi d'essere ammesso a concorrere a una costituzione che consacra tutti questi diritti». Dirà poi: «Conciliare Bonaparte e la libertà era certamente difficile. Ma non può dirsi altrettanto di tutti gli uomini che detengono il potere?»

Dopo Waterloo, consiglia a N. di non sciogliere il parlamento e di abdicare. Tornati i Borboni, continua a propugnare un sistema di governo ispirato al modello inglese, basato sulla divisione tra potere legislativo e potere esecutivo, con la clausola fondamentale della libertà di stampa. Deve subire controlli di polizia e interventi censori. Il suo trionfo arriva con la rivoluzione del 1830, di cui è l'idolo, quando è eletto deputato come portavoce del liberalismo e nominato presidente del Consiglio di Stato da Luigi Filippo. Muore in tempo per evitarsi una cocente delusione ed essere costretto a passare all'opposizione, ma sperimenta un'amara verità: la gloria e il potere consistono principalmente in un assedio di postulanti e di cacciatori di impieghi.

Horatio Nelson, il vincitore di Aboukir e di Trafalgar, «l'eroe del Nilo», si è consegnato all'alone leggendario che ancora lo accompagna proprio nel momento della sua morte, come N. in quello della reclusione di Sant'Elena. Colpito sul ponte della sua *Victory* nel pieno della battaglia vittoriosa, diventa un'icona che cancella le ombre di un carattere e di una vita. Il suo sentimento monarchico, basato sul carattere divino della regalità, sembrava piú forte di quello del suo stesso sovrano. Il suo mentore, l'ammiraglio St-Vincent, gli attribuiva un «coraggio animale», ma anche un «carattere privato disonorevole in ogni senso della parola». Si sentiva uno strumento dei disegni di Dio, e questo gli infondeva una determinazione che lo portava alla spietatezza, a un odio feroce e intransigente per i propri nemici, fossero i ribelli delle colonie americane, i giacobini napoletani, o gli aborriti francesi. Era brutale persino nelle punizioni dei suoi stessi uomini.

Nel suo romanzo storico *L'amante del vulcano*, Susan Sontag descrive cosí l'ammiraglio trentacinquenne che arriva trionfalmente a Napoli nel 1798: «Basso e magro, con una testa larga e squadrata e un viso abbronzato che faceva colpo, sopracciglia folte, palpebre pesanti, un solco profondo sotto un naso prominente, labbra piene, una grande bocca cui mancava già un buon numero di denti», ma con «lo sguardo famelico che rivela il potere di concentrarsi interamente su una cosa».

Sentiva sulle sue spalle lo storico compito di salvare l'Inghilterra e l'Europa dalla conquista francese e dalle perniciose idee repubblicane. Aveva l'istinto del predatore, il gusto dell'annientamento. Aveva cominciato ad andare per mare a dodici anni, a venti è già *commander*, serve nelle Indie orientali e occidentali, nei Caraibi, nel Baltico, nell'America settentrionale, nel Tirreno; passa un anno alla fonda a Portoferraio. Nominato contrammiraglio, nel 1798 è chiamato a inseguire la flotta francese in rotta verso l'Egitto, e la distrugge ad Aboukir («Vittoria non è una parola che basti per uno spettacolo come questo»).

Come N., comincia a costruire il proprio mito sin dai primi successi, come la battaglia di Capo San Vincenzo (cattura due vascelli spagnoli con un audace arrembaggio), di cui fornisce resoconti lusinghieri che fa pubblicare dai giornali o in forma di *pamphlets* come fossero scritti da terzi. Parla di se stesso in terza persona: «Nelson arriva, l'invincibile Nelson», scrive alla moglie. Come N. ha una cura maniacale per i dettagli. Quando è sospettato di aver lucrato su forniture di carne, risponde sprezzante al commissario che lo indaga: «Nelson è tanto al di sopra dei comportamenti scandalosi o meschini, quanto i cieli sono al di sopra della terra». Le stesse ferite subite in battaglia (la perdita di un occhio e del braccio destro) accrescono il suo carisma. Quando disobbedisce a un ordine, spiega: «Ho un solo occhio, qualche volta ho il diritto di essere cieco». Spesso in polemica con l'Ammiragliato, non si sente mai abbastanza considerato per i propri meriti.

A Napoli si comporta come un viceré, ha un ruolo di primo piano nella repressione della neonata repubblica partenopea, spingendo Ferdinando a gesti crudeli che gli sono poco consoni, come avallare l'impiccagione dell'ammiraglio Francesco Caracciolo (che pure aveva combattuto a fianco degli inglesi), in spregio ai patti di capitolazione concordati. Molto chiacchierato l'*affair* della passione scandalosa per Emma Hamilton, la giovane ed esuberante ex cortigiana moglie di sir William, ambasciatore inglese a Napoli, colto e raffinato collezionista di antichità e appassionato studioso delle eruzioni del Vesuvio.

Il 19 ottobre 1805 al largo di Cadice in sei ore si conclude la frenetica rincorsa delle squadre navali che per anni si sono cercate e non trovate dal Mediterraneo ai Caraibi, da Tolone a Gibilterra e a Brest. Un'attesa snervante, ambientata in acque infide, nebbiose o tempestose, fatta di agguati che finiscono nel nulla, di nemici che non sono mai dove uno se li immagina, di amici scambiati per nemici, di furori e depressioni.

Il piano di Nelson riesce perfettamente: dispone su due linee le sue navi, piomba perpendicolarmente sul nemico e lo annienta. È la piú cruenta battaglia navale della storia, fino alle Midway. Colpito da un cecchino alla spina dorsale, prima di morire l'ammiraglio fa in tempo a mormorare: «Mi hanno avuto, alla fine. *God and my country*». Torna in patria in un barile di brandy per evitare la decomposizione. La sua *Victory*, 2000 tonnellate di stazza, 70 m di lunghezza e 104 cannoni, diventa un'attrazione turistica.

Quel lunedí N. aveva appena preso Ulm. La notizia del disastro gli arriva un mese dopo. Davanti al corpo legislativo commenta: «Le tempeste ci hanno fatto perdere qualche vascello dopo un combattimento avviato imprudentemente». «Le Moniteur» si limita a dare la notizia della morte di Nelson e parla della flotta britannica «distrutta». Sei settimane dopo Trafalgar è il trionfo di Austerlitz. La guerra continua, Nelson è già nella leggenda. «Un uomo coraggioso, – riconoscerà N. – Se i miei ammiragli ad Aboukir e Trafalgar avessero avuto un po' del suo sangue, avremmo vinto».

Arthur Wellesley, duca di Wellington, ha le virtú di un uomo normale. È onesto, pragmatico, ragionevole, scrupoloso, metodico, un conservatore ben temperato che ha il senso delle istituzioni e del pubblico servizio. Non ha il freddo sadismo di Nelson e dunque non vuole annientare i nemici: sa che l'umiliazione avvia una spirale di violenza che si ritorce contro chi l'ha voluta. Senza cedere di un millimetro sui propri doveri, è un buon mediatore, capace di valutare sportivamente le capacità del grande nemico. Dopo Waterloo, propone di custodire

N. in Scozia, ma viene soverchiato dalla fazione che chiede il castigo esemplare di Sant'Elena. Il vinto lo ricambia male. Sostiene che è stato salvato dai prussiani, che manca di talento creativo; si dichiara d'accordo con Madame de Staël, secondo la quale fuori dalla battaglia non riusciva a connettere due idee. Quanto agli inglesi, dopo aver perso l'America perderanno anche l'India. Nei *Miserabili*, Victor Hugo sembra dargli ragione: quel che bisogna ammirare a Waterloo è l'Inghilterra, la sua fermezza, la sua determinazione sanguigna. «Quel che l'Inghilterra ha avuto là di superbo, non se ne dispiaccia, è essa stessa. Non è il suo capitano, è il suo esercito».

Discendente di una delle famiglie che si erano stabilite in Irlanda all'indomani della conquista di Cromwell, avviato alla carriera militare dopo studi poco brillanti, dà buone prove di sé in India, sia come amministratore con buone capacità di mediazione con i principi indiani, sia come comandante militare, quando nel 1803 sconfigge una federazione di Maharatti, che aveva forze quattro volte superiori. Sostenuto da Castlereagh, ministro della Guerra, viene inviato in Portogallo, dove nel 1808 sconfigge i francesi a Vimeiro. Nominato comandante delle forze inglesi nella penisola iberica, resiste brillantemente alle armate di Massena e di Marmont che N. gli spedisce contro. Tra il 1810 e il 1814, sono quattro le sanguinose campagne in cui si impegna con alterne fortune e battaglie spesso vittoriose, anche se dispendiose. Gestisce al meglio risorse limitate, appronta tempestivamente fortificazioni difensive (prudenza e preveggenza rientrano nelle sue qualità), organizza contingenti popolari a supporto.

N. è cosí costretto a gettare nella fornace spagnola uomini e mezzi che gli servirebbero altrove. Quando dopo la Russia deve ritirarli per ricostruire un esercito decimato, finisce per agevolare la controffensiva inglese. Dopo la battaglia di Vitoria e la presa di San Sebastiano e Pamplona, Wellington arriva a superare i Pirenei e a investire Tolosa, dove i realisti proclamano la restaurazione della monarchia.

Ambasciatore a Parigi con il titolo di duca quando N. è all'isola d'Elba, sostituisce Castlereagh al Congresso di Vienna ed elabora i piani militari per il grande scontro finale. In Belgio, comanda un'armata eterogenea composta da inglesi, belgi, olandesi e hannoveriani, che deve saldarsi con le formazioni prussiane di Blücher in arrivo da nordest. A Waterloo si fa apprezzare perché riesce ad approfittare al meglio della natura del terreno per la sua strategia di contenimento. Con il suo sangue freddo anima la resistenza agli assalti francesi nelle situazioni piú disperate. Negozia con il maresciallo Davout e gli emissari di Fouché, a capo del governo provvisorio, la capitolazione di Parigi e il ritiro dell'esercito francese oltre la Loira. Sul piano politico, sostiene l'unica soluzione che gli sembra praticabile, il ritorno dei Borboni; in ossequio alla sua politica d'equilibrio, e in contrasto con i prussiani, ritiene che una Francia forte possa giovare alla stabilità degli assetti europei.

Lo attendono prestigiosi incarichi diplomatici e di governo. L'*Iron Duke*, come lo chiamano, vivrà cosí a lungo da diventare una sorta di precettore della giovane regina Vittoria e assistere all'ascesa di Napoleone III. Muore a ottantatre anni, nel 1852. I solenni funerali nella chiesa di St Paul, a Londra, accompagnati da un milione e mezzo di persone, consacrano la gratitudine della nazione per l'uomo che per mezzo secolo l'aveva difesa con tanta composta fermezza.

Alessandro I, zar di tutte le Russie, sale al trono nel 1801, all'indomani della congiura di palazzo (di cui era stato avvertito) che ha assassinato suo padre, Paolo I, accusato di dispotismo. Ha la doppia angoscia di sapersi parricida e regicida. Nipote di Caterina II, ha un'intelligenza viva ed elastica, e un notevole carisma personale. Lo stesso N. (che alla fine gli darà del «greco del basso impero») gli riconosce «grandi qualità intellettuali e una certa arte di accattivarsi le simpatie di quanti gli stanno intorno», ma talvolta lo trova «stonato». Un certo nonsoché, riflette Metternich, per cui gli manca sempre un qualche cosa, che cambia all'infinito secondo le circostanze. Per Chateaubriand, «è un'anima forte e un carattere debole»; per il duca di Serracapriola, ambasciatore napoletano in Russia, «non ha carattere, ma un'immaginazione ardente». Nel poema che gli dedica, Puškin lo giudica bifronte, «abituato a sentimenti opposti | Arlecchino nel volto e nella vita».

Le tensioni famigliari e di corte hanno sviluppato in lui una virtuosistica capacità di dissimulazione, che impressionerà anche N. Caterina lo aveva fornito di un precettore svizzero, La Harpe, libero pensatore di dichiarate simpatie repubblicane. Per tutta la vita si proclama liberale e buon repubblicano, una sorta di astratto vagheggiamento intellettuale che si scontra con l'istinto e la pratica di un potere che nei fatti non vuol concedere nulla. Paradossale la discussione con N.: vuole persuaderlo che la sovranità ereditaria è irrazionale, un vero abuso; N. gli spiega che invece la legge dinastica garantisce la sicurezza dei popoli, è la base della tranquillità delle nazioni. Quando Madame de Staël gli dice che sono fortunati i russi, privi di una costituzione, ad avere un sovrano come lui, risponde: «Sono soltanto un caso fortunato».

Molto sensibile all'influenza dei consiglieri, i suoi primi decreti avviano un processo riformatore che scuote il Paese, diviso tra chi vagheggia una costituzione all'inglese e chi, come i senatori, difende gli antichi privilegi. Vengono creati otto nuovi ministeri che hanno facoltà di sottoporre al sovrano dei progetti di legge. Il maggior problema sul tappeto resta la servitú della gleba, che Alessandro vorrebbe alleggerire, e che dopo la caduta di N. verrà abolita, ma solo nei Paesi baltici.

Le angosce per lo strapotere napoleonico del primo decennio del secolo gli accendono delle crisi mistiche che al Congresso di Vienna gli faranno dichiarare che i «principî immutabili della religione devono essere l'unica base dell'ordine politico e sociale». Piú volte disegnate e sul punto di essere attuate, le riforme costituzionali lasciano il posto alle derive di un dispotismo sempre piú serrato.

Sin dal 1803 è convinto che N. sia «uno dei tiranni piú famosi che la storia abbia prodotto» e non si fa illusioni sulle sue mire espansionistiche. «Voi siete violento, io testardo, discutiamo», gli dice. L'assassinio del duca d'Enghien lo indigna (fa prendere il lutto alla corte), ma non spegnerà la fascinazione che prova per N. Nel 1808 l'esercito russo è coinvolto nella sconfitta di Austerlitz, e Alessandro è costretto ad accettare la nascita del granducato di Varsavia, ma è nella complessa partita che si gioca con l'Austria e la Prussia che consolida il suo spirito di resistenza e il suo orgoglio patriottico: «Metto le mie speranze in Dio, nel carattere ammirevole della nostra nazione, e nella perseveranza che intendo mettere per non piegarmi al giogo». Si diceva pronto a combattere per dieci anni, a ritirarsi in Siberia, se necessario.

Il suo rifiuto di trattare con N. dopo la presa di Mosca è all'origine del tragico fallimento della campagna francese. Dopo Waterloo, difende generosamente Parigi dalle predazioni dei prussiani, e rende visita a Giuseppina. A chi gli propone di cambiare nome al ponte di Austerlitz dice: «No, mi basta averlo passato con i miei soldati». È lui a premere per la soluzione dell'Elba, che gli Alleati giudicavano assai poco prudente.

Convinto della missione divina di affratellare gli uomini, nel 1815 firma la «Santa Alleanza» con Austria e Prussia. Le tensioni rivoluzionarie che scuotono l'Europa e le paure che gli instilla abilmente Metternich lo spingono nel campo della reazione e di repressioni spietate. Non dichiara guerra alla Turchia nemmeno dopo i massacri dei «fratelli ortodossi» nella Grecia in rivolta. Muore di una febbre maligna nel 1825, e una singolare leggenda vuole che, in omaggio alle sue ossessioni religiose, sia sopravvissuto in Siberia sotto i panni di un eremita. Con lui, la Russia si era impadronita della Polonia (trasformata in un regno vassallo governato dal fratello), ed era diventata l'arbitro degli equilibri europei. Con lui, aveva ritrovato la sua anima profonda nel mezzo di un cruento rito di passaggio, e tentato le sue prime prove di modernità.

12.

Italia

Quando nella primavera 1796 l'armata francese irrompe nella pianura piemontese attraverso il Colle di Cadibona, l'Italia è in piena decadenza: una «terra dei morti», assopita nella sua rassegnazione, moralmente avvilita, che quando rievoca antiche glorie cade in una retorica paga dei propri artifici, in uno stucchevole manierismo. L'arrivo dei francesi segna una vera rivoluzione culturale, una ventata di rinnovamento che crea grandi aspettative. La giovinezza diventa la condizione individuale e collettiva del cambiamento e della rigenerazione, alimenta un mito che investirà l'intero secolo. Molti italiani restano abbagliati dallo spirito travolgente incarnato in un condottiero giovane e invincibile che non si pone limiti o ambizioni, esaltato dalla sua stessa capacità di movimento. All'equivoco del liberatore concorrevano anche le origini italiane della famiglia. Quando dieci anni dopo si proclamerà imperatore, persino i cardinali italiani avranno un ingenuo soprassalto d'orgoglio nazionale: «Incoronando il Buonaparte imponiamo ai barbari d'oltralpe la sovranità di una famiglia italiana; cosí ci vendichiamo dei Galli».

La prima campagna d'Italia è stata «l'epoca piú pura e fulgida della sua vita», scriverà Stendhal, il momento-chiave cruciale in cui N. scopre il proprio genio e comincia a costruire il proprio futuro politico; von Clausewitz la utilizzerà per studiare i caratteri e le forme della guerra moderna. Nel maggio di quell'anno, scrive ancora Stendhal nella *Certosa*, un intero popolo scopriva che «quello che aveva rispettato sin lí era supremamente ridicolo e qualche volta odioso». Nella folla degli entusiasti possiamo ritrovare l'ingenuo provinciale sedotto dalla retorica libertaria, il politico che si illude di utilizzare ai propri fini i nuovi padroni, l'arrivista disposto a collaborare, il mediatore che fiuta buoni affari, l'accorto acquirente di beni nazionali, ma anche il repubblicano onesto che vede aprirsi orizzonti insperati. Ma le speranze e le attese degli italiani avranno vita breve.

C'è una contraddizione plastica tra le pesanti contribuzioni imposte agli occupati, il fiorire degli alberi della libertà e una vivace pubblicistica tutta sopra le righe. Anche in Italia, terra di conquista come altre, N. applica il piú crudo realismo politico, misurato ogni volta su momenti e circostanze specifiche. Chiarissime le istruzioni impartite a Eugenio de Beauharnais, all'atto della nomina a viceré. Gli italiani non sono affatto dei fanciulli, in loro c'è del malanimo, non bisogna fargli dimenticare che il padrone è lui. Come tutti i popoli, non obbediscono che alla voce del padrone.

A Milano l'eccitazione era stata grande, la città sembrava diventata una sorta di laboratorio del nuovo. Del giovane condottiero facevano impressione i proclami redatti in uno stile essenziale e lampeggiante che ricordava l'antichità, l'entusiasmo che premiava l'ambizione, l'energia, l'audacia, e mandava in pezzi il vecchio mondo. Il mutamento e la mobilità sembravano non avere limiti, ma anche i club che predicavano l'unità d'Italia dovevano scontrarsi con la realtà dei fatti. Bonaparte non era Washington. In sei mesi, come ha scritto Guglielmo Ferrero, «un esercito di 40 000 giacobini entra, viola le frontiere, spoglia le chiese e i Monti di pietà, svuota gli arsenali, cambia le leggi, impone contribuzioni, sostituisce le autorità, si impadronisce di opere d'arte, assembra gli Stati, ingrassa e s'arricchisce, comanda, minaccia, castiga».

Un'azione impetuosa che rivelava tutta la debolezza degli stati dell'Ancien Régime, atterriti, paralizzati, pronti alla resa. L'impresa bellica è stata molto meno lineare ed epica di come è stata raccontata: irta di difficoltà, vinta ingegnosamente davanti a nemici molto piú numerosi. Per l'intero anno, il Direttorio e il «cittadino generale» si ritrovano a gestire, tra dubbi e incertezze, una partita delicata: come strumentalizzare i patrioti libertari e repubblicani senza concedere i nuovi assetti costituzionali che sognano; coinvolgerli nello smantellamento delle vecchie strutture continuando a tenerli sotto stretto controllo, privilegiando in ogni caso i moderati.

Sin dal maggio 1796, con i francesi appena entrati a Milano, il ministro degli Esteri Delacroix ha chiesto al Direttorio se si debbano creare una o piú repubbliche nella penisola. La risposta è secca e negativa: non esistono le condizioni per dar vita a una repubblica nel ducato di Milano, la Francia non ne ha alcun interesse. N. concorda, e vi aggiunge un giudizio sprezzante: parla di un popolo «molle, superstizioso, buffonesco e vile». In Italia ci sono diciotto milioni di uomini, ma di veri uomini ne ha trovati solo due.

A guerra ancora in corso, le rivolte popolari causate dalla brutalità delle requisizioni, delle contribuzioni e delle pratiche contro la religione vengono affogate nel sangue. Il 24 maggio è lo stesso N. a comunicare al suo capo di Stato maggiore Berthier: «A metà strada fra Milano e Pavia abbiamo incontrato un migliaio di contadini a Binasco e li abbiamo battuti. Dopo averne uccisi cento, abbiamo bruciato il villaggio, terribile esempio che sarà certamente efficace; marceremo entro un'ora verso Pavia, dove si dice che i nostri continuino a resistere». Prima di rimettersi in marcia, N. detta un proclama valido per tutta la Lombardia: coloro che entro ventiquattr'ore non avranno deposto le armi saranno trattati da ribelli; i loro villaggi saranno bruciati.

Pavia, dove la guarnigione francese è assediata nel castello, viene abbandonata per ventiquattr'ore al saccheggio, e si registrano tali nefandezze che alcuni soldati francesi cercano di frenare gli eccessi dei loro stessi compagni. I capi della rivolta vengono fucilati, duecento notabili deportati in Francia come ostaggi. I moti di Milano, Varese, Como vengono puniti con tributi enormi, le requisizioni imposte dai commissari fruttano 35 milioni di franchi. Durissimo era il monito che Despinoy, comandante delle truppe francesi in Lombardia, rivolgeva dopo i fatti alla municipalità milanese: «Voi siete una provincia conquistata dalle nostre... Pretendete di erigervi in Repubblica e non sapete prestare ubbidienza alle leggi. Chi siete voi? Meri agenti scelti da noi, un'amministrazione puramente passiva».

Attraverso una serie di annessioni, trattati e proclamazioni, intorno al 1810 l'Italia appare divisa in tre grandi zone. A nord il Regno d'Italia, erede della Repubblica Cisalpina, che N. si era intestato nel 1805; al centro vari principati incorporati direttamente nell'Impero, salvo piccole *enclaves* come il principato di Lucca e Piombino assegnato a Elisa; a sud il Regno di Napoli, affidato prima a Giuseppe Bonaparte, poi a Murat. Solo la Sicilia e la Sardegna restavano indipendenti sotto gli antichi sovrani, perché protette dalla flotta inglese. Il Piemonte non era stato aggregato alla Repubblica Cisalpina, ma annesso direttamente alla Francia nel settembre 1802 con un plebiscito forzoso, che aveva acceso rivolte duramente represse: un atto aggressivo che sarà tra le cause della ripresa del conflitto anglo-francese l'anno seguente.

Cosí facendo, N. intendeva mantenere il controllo della pianura padana e dei valichi alpini, Sempione incluso, bilanciare la presenza austriaca a Venezia e approfittare di un'agricoltura fiorente che produceva riso, mais e gelsi per i bachi da seta. In tal modo, il «sistema Italia» risultava funzionale al piano elaborato da Talleyrand, che prevedeva una forte presenza nel Mediterraneo in funzione anti-inglese, resa ancora piú necessaria dall'evidente superiorità della marina britannica.

A Sant'Elena N. parlerà del suo intento di unificare la penisola, spiegando che non bisognava bruciare le tappe. L'unità richiedeva una lenta maturazione, dettata dall'unità dei principî e delle leggi, dalla fusione di idee e sentimenti, «infallibile cemento di ogni società umana». Le annessioni all'Impero, dal Piemonte a Roma, erano «provvedimenti temporanei, e non avevano altro scopo che sorvegliare, garantire e migliorare l'educazione del popolo italiano».

Testimonia qualcosa del genere anche il generale Montholon

nelle sue memorie, ricordando le ragioni che rendevano difficile l'unità: il persistere di uno spirito regionale e campanilistico, l'eterna frammentazione italiana; la permanenza di potenze straniere nella penisola e del Papato a Roma. Un lavoro di lunga lena, che richiedeva almeno vent'anni, e dunque non rappresentava un'urgenza vera.

«La Francia prima di tutto», aveva risposto N. nel 1812 a Eugenio Beauharnais, che come viceré lamentava i provvedimenti che penalizzavano le seterie italiane per favorire le industrie di Lione. L'ammodernamento dell'Italia doveva restare subordinato alle esigenze francesi. Sin dal 1798 N. aveva detto che la riconoscenza non è una virtú dei popoli, e bisogna guardarsi dal far diventare troppo potenti degli ingrati.

Negata nei fatti, rivendicata come progetto da sviluppare nel medio-lungo periodo, l'unità d'Italia diventa una previsione quando a Sant'Elena N. detta le sue memorie sulla campagna d'Italia: «L'Italia è un'unica nazione. In un avvenire piú o meno lontano, l'unità della lingua, dei costumi, della letteratura, dovrà riunire i suoi abitanti in un solo governo».

Se ancora ve ne fosse stato bisogno, la pace di Luneville (1801) aveva certificato ai patrioti italiani il tradimento degli ideali rivoluzionari: il diritto all'autodeterminazione dei popoli nel rispetto delle frontiere naturali. Sin dal dicembre 1797 il giacobino italiano Pietro Custodi aveva sintetizzato mirabilmente quel che era accaduto: «Egli cominciò dall'annunziare la guerra ai tiranni e la pace ai popoli; e finí col pacificar coi tiranni e sottomettere i popoli alla schiavitú». Asserviti e strumentalizzati, gli stati italiani avevano almeno potuto godere dell'applicazione di un sistema amministrativo, giuridico e finanziario che era una copia del modello francese, cui si accompagnava il forte impulso dato alle infrastrutture e l'abbattimento di mura e fortificazioni che limitavano lo sviluppo urbanistico.

N. ha dedicato all'Italia brevi soggiorni per un totale di tre mesi, prima a Milano per l'incoronazione del 1806, poi a Venezia nel 1807. La riorganizzazione prevedeva la creazione di una nuova nobiltà, il riordino dell'amministrazione, in cui entravano molti giovani, la riforma dei codici e dei tribunali, una rete capillare di sottoprefetture, decine di nuovi commissari di polizia. E se l'insegnamento restava in buona parte in mano alle congregazioni religiose, il governo varava sedici licei maschili e tre femminili. Le università venivano ridotte a quelle di Bologna, Padova e Pavia, ma venivano aperte scuole di specializzazione in veterinaria, musica, ostetricia e chimica industriale.

La censura restava occhiuta anche qui, il numero dei giornali drasticamente ridotto, ma erano fogli che vendevano poche centinaia di copie, destinate a una ristretta élite di colti (gli analfabeti erano i nove decimi della popolazione). Il consenso ai nuovi assetti veniva soprattutto dall'amministrazione e dall'esercito. Il 1814 dimostrò quanto fosse fragile. A Milano un eccellente amministratore come l'avvocato Giuseppe Prina, considerato responsabile di una fiscalità troppo rapace, verrà linciato dalla folla nell'aprile di quell'anno, dopo la prima caduta di N. Le imposte fondiarie erano restate miti, quelle indirette (dazi, sale, tabacchi, lotto) colpivano soprattutto i consumi popolari, destando un malcontento diffuso.

Lo smantellamento dei privilegi feudali, molto enfatizzato, procedeva in modo diseguale. La consuetudine del fedecommesso, che mirava a trasmettere titoli nobiliari e feudi, pur abolita, continuava a essere applicata al Centro e al Sud; gli abusi feudali nel Regno di Napoli resistevano ai tentativi di abolizione anche sotto il regno di Giuseppe Bonaparte. Alla caduta di Murat, nel 1815, la feudalità non era scomparsa, i latifondi si erano ulteriormente ingranditi e la riforma agraria era di là da venire. I baroni e la Chiesa possedevano il 50 per cento di latifondi spesso malamente coltivati, ma pagavano tasse irrisorie, pur imponendo ai loro contadini pesanti diritti e contributi signoriali, e costituivano un contropotere che limitava quello reale. Mentre si andava sviluppando una borghesia di grandi proprietari, i «galantuomini», che sostituivano i baroni, tra i contadini (il 90 per cento della popolazione) il numero dei poveri era in continua crescita.

Al nord, nascevano le prime filature, tessiture e seterie sul modello inglese, e veniva avviata la meccanizzazione delle lavorazioni. Il Blocco continentale applicato all'Italia nel 1807 colpiva le esportazioni, ma lo si poteva aggirare facendo passare le merci dal porto di Livorno. Le importazioni di beni coloniali venivano sottoposte a dazi spropositati e a vessazioni doganali e poliziesche; quelle sul cotone rallentavano la produzione. L'industria della seta subiva la concorrenza francese e pesanti restrizioni, quella della lana poteva contare solo sul mercato interno.

Complessivamente, l'età napoleonica è stata penalizzante per l'economia italiana, ha impoverito porti e città. La «francesizzazione», deliberatamente attuata da N., ha investito anche la cultura. A partire dal 1805, i giornali adottano il francese, specie a Torino, o diventano bilingui. L'uso del francese è obbligatorio nei dipartimenti annessi all'Impero, e in quella lingua vengono tenuti i corsi universitari. In francese erano le rappresentazioni teatrali date da Elisa a Lucca o da Giuseppe a Napoli, e lo stesso N. organizzava personalmente la tournée di una famosa attrice della *Comédie Française*, Mademoiselle Raucourt.

La censura era particolarmente severa con le opere pubblicate in italiano. Si passavano al setaccio le tragedie dell'Alfieri per verificare che non contenessero allusioni al tiranno. Mentre la carboneria faceva le sue prime prove di propaganda antifrancese, a Roma fiorivano libelli, *pamphlets* e pasquinate, ma non mancavano gli opportunisti e i collaborazionisti. Vincenzo Monti aveva avuto la cattedra all'università di Pavia ed era stato nominato consigliere del ministro degli Interni per le questioni letterarie e storiografiche. Le sue opere, spesso inni alle vittorie napoleoniche, erano pubblicate a spese dello Stato; anche se questo non gli impedirà di scrivere un «inno trionfale» per il ritorno degli austriaci nel 1814. Anche Melchiorre Cesarotti, rinomato grecista, traduttore di Ossian e Voltaire, illuministico autore di un piano per la riforma dell'università, aveva composto un sonetto encomiastico e un poema celebrativo, *Pronea*, che gli era valsa una pingue pensione e la commenda della Corona di ferro. Ugo Foscolo lo stronca duramente: «Misera concezione, frasi grottesche (...) e per giunta un gran lezzo di adulazione».

«Sire, non obbedirvi è un delitto, non adorarvi un'infamia», aveva dichiarato il dotto letterato al nuovo padrone.

Non era mancato chi, anche in Francia, si era opposto all'operazione. Il generale Miollis a Mantova esaltava l'italianità di Virgilio; Pierre-Louis Ginguené, già ambasciatore del Direttorio a Torino, rivendicava la grandezza dei grandi classici, da Dante all'Ariosto, in una storia della letteratura italiana di buon successo. In *Corinne* Madame da Staël scioglieva un inno all'Italia senza mai citare la Francia. A Napoli, Vincenzo Cuoco si batteva contro un'imitazione servile della cultura francese, e Murat gli affidava un piano di riforma dell'istruzione.

Quando viveva a Venezia, il diciannovenne Foscolo aveva scritto un'*Ode a Bonaparte liberatore*, dove sosteneva che la Cisalpina doveva diventare il nucleo di un'Italia una e indivisibile. Il «grandissimo de' mortali» veniva esaltato come «fulminatore di eserciti, terror dei tiranni e de' demagoghi, Marte di Marengo, signore della vittoria e della fortuna, amico delle sacre muse, cultore delle scienze, profondissimo conoscitore degli uomini» e pacificatore d'Europa. Deluso dal trattato di Campoformio, che consegnava Venezia agli austriaci, il poeta pubblicava a Milano le *Istruzioni politico-morali*, sostenendo che una nazione non poteva esistere senza libertà. Ma è soprattutto nei *Sepolcri* che prende corpo un accento nettamente antinapoleonico, in cui si elogia Nelson e si esalta Trafalgar. Il giudizio finale sarà spietato. Foscolo riconosce al vinto un solo merito, quello di avere educato alla guerra sei milioni di italiani. Per il resto, restava «con pensieri sublimi, d'animo volgarissimo; bugiardo inutilmente, gazzettiere e droghiere universale; ciarlatano anche quando era onnipotente di forze. Io lo aborriva sempre; lo stimava e sovente lo disprezzava».

L'inversione di rotta è sancita dal viceré Eugenio, che prescrive l'utilizzo del toscano in tutte le scuole del regno; a partire dal 1809, gli atti pubblici sono redatti in francese e in toscano per volere dello stesso N., che in quello stesso anno fonda un premio di 500 napoleoni per opere che contribuiscano a mantenere la purezza della lingua italiana. L'Accademia della Crusca, fondata nel 1585, ma inattiva dal 1783, viene rimessa all'opera nel 1811. Si apre la caccia ai gallicismi, l'italiano diventa la lingua della libertà.

Scrivono esclusivamente in italiano anche gli scienziati, Volta, Spallanzani, Galvani, l'astronomo Oriani, il medico Valli che studia i vaccini. In campo artistico, Andrea Appiani diventa «Primo Pittore di S. M. imperiale e reale» e dipinge la battaglia di Marengo, l'incoronazione a Re d'Italia, le vittorie del 1809 e il matrimonio con Maria Luisa, nonché gli affreschi di Palazzo reale. Canova esegue le statue di molti membri della famiglia imperiale, nonché quella gigantesca dell'imperatore, Marte in veste di pacificatore, la cui copia in bronzo è conservata nel cortile di Brera. Malgrado alti incarichi, onori e prebende non si trasferisce a Parigi, rivendica spesso la propria italianità e ha rapporti gelidi con David e il suo *entourage*.

Al suo attivo la gestione napoleonica può vantare le imponenti opere di restauro e conservazione delle antichità romane (le passeggiate archeologiche, il Colosseo, l'arco di Tito, la basilica di Costantino) ad opera del prefetto conte Tournon, sotto la direzione scientifica di Canova e Denon. A Milano, il Foro Bonaparte e l'arco del Sempione si accompagnavano all'Arena e a Porta Ticinese, nel segno di una classicità ricuperata. Firenze allargava via de' Calzaioli, a Napoli Murat terminava Capodimonte e prolungava via Toledo con il corso N.

Tra i piú acuti e implacabili analisti del suo tempo c'è una donna, la principessa Luisa di Stolberg-Gedern, sposata a vent'anni al cinquantenne Carlo Edoardo Stuart, pretendente al trono d'Inghilterra, che viveva a Siena sotto il nome di conte d'Albany. Senza muoversi dalla sua casa sul Lungarno fiorentino, la contessa sa tutto, capisce tutto, legge Kant e Shakespeare, libri di astronomia e di storia naturale, intrattiene fitti carteggi con la migliore intellettualità europea. È lei a cogliere la natura camaleontica di N., «sedicente grand'uomo», mussulmano con i mussulmani, pagano con i pagani: «Egli farà quel che vorrà, questo tiranno del mondo; gli altri sono degli imbecilli». Prevede con un anno di anticipo l'autoproclamazione a imperatore. Per lei resta un re da bettola, un arlecchino finto principe.

Nel 1809 N. le concede un colloquio, perché cerca sempre di disinnescare gli oppositori con il suo carisma. Cortesissimo, sorride, si dice al corrente che la contessa esercita una grande influenza sulla nobiltà fiorentina, si augura possa concorrere alla «fusione» tra francesi e toscani. Sa che ha commissionato a Canova il monumento all'Alfieri in Santa Croce, ma la avverte che presto richiamerà il maestro a Parigi, che egli intende trasformare nel centro artistico dell'Europa, e dove opera un bravissimo pittore, il Fabre, che madame certamente apprezzerebbe.

L'incontro non darà il risultato sperato, perché il giudizio della contessa resterà spietato. Dalle sue finestre, può vedere l'Elba, e le sembra una gabbia «ancor troppo grande». Tuttavia gli italiani «sono troppo corrotti o troppo infermicci per volare con le proprie ali».

La Restaurazione sarà anche peggio: quel ritorno di «vecchi fantasmi, vecchi aristocratici polverosi, vecchi papi, tutti vestiti alla foggia del Settecento, ampie parrucche e lunghi codini, abiti troppo ampi che sanno di muffa». Nel 1815 gli anni tempestosi evaporano in quiete cimiteriale. Il distinto letterato piemontese Ludovico di Breme descrive alla contessa la Lombardia tornata sotto gli austriaci: «Noi qui siamo tranquilli, molto tranquilli: la degradazione, l'estinzione di ogni energia nazionale, l'evaporazione di ogni pensiero, si operano senza rumore; il nulla non è piú silenzioso: è la pace delle tombe».

Pur delusi nelle loro poco realistiche aspettative, gli intellettuali italiani erano usciti cambiati dall'esperienza napoleonica. Era stata proprio la disillusione a obbligarli a riflettere sui rapporti tra pensiero e azione, tra individuo e società. Si erano accese esigenze e aspettative, rinfocolate vecchie utopie. La stessa energia che li aveva travolti li spronava a ripensarsi, mobilitarsi, organizzarsi. L'aspirazione di un'intera generazione alla gloria e all'onore si saldava al concetto di patria e di nazione, dove avrebbe potuto trovare legittimo sfogo. Foscolo doveva ammettere che N. aveva dato agli italiani «opinioni, leggi, armi, sentimento d'indipendenza, desiderio di libera patria»: li aveva scossi dal loro torpore.

Gli elementi di rinnovamento civile che la dominazione francese aveva introdotto diventavano fermenti di cambiamento piú forti delle restaurazioni. Il ripiegamento lirico e l'individualismo non bastavano piú. Il superomismo napoleonico, per quanto egotistico e inimitabile, offriva esempi di una concreta prassi politica. Le pulsioni eroiche potevano rientrare legittimamente in un'azione collettiva e patriottica, cui concorrevano anche i cattolici. Attraverso Manzoni, maturava un cattolicesimo liberale impegnato nel processo di unificazione, in cui il singolo poteva coniugare la famiglia, il popolo, la patria e Dio. Con la sua *Corinne*, Madame de Staël suggeriva che, non riuscendo a trovare la sua grandezza in una guerra nazionale di liberazione, l'Italia poteva diventare un laboratorio di fantasia creatrice offerto alla sensibilità contemporanea.

13.
Egitto

Tra il maggio 1798 e l'ottobre 1799, la campagna d'Egitto rappresenta per N. uno degli azzardi piú rischiosi della sua avventura, da cui riesce a scampare per un seguito di circostanze fortunose. Quella che si gioca tra il giovane generale, rientrato vittorioso dalla trionfale prima campagna d'Italia, conclusasi con la pace di Campoformio firmata con gli austriaci, e il Direttorio, rappresenta una sorta di strano interludio in cui due giocatori hanno lo stesso obbiettivo: rimandare a tempi piú propizi quella che si prospetta come una resa dei conti. Con il pretesto di attaccare gli interessi inglesi nel Mediterraneo, Bonaparte si fa affidare un'impresa che ritiene abbastanza agevole, in grado di garantirgli nuova gloria, in attesa che il quadro politico si chiarisca in un senso a lui favorevole. Quanto al Direttorio, che avrebbe preferito depistarlo con un attacco all'Inghilterra (da lui subito giudicato improponibile), vede con favore l'allontanamento dalla Francia di un generale troppo ambizioso, che ha già acquisito grande prestigio presso l'*Armée* e la pubblica opinione. In caso di successo, ne avrebbe guadagnato la nazione; in caso contrario, ci si sarebbe liberati di un personaggio ingombrante.

Come ha osservato Luigi Mascilli Migliorini, è lo stallo italiano, francese ed europeo a produrre l'Egitto. N. scarica nell'avventura sogni giovanili che continuerà a vagheggiare anche in quel letto di contenzione che è Sant'Elena. Cercare la gloria militare in Oriente significa rivivere le gesta eroiche di Alessandro lanciato verso le sorgenti dell'Indo, affrontare orizzonti immensi, mettere le mani su una società ancora grezza e informe per riplasmarla a piacimento, aprire al commercio mercati ancora vergini, tagliare i collegamenti tra Gran Bretagna e India, ridisegnare gli equilibri del Mediterraneo, dopo che la Francia ha perduto l'America.

Confida al suo segretario Bourrienne, già compagno di studi a Brienne: «L'Europa è una tana di talpe, tutto vi si riduce a nulla; la mia gloria è già superata, questa Europa non le offre abbastanza. Dobbiamo andare in Oriente. Tutte le grandi glorie vengono di là». Abituato a «misurare i sogni con il compasso della ragione», vagheggia di imbrigliare il Nilo con un sistema di dighe, rendere fertile il deserto, attirare immigrati, valorizzare il commercio con l'India. Da lí la civiltà si sarebbe irradiata beneficamente per l'intera Africa. Certo, ci sarebbero voluti decenni, ma lui sapeva guardare lontano. Intanto dichiara la sua emozione per il deserto, che gli dà l'immagine dell'infinito, di un oceano immoto.

L'Egitto è un frutto maturo, quasi marcescente, che il suo vero padrone, l'impero ottomano, non era piú in grado di gestire, né tantomeno difendere. Nelle cancellerie europee si diceva che l'Egitto non apparteneva piú a nessuno, non certo a un impero in disfacimento. I francesi vi avevano solidi interessi commerciali e un console generale al Cairo. Il Paese era prostrato dal fanatismo religioso, dai predoni beduini, dall'anarchia politica, dalla debolezza economica. Tutto quello che si estendeva fuori delle quattro città piú importanti restava incontrollabile. I bey vessavano i commercianti francesi, che protestavano invano con il loro governo. Tuttavia le notizie sulle ricorrenti epidemie, tra cui la peste e il tracoma, venivano giudicate eccessive. Il sogno di sostituire con l'Egitto le ricche colonie americane era del tutto irrealistico.

Il pretesto dell'invasione era quello di difendere il sultano Selim III dalle intrusioni di russi e inglesi. In realtà si trattava di un vecchio progetto del duca di Choiseul, che il ministero degli Esteri aggiornava da anni, e anche Talleyrand gli aveva dato un forte impulso. Cosí la spedizione, che il Direttorio stimava di concludere in sei mesi, viene organizzata con la consueta rapidità (dieci settimane) e larghezza di mezzi, e tenuta rigorosamente segreta (solo dieci persone erano a conoscenza della vera destinazione, i giornali parlavano di un attacco al Portogallo o all'Irlanda).

La flotta che parte da Tolone il 19 maggio comprende centottantacinque navi: 13 vascelli armati di 1026 cannoni, 42 fregate, brigantini e navi minori, 130 navi da trasporto. Trasportano 27 generali (due finiscono assassinati, tre muoiono in azione, uno si suicida, nove sono feriti, due muoiono di malattia), 17 000 soldati, altrettanti marinai, 1000 pezzi d'artiglieria, munizioni per 100 000 cariche, 567 veicoli, 700 cavalli. Tre convogli minori arrivano da Genova, Ajaccio e Civitavecchia. Il totale degli uomini sale a 50 000, le navi a 400. Ma nessuno si ricorda di dire ai soldati di portarsi dietro fiaschi e borracce. Sarà un errore imperdonabile.

Nell'arringare i suoi uomini a Tolone, N. aveva ricordato orgogliosamente d'aver esaudito le promesse fatte all'armata d'Italia. Ha voluto con sé i veterani di quella campagna, ha dovuto vincere resistenze e prevenzioni, perché le paghe vengono versate in ritardo, e il viaggio per mare spaventa. Ha promesso che ogni reduce sarebbe stato in grado di comperarsi sei ettari di terra (di fronte allo spettacolo del deserto, i soldati dichiarano ironicamente che non avrebbero approfittato della promessa). Raccoglie molti volontari, tante reclute, ma registra anche molte diserzioni. Pochi pensano di andare nel Levante, tutti soffriranno il mal di mare. Dopo tre anni ne tornerà in patria soltanto la metà.

Gli uomini sono inquadrati in cinque divisioni (spiccano due prestigiosi comandanti dell'armata del Reno, il quarantacinquenne Kléber e il ventinovenne Desaix). La cavalleria è affidata all'erculeo mulatto Alexandre Dumas, padre del futuro scrittore. Ci sono anche il nevrotico fratello di N., Luigi, già contagiato dalla sifilide, e il diciassettenne Eugenio Beauharnais. Capo di Stato maggiore il fido Berthier, anch'egli reduce dall'Italia. Ma quello che farà la vera gloria di una spedizione avventata è la squadra dei 167 *savants* che accompagna l'armata.

In Italia, N. si era fatto accompagnare da un team di specialisti incaricati di requisire insigni opere d'arte, ispirandosi ad Alessandro, che viaggiava con un corteggio di ingegneri, architetti e uomini di scienza. Ora la squadra prestigiosa che N. ha selezionato con mano felice conferisce all'avventura il prestigio di una spedizione scientifica di altissima rilevanza. I frutti supereranno persino le ambizioni.

Il gruppo parte sotto la denominazione ufficiale di «Scienziati e artisti aggregati all'Armata d'Inghilterra», usata per depistare le spie inglesi. Dopo lo sbarco prenderà il nome di «Commissione delle Scienze e delle Arti». Il personaggio di maggiore spicco, un vero leader, è il cinquantaduenne matematico Gaspard Monge, accademico delle Scienze, tra i fondatori della Scuola politecnica, professore all'*École normale*, e già attivissimo con N. in Italia. A lui e all'inseparabile amico e coetaneo Claude-Louis Berthollet, illustre chimico, è affidata la direzione scientifica e archeologica. È stato il polivalente Monge, vero maestro del *multitasking*, a trovare a Roma macchine con caratteri arabi, tipografi e interpreti per stampare i fogli e i periodici che daranno lustro politico e culturale alla spedizione. Insieme a loro, partono 42 ingegneri meccanici, navali, stradali e geografi; 8 geometri, chimici, astronomi; 7 naturalisti (tra cui Dolomieu, che darà il suo nome alle formazioni rocciose delle Dolomiti); 14 letterati, economisti, archeologi e orientalisti; 11 chirurghi e farmacisti (tra cui i dottori Larrey e Desgenettes); 12 architetti e artisti; 18 specializzandi della Scuola politecnica; 39 artisti meccanici, stampatori e tipografi. Non mancano musicisti, interpreti e uno specialista di palloni aerostatici. I piú autorevoli di loro prenderanno posto nell'*Institut d'Égypte*. Il *turn over* sarà molto alto: venti morti, e altrettanti rientri in patria per motivi diversi. Molti anche i civili addetti all'amministrazione, cuochi, servitori, affaristi attratti da sogni di facili guadagni. Ci sono persino trecento donne, anche se era vietato seguire i coniugi.

Ci sono volute sei settimane per andare da Tolone ad Alessandria. N. le passa a letto perché soffre il mal di mare, facendosi leggere da Bourrienne libri sull'Egitto e la Terra Santa, la

Bibbia e il Corano. Si fa anche tenere dei «corsi di specificazione», seminari di aggiornamento sui piú vari argomenti scientifici poco apprezzati dai generali, che non amavano gli scienziati. Che età aveva la Terra? C'erano altri pianeti abitabili? Si potevano interpretare i sogni? Intanto stende un proclama per i suoi soldati, invitandoli a rispettare l'Islam, a essere tolleranti, a fare come i Romani, che ammettevano culti diversi, a non molestare le donne, a non abbandonarsi a saccheggi disonorevoli.

Malta viene presa in un giorno, con il pretesto di uno sbarco per rifornimenti d'acqua. Come resistere, d'altra parte? I maltesi non hanno mai visto tante navi tutte insieme. Il Gran Maestro viene remunerato profumatamente per la mancata resistenza, e in sei giorni N. riforma per intero l'amministrazione, compreso il sistema scolastico. Prima circostanza fortunata, nel tragitto verso Alessandria la flotta francese viene superata dal troppo veloce Nelson, che poi viene fermato da una tempesta, e piomba in Egitto quando i francesi sono già arrivati da un mese.

Lo sbarco è difficoltoso per via del mare grosso. I soldati, già provati dalla traversata, scoprono che per loro non ci sono né viveri né acqua. Alessandria, assaltata e presa senza artiglieria, si rivela una cittadina miserabile di 6000 anime, sporca e maleodorante. Le donne, cenciose e poco appetibili, usano spalmarsi polvere di antimonio sulle sopracciglia, i bambini girano nudi. In compenso gli uomini, avvolti nelle loro ampie vesti e nei loro turbanti, hanno un aspetto maestoso e lineamenti molto marcati.

N. fa affiggere un proclama trilingue, in cui denuncia le malefatte dei bey e degli infami mamelucchi, la casta guerriera che da secoli si è impadronita del Paese. Annuncia un nuovo ordine fatto di intelligenza, virtú e sapienza: i francesi, amici del sultano ottomano, sono dei veri mussulmani, hanno già abbattuto il trono del papa e annientato i bellicosi cavalieri dell'ordine di Malta. Tre volte felici gli egiziani che si schiereranno con loro. Chi si oppone sarà distrutto. Dirà poi a Sant'Elena: «Un pezzo della piú alta ciarlataneria, ma è l'unica strada per il successo». La creazione del consenso è aiutata dalla pubblicazione di due giornali, «Le Courrier de l'Égypte» e «La décade égyptienne».

La marcia verso il Cairo diventa presto un calvario per i 18 000 fanti delle quattro divisioni. Gli uomini sono sprovvisti di borracce, i pozzi sono stati distrutti, unico cibo delle gallette secche, manca l'avena per i cavalli. I beduini, che dovrebbero fornire (a pagamento) cavalli e cammelli, tradiscono e infastidiscono i francesi; quando ne catturano uno, lo violentano. Desaix chiede soccorsi con messaggi sempre piú disperati. Molti soldati si suicidano. Piangono, accusano i loro ufficiali. Il reperimento di una cisterna d'acqua diventa un evento memorabile. L'esercito è travolto da un senso d'isolamento e abbandono, dal disgusto per quella civiltà miserabile, dalle privazioni. Generali e ufficiali non nascondono critiche aspre al loro condottiero, Lannes e Murat scagliano per terra i loro cappelli piumati e li calpestano. N. minaccia fucilazioni.

Il 21 luglio, a rialzare il morale è la vittoriosa battaglia delle Piramidi, in cui la professionalità dei quadrati francesi, disposti su sei file, ha ragione della sfarzosa cavalleria mamelucca, accompagnata da un'accolita di mullah armati di soli bastoni. Il Cairo, in cui sono rimasti solo vecchi, donne e bambini, viene saccheggiato. All'epoca ha 300 000 abitanti («la feccia piú brutta del mondo», secondo N.), ma è anch'esso sudicio, mal costruito, piena di cani randagi, di insetti tormentosi. Di notte risuona degli ululati luttuosi del compianto delle donne. A rendere piú fosco il quadro, arriva la notizia che Nelson ha distrutto la flotta francese sorpresa alla fonda ad Aboukir.

Sull'armata d'Egitto si abbatte il vento della rassegnazione e del fatalismo. N. reagisce arringando i suoi con la consueta efficacia: ci resta la terra, siamo obbligati a fare grandi cose, dobbiamo fondare un grande impero, lo fonderemo. E intanto ordina la caccia alle imprendibili squadre di Murad bey, che con 4000 uomini e un ricco tesoro al seguito praticano le tecniche della guerriglia su un territorio sterminato.

Per nove mesi Desaix lo insegue nel deserto per 500 km fino alla prima cataratta del Nilo, malgrado i continui agguati e le tormentose malattie degli occhi, riuscendo a coprire anche 50 km al giorno. Sono con lui uno straordinario personaggio di scrittore, pittore e intenditore d' arte, il cinquantenne Vivant Denon, un protetto di Giuseppina, e il geologo Dolomieu. Nella folle rincorsa, i francesi scoprono con stupore reverenziale le meraviglie dell'antica civiltà egizia. Denon è sopraffatto da tanta bellezza: «Matita alla mano, passavo da un oggetto all'altro, sempre attratto, sempre distratto, mi mancavano occhi, mani e testa per vedere, per disegnare e mettere ordine in tutto quello che mi colpiva. Mi vergognavo di dedicare disegni insufficienti a cose tanto sublimi, ma cercavo di fissare nel ricordo le sensazioni che provavo. Temevo che Tintyra mi sfuggisse per sempre, e i miei rimpianti erano pari al godimento».

Una mattina i francesi arrivano a Tebe, «la città delle cento porte». L'armata è letteralmente pietrificata dalla meraviglia, scoppia un applauso spontaneo, come se l'occupazione di quei ruderi venerandi segnasse il vero obiettivo della campagna d'Egitto. I soldati si affollano intorno a Denon, perché solo la sua matita potrà trasformare quell'emozione in qualcosa di duraturo: chi si mette in ginocchio per fargli da tavolino, chi gli fa ombra con il proprio corpo. In un disegno, Denon si raffigura mentre lavora in piedi davanti alle rovine di Ierancopoli: il capo chino sul foglio, in divisa ma con le babbucce, spada al fianco e pistole alla bandoliera, mentre il sole si alza a illuminare la scena: «Non abbandonavo mai la cartella con i disegni. La notte mi faceva da guanciale». Penetra in una tomba della Valle dei Re, e gli danno venti minuti, orologio alla mano.

Quando nell'agosto 1799, dopo otto mesi, Denon torna al Cairo, è il trionfo. Tutti si contendono i suoi disegni, Monge si mette a far calcoli sui colossi di Tebe, quanto pesano, quanta forza-lavoro c'è voluta per trasportarli, per innalzarli. La grandezza dell'Egitto si confonde con quella della Francia, la conquista militare diventa una conquista scientifica: «Se l'amore per l'antichità ha fatto di me un soldato, la benevolenza dei soldati per le mie ricerche ha fatto di loro degli archeologi», scrive Denon.

In capo a cinque giorni N. fa partire per l'Alto Egitto due commissioni, ognuna composta di dodici specialisti, per studiare a fondo le prodigiose scoperte. Intanto un mese prima, a Rosetta, soldati e operai intenti a spianare le fondamenta di una vecchia fortezza s'erano imbattuti in un blocco di granito nero d'un metro d'altezza e 73 cm di larghezza che portava delle iscrizioni in tre caratteri diversi. I francesi hanno subito l'impressione di aver messo le mani su un tesoro, ma ci vorranno vent'anni prima che Champollion riesca a decifrare la stele, e con essa l'enigma dei geroglifici. Su impulso del generale Kléber, la mappatura di quei tesori archeologici e naturalistici occuperà i dieci volumi in 8°, con 900 tavole, di una titanica e fascinosa impresa editoriale firmata da settanta autori e presieduta da Berthollet, la *Description de l'Égypte*.

È proprio il fervore della scoperta a rendere tollerabili i forti disagi e la nostalgia di casa ai *savants*, che possono godere di una sede tutta per loro, il palazzo di Qassim Bey. Vi sono ospitati un'uccelliera, un piccolo museo di storia naturale, una biblioteca, un laboratorio di chimica, un osservatorio, una collezione di minerali, una collezione archeologica, una tipografia, un'officina. Per statuto, l'*Institut* ha il compito di promuovere le scienze, raccogliere dati naturalistici, storici e industriali, fornire consulenza scientifica al governo. Come purificare l'acqua del Nilo? Sono meglio i mulini a vento o ad acqua? Si possono reperire materie prime utilizzabili per produrre polvere da sparo? Qual è la situazione giuridica in materia civile e penale? Intanto N., preda del suo consueto iperattivismo, fa costruire due forni da pane, un deposito alimentare e un ospedale in caso d'assedio, requisisce 3000 cavalli, trasforma una moschea in un forte, ordina di distruggere un villaggio che aveva teso un'imboscata a sedici soldati francesi.

All'inizio gli scienziati si devono accollare anche compiti amministrativi. Poi si appassionano alla costruzione di macchine idrauliche, apparecchi chirurgici, lenti, punzoni, strumenti; cercano di capire dove e come scavare pozzi, coltivare vigne, produrre ammoniaca. Altri studiano i portenti della zoologia e della botanica, si dedicano alla stesura di un atlante cartografico. Si riuniscono ogni cinque giorni, in una effervescenza di comunicazioni eccitate ed entusiaste: si scambiano esperienze, discutono i problemi ancora insoluti.

L'*Institut* è organizzato con la consueta efficienza da Monge in quattro classi: Matematica, Fisica, Economia politica, Letteratura e Arte. Il dottor Desgenettes progetta un ospedale con 400 letti, una farmacia e una scuola di medicina. Cooperano attivamente anche i generali, Desaix in testa. Sant'Hilaire può scrivere a casa: «Qui ho trovato ancora una volta uomini che non pensano a nient'altro che alla scienza». Questa effervescenza contagia anche N. Davanti alle piramidi, calcola che con quelle pietre si sarebbe potuto costruire un muro di tre metri intorno alla Francia, e Monge conferma che il calcolo è esatto. Tuttavia si rifiuta di entrare nella piramide di Cheope, perché non vuole strisciare a quattro zampe come una talpa in quegli angusti cunicoli.

La gestione della quotidianità, in un contesto cosí radicalmente estraneo, risulta difficile e fin penosa. N. riesce ad accattivarsi le simpatie degli sceicchi, che lo chiamano Kebir, padre del fuoco. Si stupiscono che voglia vendicare la morte di un fellah ucciso dai predoni. «Era forse tuo cugino?», chiedono. La risposta di lui: «Tutti quelli che governo sono miei figli», li lascia ammirati: «Hai parlato come un profeta!» In compenso N. pratica rappresaglie quotidiane a scopo istruttivo, convinto che una severità metodica e coerente produca ammirazione e rispetto (per questo fa condannare anche i francesi colpevoli di razzie). Ma nessuno può credere nelle sue professioni di fede e rispetto per l'Islam. Per l'amministrazione è costretto a ricorrere alle élite locali, ai grandi sceicchi e ai notabili, molto infidi. Cerca poi di mettere in piedi un «divano generale» di rappresentanti (dottori in legge, mercanti, anziani, contadini, beduini), ma nessuno vuole assumere l'impegno di riscuotere le tasse o garantire l'ordine pubblico. È giocoforza ricorrere ai copti, esperti esattori. Quanto alla polizia, crea una compagnia mista di giannizzeri e marmaglia assortita, a capo dei quali c'è un gigantesco e pittoresco avventuriero greco, tale Bartolomeo, il cui divertimento consiste nel tagliar teste ai reprobi e offrirle agli ospiti.

La città è spettrale, nulla è sicuro, gli sgherri della polizia eseguono le condanne sul posto. Non si trovano alcolici, i prezzi si impennano, sono ormai quelli di Parigi, fiorisce la prostituzione (le schiave nere risultano particolarmente apprezzate). È stato aperto anche un club Tivoli, dove suona una banda. Ci sono tavoli da biliardo, si possono leggere giornali, bere caffè, passeggiare in giardino. N. vuole rispettare usi e consuetudini, sviluppare le risorse naturali, applicare una fiscalità e una giustizia uguali per tutti, restituire autonomia e dignità a un popolo asservito, ma non ha liquidità per sviluppare le sue riforme. Il Paese non gli può dare niente, né pagare le spese dell'occupazione. Si vendono le prede di guerra maltesi, si confiscano proprietà, si punta sulle ammende e sulle imposte da applicare alle attività commerciali, sulla vendita di partite di frumento e zucchero, sui prestiti forzosi. La paga dei soldati resta in arretrato cronico. Quando N. se ne va, lascia un debito di cinque milioni di franchi, di cui quattro di paghe arretrate.

Ad onta di ogni sforzo, le differenze culturali restano inconciliabili. La coesistenza è artificiosa e precaria, e i francesi vengono totalmente sorpresi dalla violentissima sollevazione del 22 ottobre '98. Gli sceicchi tradiscono, uccisioni e saccheggi si espandono a macchia d'olio. Viene saccheggiata la casa del generale Caffarelli, attaccato l'ospedale militare, assaltati i negozi. I *savants*, rimasti isolati, a sera vengono riforniti di armi che non sanno usare. Il generale Sulkowski, caduto da cavallo, viene fatto a pezzi e dato ai cani. N. fa bombardare la moschea al-Azhar, poi distrutta dai soldati, che vi orinano, sputano e bevono vino. Quando due giorni dopo gli scontri cessano, i francesi hanno perso trecento uomini, i cairoti tremila.

N. attua una (interessata) politica di clemenza e perdono, tranquillizzando gli sceicchi impauriti, perché continua ad avere bisogno di loro. Ma fa decapitare e gettare nel Nilo ottanta membri del «divano di difesa», la giunta ribelle, i prigionieri catturati con le armi in mano, e altri sei sceicchi considerati tra i capi della rivolta. Non ci sono esecuzioni di massa, e la situazione si normalizza rapidamente. Gli egiziani rinunciano alle sommosse, i francesi impararono a essere piú vigili. N. spiega pomposamente agli ulema e ai predicatori che la sua venuta redentrice di ispirato da dio era stata annunciata in almeno venti passi del Santo Corano. Ma l'esercito si deprime in uno stillicidio di agguati, disagi, penurie, peggiorate da una recrudescenza dell'epidemia di peste in dicembre.

Ancora una volta, N. gioca la carta dell'impresa militare che dia lustro a lui e morale all'esercito, cercando di prevenire l'atteso attacco di Giazzar pascià. Muove verso la Palestina nel febbraio 1799, anche se privo dei soccorsi chiesti invano a Parigi. Presa facilmente Giaffa, massacrati gli abitanti e tremila difensori, cui era stata promessa salva la vita, in una delle pagine piú vergognose della storia napoleonica, l'assedio di San Giovanni d'Acri si rivela impervio, anche perché nel frattempo è scoppiata la peste (come a certificare la propria natura semidivina, N. visita un ospedale con il piglio d'un antico re taumaturgo). L'antica capitale del regno cristiano di Palestina, rifornita dagli inglesi, è difesa da 2500 cannoni che, in mancanza di un'adeguata risposta di artiglieria pesante, costituiscono un baluardo invalicabile, in grado di resistere a otto assalti in due mesi.

L'evacuazione e la ritirata diventano una tragedia che sembra anticipare in piccolo quella della Russia. Feriti gravi e appestati vengono abbandonati al loro destino. Difficile trasformare un tentativo fallito in una vittoria, ma N. incarica l'*Institut* di stendere un rapporto sulla peste in Siria, attribuendo a quella l'insuccesso della campagna (Acri non sarebbe stata presa volontariamente per non peggiorare l'epidemia). A questo punto la permanenza in Egitto non ha piú senso.

Dopo essere riuscito ad annientare uno sbarco turco di 15 000 uomini ad Aboukir, grazie all'impeto della cavalleria di Murat, N. si imbarca il 23 agosto affidando la gestione di una situazione sempre piú complessa a Kléber, già molto critico con il suo carrierismo (un anno dopo finirà assassinato da uno studente radicalizzato). Fino all'ultimo si occupa di fortificazioni, commissioni scientifiche, imposte, uniformi da distribuire. Celebra la festa del Profeta, raccomanda misure energiche per riscuotere le tasse, conservare buoni rapporti con gli sceicchi, mantenere l'ordine al Cairo: «Faccia tagliare sei teste al giorno, ma conservando sempre il sorriso». Tra lo sgomento dei *savants*, che si sentono abbandonati, partono con lui Monge, Berthollet e Denon, Eugenio Beauharnais, i generali Berthier, Duroc, Lannes, Marmont e Murat. La metà del corpo di spedizione ha trovato la morte, migliaia sono i ciechi e i mutilati.

Si chiude cosí uno dei momenti in cui il giocatore d'azzardo ha rischiato di perdersi in una strada senza uscita. Aveva sottovalutato lo strapotere navale inglese nel Mediterraneo, le difficoltà ambientali, l'impossibilità di finanziare la guerra con le risorse reperite in loco, la radicale estraneità dei sudditi, la complessità dello scacchiere internazionale, che in quel momento vedeva la Francia in difficoltà per la debolezza del Direttorio, le crisi finanziarie e le tensioni interne, e per il saldarsi di una coalizione di alleati.

L'Oriente resta vivo nei sogni di N., che pure si propone sempre di misurarli «con il compasso della ragione». Dieci anni dopo, nel 1808, scrive al suo ambasciatore in Russia di dire allo zar che sta considerando la possibilità di una spedizione in India e di una spartizione dell'impero ottomano, per la quale condurrebbe personalmente in Asia un'armata composta di 25 000 russi, 10 000 austriaci e 40 000 francesi: «Niente di piú facile di questa operazione».

N. torna a Parigi da trionfatore, perché nulla si sa dei drammi dell'armata d'Egitto. Il suo calcolo dei tempi politici si è rivelato esatto. Con la collaborazione di Sieyès e Ducos, e con l'aiuto decisivo del fratello Luciano e di Murat che disperdono con le armi i molti deputati ostili, il 9 e 10 novembre 1799 porta a compimento il colpo di Stato con cui nasce il Consolato, e che viene ricordato, secondo il calendario rivoluzionario, come il 18 Brumaio. Bonaparte aveva dimostrato di avere la forza e di saperla usare, ogni volta che fosse stato necessario. Nel giro di pochi giorni sarà nominato Primo Console.

14.

Incoronazione

La giornata del 2 dicembre 1804 è piovosa, uggiosa, grigia come può esserlo Parigi d'inverno. L'immagine che noi ne conserviamo tuttavia è un'immagine a colori, da grande schermo. È il quadro dipinto da Jacques-Louis David. Non è un'istantanea, è il sogno di un'incoronazione, il prodotto di una superba macchina teatrale, uno spettacolo abbagliante. Non racconta la cerimonia quale effettivamente fu, ma quale avrebbe dovuto essere, e soprattutto quale avrebbe dovuto essere ricordata dai posteri. Mille anni prima, a Roma, il pontefice aveva incoronato Carlo Magno a sovrano del Sacro Romano Impero, a capo cioè di uno stato sovranazionale di cui proprio N. avrebbe decretato la fine, due anni dopo, costringendo Francesco II d'Austria, suo futuro suocero, a rinunciare alla prestigiosa prerogativa. Buon lettore e cultore di classici, N. voleva dire a chi non lo avesse ancora capito che il vero erede di Carlo Magno era lui.

La grande tela di David è conosciuta sinteticamente come *Le sacre*, la consacrazione, ma il suo titolo esteso e ufficiale era *Incoronazione dell'imperatore Napoleone e dell'imperatrice Giuseppina a Notre-Dame il 2 dicembre 1804*. Un'opera nel segno napoleonico della dismisura, intrasportabile, inamovibile, oggetto di lunghi studi preparatori, che doveva rispondere alle richieste precise dell'imperiale soggetto. Tutto andava rappresentato non come era realmente avvenuto, ma come sarebbe dovuto avvenire. Primo e piú clamoroso esempio di falsificazione ufficiale, la presenza, al centro della loggia imperiale, di Madame Mère, che se ne era rimasta polemicamente a Roma perché non aveva mai approvato le nozze con Giuseppina – una vedova di piccola virtú, intrigante, civetta e spendacciona –, da cui secondo lei il figlio s'era fatto irretire in virtú della sua inesperienza amorosa. Era rimasto a Roma il fratello Luciano, il piú intelligente, colto e politico dei fratelli Bonaparte, che aveva salvato il fratello nei difficili frangenti del Brumaio mandando i granatieri a reprimere i moti popolari, e che per non entrare in rotta di collisione con lui aveva scelto la qualità della vita, ritirandosi a coltivare le sue passioni di collezionista e scrittore.

Sul dove tenere la cerimonia c'era stata una lunga discussione, proprio per sottolineare il riferimento al Sacro Romano Impero. S'era pensato a Lione, capitale storica delle Gallie, o alla riva sinistra del Reno, per riaffermare il dominio sul mondo tedesco, ma lí si sarebbe posto il problema di un papa in terra luterana. Si era dovuti ripiegare sull'antica cattedrale, già violata e manomessa negli anni della Rivoluzione. Agli architetti di corte Percier e Fontaine l'incarico di riparare i danni e adattarla alle esigenze di una cerimonia cosí impegnativa.

Quella domenica la processione muove dalle Tuileries verso Notre-Dame tra una folla immensa. Case e strade sono addobbate a festa, qua e là sono stati tesi degli arazzi raffiguranti delle scene bibliche. Il corteo è curato in ogni dettaglio per suscitare l'ammirazione delle folle, ma pare che i parigini non fossero particolarmente calorosi. Molto piú entusiasti i provinciali, accorsi in massa nella capitale. Come in ogni evento pubblico, c'erano stati intermezzi comici non previsti, come quello del cardinale Speroni, uno dei nunzi apostolici, che cavalcava una mula in un modo un po' femmineo, suscitando l'ilarità dei presenti.

Il papa, il sessantaquattrenne cesenate Gregorio Chiaramonti arcivescovo di Imola, entra per primo nella cattedrale, accolto dall'inno *Tu es Petrus*, e si sistema sul trono collocato al centro del coro, alla destra dell'altare maggiore. Era un pontefice portato alla mediazione, anche se N. lo trattava come un vinto. Certo, il peggio doveva ancora arrivare: di lí a due anni N. si sarebbe arrogato il diritto di nominare un terzo dei cardinali, e avrebbe obbligato lo Stato pontificio ad adottare il «suo» Codice civile. Nel 1809 il papa sarebbe stato addirittura arrestato e deportato prima a Savona, poi a Fontainebleau. Anche con il papa N. adottava il metodo del lento soffocamento della vittima: caute aperture, accordi smentiti subito dopo, false blandizie, uso intimidatorio della forza.

Quel giorno Pio VII deve aspettare almeno un'ora, altro sgarbo istituzionale, fino all'arrivo della cavalleria di Murat, venti squadroni scintillanti di sciabole e pennacchi e piume (cosa che mandava in bestia Madame Mère, la quale era arrivata a dire alla figlia Carolina, maritata al neo maresciallo, che quell'uomo sembrava un fagiano di monte ed era cosí vanitoso che si sarebbe infilato delle piume perfino nel sedere).

Finalmente si profila la carrozza imperiale, tirata da otto cavalli. Con i coniugi imperiali ci sono due fratelli, Giuseppe, il primogenito, alquanto nervoso, e Luigi.

Accompagnato da Giuseppina, N. percorre a passo lento l'immensa navata centrale. Scoppia il grido «*Vive l'Empereur!*», il papa intona il *Veni Creator Spiritus*. Aveva ancora una voce piuttosto calda e ben intonata.

Il corteo si sistema nei posti assegnati. Il papa chiede a N. in latino se d'ora innanzi avrebbe usato i suoi poteri affinché la Legge, la Giustizia e la Pace regnassero supreme nella Chiesa e nel popolo. *Profiteor*, prometto, risponde N. A questo punto i sovrani avanzano verso l'altare, mentre cardinali e vescovi cantano litanie. Il papa unge tre volte N. e Giuseppina sulla testa e sulle mani. Le altezze tornano ai loro posti e comincia la messa. Viene eseguito il *Te Deum* di Paisiello, compositore molto apprezzato in Francia.

Finita la messa si arriva al *clou* della cerimonia. Il papa spera ancora di essere lui a mettere la corona sulla testa del sovrano, ma le cose vanno diversamente. Come ricorderà lo stesso David, «Sua Maestà, asceso all'altare, prende la corona, se la mette in testa con la destra, mentre con la sinistra stringe la spada sul cuore» (si noti l'enfasi posta sulla spada come simbolo di una legittimazione). Poi pone la corona sulla testa di Giuseppina, e la accompagna a prendere posto sui due troni dell'Impero. Il papa ha ancora la forza di pronunciare la frase di rito: «Possa Dio confermarti su questo trono e Cristo concederti di governare con Lui nel suo regno eterno». Dà all'imperatore il bacio della pace e grida nuovamente: «*Vivat Imperator in aeternum!*»

Quando il papa si ritira, N. giura sulla Bibbia di rispettare tutti i suoi doveri: si impegna a mantenere l'integrità del territorio della Repubblica, a far rispettare l'uguaglianza dei diritti, la libertà politica, civile e di culto, l'irrevocabilità della vendita dei beni nazionali e a non applicare imposte senza leggi apposite. S'avanza il capo degli araldi e grida a sua volta: «Il tre volte glorioso e tre volte augusto imperatore Napoleone è incoronato e intronizzato. Viva sempre l'imperatore!» Sulla piazza i cannoni annunciano al mondo che è nato un nuovo, grande sovrano.

Tra i protagonisti occulti della giornata bisogna almeno ricordare, insieme ai musici, gli orefici imperiali Biennais e Marguerite, creatori di gioielli fantasmagorici e delle cosiddette «regalia» per l'imperatore, cioè i simboli del potere: la corona d'alloro in oro, lo scettro, la manina della Giustizia in liocorno, il globo con la croce e le decorazioni con splendide pietre preziose, la spada. I due orefici avevano lavorato a montare oggetti di provenienza e di epoche assai diverse, trovati nei depositi, danneggiati dal tempo e dalla Rivoluzione, e anch'essi oggetto di un delicato lavoro di restauro, adattamento, ampliamento. Anche Giuseppina ha avuto la sua corona, i diademi e i pendenti. I gioielli, poi depositati a Notre-Dame come sacre reliquie, saranno fusi e smontati sotto la Restaurazione.

La singolarità del quadro di David è che non fissa l'attimo dell'incoronazione di N., ma il momento in cui il novello imperatore incorona la consorte. È stato detto che l'idea sia stata suggerita a David da un altro eccellente ritrattista, François Gérard. Secondo la testimonianza del maresciallo Bertrand, era stato un piccolo intrigo messo su da Giuseppina con David, con la scusa che a quel modo il quadro sarebbe stato piú bello. La neo imperatrice, che già allora temeva il divorzio, avrebbe fatto di tutto pur di guadagnarsi una specie di assicurazione contro il ripudio, ammesso che un quadro potesse bastare a proteggerla.

I consiglieri dell'imperatore avevano osservato che non era affatto *convénable* che al centro della scena ci fosse Giuseppina: era l'incoronazione l'evento che bisognava immortalare. Gli invidiosi speravano che N. non condividesse l'impostazione che gli veniva proposta, e che di conseguenza David precipitasse nel favore imperiale. Il diretto interessato confiderà a Sant'Elena (ma è il momento in cui lavora a costruire la propria mitologia ad uso dei posteri): «Io non ci ho messo becco, in questa scelta, ho lasciato che facessero il quadro piú bello».

È una spiegazione che non regge. N. poteva anche provare qualche remoto complesso di colpa, già sapendo in cuor suo che avrebbe dovuto divorziare da Giuseppina per motivi dinastici. È probabile che abbia dovuto subire le scenate di cui lei era maestra, e a cui gli era difficile resistere, ma è impensabile che una decisione cosí delicata e significativa potesse fuggire al grande accentratore.

In realtà la scelta del soggetto era legata a una questione di correttezza politica. N. non poteva farsi rappresentare in atto di incoronare se stesso, sminuendo e ridicolizzando ulteriormente la figura del pontefice che, per quanto virtuale, restava pur sempre funzionale al suo progetto politico. Era pressoché obbligatorio scegliere un momento intermedio della cerimonia, in cui N. era già incoronato – il quadro ovviamente non dice da chi – e provvedeva di sua mano a incoronare Giuseppina.

Uno spettacolo nello spettacolo erano gli abiti da cerimonia disegnati da Isabey. Fu solo nell'imminenza dell'evento che qualcuno si accorse con spavento che nulla era stato ancora previsto, mentre la solennità e la complessità della cerimonia richiedeva un'organizzazione ferrea. Particolarmente preoccupato era il Gran Maestro delle cerimonie, Monsieur de Ségur. In dieci giorni bisognava inventare una scenografia, una regia teatrale, fare le prove, istruire attori, la nobiltà di recentissimo conio, non abituata ai fasti della grande cerimonialità.

De Ségur fa dunque convocare Isabey dall'imperatore, il quale gli ingiunge di disegnare in sette grandi quadri i momenti principali della consacrazione. È un lavoro che deve essere fatto a tambur battente, un lavoro impossibile. Isabey s'inchina, si ritira, cerca d'inventare qualcosa. Corre un mercante di giocattoli, si fa dare dei manichini, e prova a vestirli da principi e principesse, marescialli, ministri, grandi ufficiali, paggi e araldi. Poi fa eseguire una planimetria in rilievo di Notre-Dame nella stessa scala dei manichini, cosicché quando Isabey arriva a Fontainebleau e N. gli grida: «Voi mi portate i disegni, non è vero?», Isabey può rispondere trionfante: «Meglio ancora, sire» e dispiega su un tavolo i pezzi del suo teatrino ambulante, una sorta di scacchiere che fissava la posizione dei personaggi, ognuno contrassegnato da un numero. N. dichiara il suo vivo apprezzamento per la trovata, fa chiamare Giuseppina, le dame di palazzo, gli ufficiali, la corte. Ogni attore ha cosí modo di vedersi assegnata una parte e la posizione che deve tenere.

Isabey ottiene sul campo la direzione della cerimonia. Ha disegnato anche il costume dell'imperatore, il manto con le api dorate, lo scettro, la corona. A lui compete anche di regolare l'ordine e la marcia del corteo imperiali, nonché tutti gli addobbi e l'attrezzeria scenica. Sull'organizzazione non può mancare l'occhio vigile di Talleyrand, che ha tutto previsto. Questo il biglietto che manda a Isabey: «Signore, vogliate trovarvi domattina nella sala dell'Arcivescovado dove si procederà alla vestizione dell'imperatore. Porterete con voi tutti gli oggetti per i quali avete ricevuto precisi incarichi, e che non vi fossero ancora stati consegnati, quali canestri, cuscini mazze da uscieri, tovaglie ricamate, offertori, sgabelli per i grandi ufficiali, ecc. Le insegne di Carlo Magno e quelle dell'imperatore sono nelle mani del signor abate de Mons, elemosiniere di Sua Maestà. Esse sono deposte nella sacrestia e voi presenterete al signor abate de Mons la qui acclusa lettera, pregandolo di consegnarvele dietro la ricevuta che voi gli rilascerete. Disporrete tutti gli oggetti nell'ordine con cui devono essere portati o usati, perché al momento dell'arrivo dell'imperatore egli si abbia da aspettare il meno possibile».

L'esecuzione del quadro impegna David per quattro anni, perché deve modificare piú volte molti dettagli, in obbedienza alla suscettibilità dei rappresentati, che non si sentivano mai sufficientemente belli o eleganti. Sono ben 191 i personaggi raffigurati, e di quelli 146 presentano una fisionomia riconoscibile. David, che voleva emulare *L'Incoronazione di Maria de' Medici* di Rubens, era convinto d'aver dipinto il piú grande quadro del mondo, e anzi d'aver superato le *Nozze di Cana* del Veronese, entrate da poco al Louvre come bottino di guerra. Ha perso la partita per pochi centimetri, 621 × 979 contro i 677 × 994 del Veronese, ma ha spuntato un compenso eccezionale, 65 000 franchi (anche se lui ne aveva chiesti 100 000, cioè circa 300 000 euro), quando di regola il compenso per i quadri ufficiali era di 12 000 franchi. «Non è un quadro. Ci si può camminare dentro» avrebbe poi commentato N.

Giunto il momento dell'ultima pennellata, David si reca personalmente dall'imperatore e concorda con lui la data della visita ufficiale. Delécluze, allievo, amico e storico del Maestro, ci ha lasciato un racconto puntuale dell'augusta visita, avvenuta il 4 gennaio 1808 (il quadro sarà poi esposto nel Salon Carré del Louvre con grande successo).

> Venuto giorno, Napoleone, l'imperatrice e tutta la famiglia, accompagnati dagli ufficiali della casa e dai ministri, preceduti e seguiti da un corteo numeroso di musici e di cavalieri, s'incamminarono verso rue Saint-Jacques e discesero sulla piazza della Sorbona, vicino alla piccola porta laterale dell'antica cappella del Collège di Cluny.
>
> Quando tutta la corte fu disposta avanti al quadro, Napoleone a testa coperta passeggiò per piú d'una mezz'ora davanti alla tela, larga trenta piedi, esaminando tutti i particolari con la piú minuziosa attenzione, mentre il David e gli altri spettatori rimanevano immobili e silenziosi.
>
> La solennità della visita e l'immensa curiosità generale di conoscere il giudizio che l'imperatore avrebbe dato sul lavoro producevano un'intensa emozione.
>
> Finalmente, volgendo ancora gli occhi al quadro, N. prese la parola e disse:

– Va bene, va benissimo, Monsieur David. Voi avete *indovinato* tutto il mio pensiero, *voi mi avete fatto cavaliere francese*. Vi sono grato d'aver trasmesso ai secoli venturi la prova d'affezione che ho voluto dare a colei che divide con me le pene del governo.

In quell'istante l'imperatrice fece un passo avanti e si pose sulla destra dell'imperatore, mentre David sulla sinistra stava in ascolto con la massima deferenza.

Era giunto il momento del commiato. N. fece due passi verso il Maestro, levò il cappello con un leggero cenno di testa, e disse a voce altissima:

– David, io vi saluto!

– Sire, – rispose David commosso, – ricevo il vostro saluto a nome di tutti gli artisti, felice d'esser colui al quale vi siete degnato d'indirizzarlo.

Mentre l'imperatore risaliva in carrozza, tutti i cortigiani si affrettarono a congratularsi con il pittore, e tutti se ne andarono persuasi che l'incoronazione non poteva essere rappresentata diversamente da come la si era vista.

La giornata del 2 dicembre era cominciata molto prima. Almeno da quando N. aveva deciso di far fare un salto di qualità alla rappresentazione del proprio potere, adottando lo status di un vero sovrano, ivi inclusa la prerogativa di poter trasmettere il potere ai propri discendenti.

Il 27 marzo di quell'anno il Senato aveva presentato a N. un indirizzo in cui lo esortava a «mantenere per i figli quello che ha fatto per i padri». Il 13 aprile un membro del Tribunato, dopo adeguate gratifiche, aveva presentato il progetto dell'ereditarietà. La mossa cadeva in un momento molto opportuno. N. attraversava una congiuntura politicamente difficile. Non era uscito bene dal caso del duca d'Enghien, c'erano state altre congiure vere o supposte, altre condanne (Moreau, Pichegru, Cadoudal), anche se alla loro colpevolezza nessuno credeva.

Occorreva dunque un colpo d'ala per restituire all'immagine offuscata del Primo Console lo splendore che le fortunate campagne militari gli avevano attribuito. Ma come chiamare il nuovo padrone della Francia? Console? *Staatholder*, reggitore, tenutario dello Stato, come in Olanda? imperatore? Prevalse questa dizione, che nell'antico uso dei Romani significava «comandante di soldati», colui che è a capo di un esercito, e come tale il generale Bonaparte veniva percepito.

Sull'ereditarietà c'era stato qualche dibattito nelle assemblee, sia perché il novello imperatore non aveva eredi, sia perché gli eredi non erano automaticamente all'altezza. I piú colti citavano il caso di Commodo, figlio perverso dell'imperatore filosofo, il saggio Marco Aurelio. Se N. non avesse avuto figli, gli era consentita e anzi consigliata l'adozione. Le donne erano comunque escluse dalla successione. In assenza di discendenti, sarebbero subentrati i fratelli, che venivano proclamati «principi imperiali». Ci si doveva rivolgere loro con il titolo di «Monsignore», «Altezza imperiale», «Serenissimo».

Il 1° maggio il documento è finalmente pronto. Consta di 142 articoli, e viene approvato dal Consiglio di Stato con soli quattro voti contrari. Nella stessa giornata il Senato promulga un decreto che istituisce l'Impero, cioè formalizza quello che in letteratura si chiama un ossimoro: «Il governo della Repubblica è affidato a un imperatore che prende il nome di imperatore dei francesi». Il simbolo adottato dal nuovo imperatore è lo stesso del Sacro Romano impero, l'aquila. Per dare lustro all'Impero, vengono nominati sedici marescialli, che corrispondono ai generali piú valorosi, da Massena a Ney a Murat.

Fatto l'imperatore, bisogna fare la corte. Devono tornare l'etichetta, le livree, i riti, la mondanità, lo sfarzo degli abiti e delle divise, il lusso, l'ostentazione del lusso, i balli, le feste che N. non amava perché era un pessimo ballerino. Messo in soffitta il berretto frigio, la «Rivoluzione s'era fatta uomo», come scriverà Alexandre Dumas: non l'uomo che aveva affossato la Rivoluzione, ma colui che ne aveva realizzato le potenzialità. Quella che si stava attuando simbolicamente quella domenica era una sorta di ricomposizione generale della Francia. Intanto per insegnare a tutti le buone maniere, si andava a ripescare Madame Campan, una nobildonna esperta di *bon ton* che era stata la miglior dama di compagnia di Maria Antonietta.

Il quadro della Francia imperiale si popola all'improvviso di marescialli, grandi elettori, gran cancellieri dell'Impero, arcicancellieri, arcitesorieri, conestabili, grand'ammiragli, gran maestri delle scuderie, gran maestri delle cacce, delle cerimonie. Sono le «grandi dignità imperiali» perché N. intende ricompensare generosamente il merito e il valore.

I *parvenus* che si affollano attorno alla figura del Grande Burattinaio, scrivono senza saperlo – osserva Luigi Mascilli Migliorini – pagine degne di Molière, nel loro goffo affannarsi tra vecchie abitudini e nuove etichette. Questi irresistibili «borghesi gentiluomini», che si fanno ripetere da mattina a sera il titolo di Monsignore, attoniti per la sorprendente fortuna che è piovuta loro addosso, non tardano a diventare il soggetto di racconti canzonatori che rimbalzano da un salotto all'altro di una Parigi che assiste sorniona all'esibizione delle nuove fortune.

Eppure gli abiti un po' troppo sfarzosi, che si rifanno al gusto cavalleresco di Francesco I, significano anche la voglia di ricuperare gli strati profondi della storia francese, la sua memoria, di proporre un'identità magari un po' pacchiana, troppo vistosa, ma condivisibile se non da tutti, da molti.

La nuova carica imperiale e il principio dell'ereditarietà vengono sottoposti a referendum popolare. Si registrano tre milioni e mezzo di sí e 2569 no. L'altro delicato nodo politico della grande giornata era rappresentato dal papa. N. considerava la religione un puro strumento di governo. Roma aveva dovuto piegarsi alle esigenze del nuovo potente. Era stato appena firmato un Concordato tra Chiesa e Stato francese, che fissava la posizione d'estrema debolezza della Chiesa, mai cosí fragile dai tempi della cattività ad Avignone.

Pio VII era un uomo che si presentava debole e malato, salvo poi resistere con una tenacia insospettabile e vivere a lungo. Aveva cercato di trattare, di ricavare qualche beneficio dal servigio che gli veniva chiesto, officiare l'incoronazione. Aveva domandato alcune rettifiche migliorative al Concordato, e che almeno a Parigi non gli fosse presentata Madame Talleyrand, visto che il ministro almeno formalmente era vescovo di Autun e la signora era nota per i costumi non proprio irreprensibili.

In preda a comprensibili dubbi, angosce e tormenti, Pio VII s'era messo in viaggio per tempo, un mese prima. A Fontainebleau aveva trovato N. che si era mosso per incontrarlo, ma vestito da caccia com'era, sembrava che passasse da lí per caso, e certo non si comportava con la deferenza dovuta. Per salutarlo, il papa aveva dovuto scendere di carrozza, e mettere nel fango i piedi calzati da scarpette di satin. Salito sulla carrozza imperiale, N. aveva tenuto per sé il posto d'onore. L'unica questione su cui il papa si impuntò era quella di Giuseppina, che era stata sposata a N. con il solo rito civile. Occorreva dunque provvedere al matrimonio religioso, che fu celebrato la notte prima dell'incoronazione, con grande soddisfazione della vedova Beauharnais.

Quanto alla cerimonia della consacrazione, sappiamo che c'erano state prove minuziose. Era previsto che N. si confessasse dal papa e ottenesse l'assoluzione dei propri peccati, ma l'imperatore rifiutò categoricamente: non aveva niente da confessare a chicchessia. Meno che mai intendeva fare la comunione: disse esplicitamente che temeva che i preti l'avvelenassero, anche se il clero, in buona sostanza, non doveva piú obbedire a Roma, ma a lui.

Malgrado il trattamento offensivo cui era stato sottoposto Pio VII, la Francia cattolica, traumatizzata dall'Ottantanove e dai fatti della Rivoluzione, poteva tornare a sentire l'Impero come una casa comune in cui era possibile vivere. Insistendo per avere il papa alla consacrazione di Notre-Dame, N. aveva calcolato anche questo effetto, aveva avvicinato a sé il mondo cattolico, una parte troppo importante della società francese per non sollecitarne in qualche modo il consenso.

C'è anche un risvolto profondamente umano, nella giornata tutta pubblica e politica del 2 dicembre, un risvolto psicoanalitico. È la confidenza che N. avrebbe fatto al fratello Giuseppe, primogenito, prima dell'inizio della cerimonia: «Se nostro padre ci potesse vedere!»

La frase aveva colpito Freud, perché anche lui aveva confidato qualcosa del genere al fratello, quando s'era trovato sull'Acropoli di Atene: se nostro padre ci vedesse! Quel padre mercante, senza nessuna cultura e men che mai preparazione umanistica. È il momento della rivincita del bambino che aveva subíto il padre e arriva a sentirsi superiore. E tuttavia la consapevolezza di essere arrivati piú lontani di lui, dice Freud, porta con sé anche un senso di colpa, perché sin dall'età piú lontana l'idea di poter fare tanta strada viene percepita come qualcosa di illecito, di proibito.

Quel giorno N. capisce che suo padre, l'avvocaticchio morto a trentanove anni rincorrendo modeste ambizioni provinciali è morto per sempre.

15.
Russia

«Vi assicuro che le descrizioni e le finzioni poetiche dell'incendio di Troia non possono avvicinarsi alla realtà di quello di Mosca. La città era costruita in legno; il vento soffiava forte, mancavano le pompe. In breve fu un vero oceano di fuoco». Cosí N. a Sant'Elena. Nella sua affabulazione grandiosa e malinconica brucia anche il sogno che doveva accompagnare la vittoria: una palingenesi nel segno di un'Europa finalmente riunita e in pace. La campagna di Russia doveva essere l'ultima di una lunga serie, un male non voluto ma necessario, perché apriva un'età dell'oro. Non soltanto: senza mai ammetterlo esplicitamente, per N. la Russia era la via regia per arrivare all'India strappata agli inglesi, altro antico sogno sin dai tempi dell'Egitto. Come confida egli stesso a un suo ambasciatore, Louis Narbonne-Lara, intendeva ripercorrere le orme di Traiano, oltre il Danubio, oltre la Vistola: «Devo andare oltre, nel nord, perché là stanno il pericolo e l'avvenire: si può fondare soltanto al riparo di barriere inespugnabili».

N. continuava a mentire a se stesso per restare fedele alla propria leggenda. In realtà nel disastro di Russia confluiscono tutte le ragioni che rendevano impossibile quel sogno, e tutti i fattori che concorrono alla crisi terminale: l'esasperato centralismo di chi voleva riportare ogni decisione anche marginale alla propria persona, il gigantismo malato di un sistema sfuggito di mano al suo controllore, la sottovalutazione della sensibilità nazionale dei popoli e degli elementi naturali, la convinzione che siano le grandi battaglie a decidere il destino delle nazioni.

La crescente debolezza di N., a dispetto delle esibizioni di forza, ha le sue ragioni piú immediate nell'azzardo della Spagna, che aveva drenato uomini e risorse, e si era conclusa con un sanguinoso fallimento. La crisi economica del 1810 stava allontanando i notabili dal regime. Al calo di fiducia nel mondo degli affari, preoccupato per il cattivo andamento del comparto manifatturiero e per la perdita di sbocchi commerciali, si univano i cattivi raccolti. Il mondo delle campagne pativa il pesante contributo di uomini che la guerra richiedeva. Difficile per tutti sostenere una politica temeraria che si ostinava a raddoppiare la posta, insensibile a rischi sempre piú evidenti. Il Blocco continentale (che comporta la penuria di caffè, tè, zucchero, cacao, spezie; i rincari dei cotoni e dei cuoi) aumentava i disagi. Il contrabbando fioriva ovunque, al di là degli sforzi per controllarlo, con l'attiva complicità dei doganieri imperiali, e trovava sbocchi nei porti di Gibilterra, Salonicco, Malta, Trieste, o in quelli del nord, come Helgoland. I commerci si dimostravano piú forti degli apparati repressivi. In piú, l'alleanza di Prussia e Austria era fragile e ambigua, perché contraria ai loro veri interessi, e N. ne avrà presto la riprova. Non poteva sapere che il 27 giugno di quel 1812 Metternich aveva firmato con loro un patto segreto.

Nel profilarsi del conflitto franco-russo c'è un convitato di pietra, sempre lo stesso: l'Inghilterra. Quali che siano i contendenti che si battono sul continente, è sempre l'Inghilterra il vero grande nemico, quello che finanzia guerre lontano da casa. Malgrado la reciproca simpatia che corre tra l'imperatore e lo zar (ma la corte di San Pietroburgo rimane in larga parte anglofila e antifrancese), il Blocco continentale danneggia gravemente anche l'export-import russo, e nel 1810 le navi inglesi sono autorizzate ad attraccare nei porti dell'impero. La questione polacca è sempre aperta, il granducato di Varsavia resta inaccettabile per i russi, che già mal sopportano il rafforzarsi del predominio francese sul Baltico e continuano a guardare a sud, all'impero ottomano, nel sogno di creare a Costantinopoli «una terza Roma». N., che al riguardo ha un atteggiamento ondivago, non li appoggia nelle loro pretese su Moldavia e Valacchia perché vuole utilizzare i turchi in funzione anti-inglese. E poi la ferita di Austerlitz brucia ancora.

Anche N., come molti europei, continua a vedere i russi come un popolo primitivo, barbaro e pittoresco, estraneo all'Europa almeno fino a Pietro il Grande, facilmente suggestionabile, non in grado di reggere l'impatto psicologico di una sconfitta del suo zar, nemmeno temibile come lo erano i turchi. La Russia restava largamente sottostimata. Se non era ancora una nazione, vantava una certa tradizione di tolleranza, pluralismo, multietnicità; era aperta agli apporti di élite non russe: i suoi generali erano il tedesco Wittgenstein e il baltico Barclay de Tolly, tra i consiglieri dello zar in politica estera non c'era un solo russo. Come ha documentato lo storico Dominic Lieven, una insospettabile meritocrazia aveva portato alle alte cariche dell'esercito anche molti giovani ufficiali di buone capacità. Logistica e vettovagliamento venivano gestiti con notevole competenza, riorganizzata e potenziata la cavalleria, arma fondamentale nelle grandi distese, grazie all'abbondanza dei cavalli veloci e resistenti di cui erano piene le steppe e a 250 allevamenti.

Grazie anche all'efficienza dei servizi segreti che operavano a Parigi, Alessandro e il suo staff avevano messo a punto un piano ben articolato: coinvolgere l'aristocrazia nella difesa della patria, logorare N. con una campagna difensiva, poi inseguirlo oltre il confine e sollevare il continente contro di lui, isolarlo, mettergli contro anche le élite parigine. Particolari attenzioni venivano dedicate all'industria bellica, finanza pubblica, gestione delle risorse umane. Esercito (una forza professionale, in cui si prestava servizio per venticinque anni), aristocrazia e governo erano un intrico di reti famigliari e clientelari, ma avevano sviluppato un forte senso dell'onore che all'occorrenza produceva una impressionante forza morale.

Per le classi dirigenti, N. era un fenomeno transitorio e le guerre da lui scatenate rappresentavano una specie di evento secondario, meno importante dell'espansione verso sud, a danno dell'impero ottomano, e dell'ingombro commerciale, industriale e finanziario della Gran Bretagna, che con il suo dominio dei mari limitava le ambizioni imperiali. Malgrado i costi altissimi, la prova immane dell'invasione diventava un'occasione di crescita.

Quando il 24 giugno 1812 passa il Niemen, che divide la Polonia dalla Russia, N. conta di sbrigarsela in tre mesi. È alla testa di un'armata che conta piú di 600 000 uomini, la piú grande che l'Europa abbia mai visto, cui se ne oppongono 150 000, ripartiti in due eserciti. Sfuggono al grande organizzatore, all'impareggiabile analista e pianificatore alcuni elementi fondamentali. L'armata è raccogliticcia, i francesi ne rappresentano solo un terzo, i polacchi un quarto. Ci sono spagnoli, tedeschi della Vestfalia e del Württemberg, svizzeri, croati, portoghesi, prussiani, bavaresi, sassoni, tutti scarsamente motivati (i russi lo sanno). Tra gli italiani, piemontesi, genovesi, toscani, lombardi, romani, napoletani. Pochi i veterani, molte le reclute impreparate.

In un babelico incrociarsi di lingue, le comunicazioni diventano presto difficili, e mai come in questo caso è determinante la stretta dipendenza dei singoli comandanti dagli ordini dell'imperatore, che fatica ad avere un quadro esauriente di una invasione che si gioca lungo centinaia di chilometri. Ancora piú decisivo il problema logistico, per le tremende difficoltà connesse con l'assistenza e i rifornimenti a un'armata di queste dimensioni. L'«esercito delle venti nazioni» è un gigante dai piedi argilla. Mancano anche i medici, le ambulanze, gli strumenti chirurgici, i farmaci. I feriti vengono curati con il fieno, che presto diventa introvabile.

N. continua a pensare alla grande battaglia decisiva che gli consegnerà una pace vantaggiosa nel giro di due o tre mesi, ma i russi non accettano il combattimento. Si ritirano, facendo terra bruciata. Un esercito abituato a rifornirsi sul territorio non trova piú nulla. In due mesi malattie, diserzioni e mancanza di viveri assottigliano gli invasori di cinque o seimila uomini al giorno. L'intendenza non riesce piú a garantire i rifornimenti, si moltiplicano i casi di saccheggio, rapina, brigantaggio. Si profila la situazione ipotizzata da von Clausewitz, passato al servizio dei russi: N. sarebbe stato vinto dalle stesse smisurate dimensioni dell'impero.

Anche Smolensk, raggiunta in un mese dopo una marcia di 500 km viene abbandonata e incendiata. Mosca rappresenta per N. una sorta di richiamo fatale, di sfida al destino: «È lo stesso pericolo che ci spinge verso di lei: ho esaurito le obiezioni dei saggi». Continua a ripetere: «Ho bisogno di una grande battaglia», ma i russi continuano a ritirarsi, a corte e tra i generali i contrasti sono feroci. Barclay de Tolly, ritenuto troppo prudente, viene sostituito con il vecchio Kutuzov, incaricato di difendere l'onore della Russia, anche se non piace allo zar.

Non è decisiva nemmeno la sanguinosa battaglia che i francesi chiamano della Moscova e i russi di Borodino. Vi si sparano 120 000 colpi di cannone, le perdite russe sono pesanti, quattro volte superiori a quelle francesi, ma anche stavolta l'esercito è in grado di ritirarsi ordinatamente. Commenta N.: «Questi russi si fanno ammazzare meccanicamente. Non se ne esce. Bisogna demolirli a cannonate come fossero delle cittadelle».

Mosca non viene difesa, Murat ne tratta l'evacuazione. Poi gli incendi, casuali o dolosi che siano, la divorano per due terzi. I vincitori si abbandonano a saccheggi incontrollabili. Centomila moscoviti muoiono di freddo e di stenti nei boschi e tuttavia Alessandro continua a rifiutare la pace. Per trentacinque giorni si consuma nell'attesa una partita drammatica. N. vi recita la parte di chi, essendo piú forte, si può permettere d'aspettare, convinto di poter cosí impressionare il suo nemico e deciderlo finalmente a trattare. Ma perde la scommessa: non vuole restare lontano troppi mesi da Parigi, dove fermentano congiure e colpi di Stato, non può far svernare l'esercito in una città distrutta. Il 19 ottobre prende la via del ritorno lungo una strada già devastata, resa piú tormentosa dalla fame e dal freddo, dagli agguati dei cosacchi. «Dopo una bianca pianura, un'altra bianca pianura, – scriverà Victor Hugo nel poema *I castighi*. – Non si distinguono piú né capi né bandiere. | Ieri una grande armata, e adesso un gregge. | Nevicava. I feriti si rifugiavano nel ventre | dei cavalli morti». All'alba, scrive Chateaubriand, le trombe richiamavano guerrieri che non potevano piú svegliare.

Restano 40 000 o 50 000 uomini ancora in grado di combattere. Il XXIX bollettino parla di 50 000 cavalli morti in pochi giorni per il gelo sceso precocemente. Il 16 dicembre solo 16 000 uomini ripassano il Niemen. L'armata aveva perso 450 000 uomini tra morti (da 180 000 a 220 000), prigionieri (da 150 000 a 190 000), disertori e fuggiaschi (da 50 000 a 60 000). La tragedia della ritirata entra a far parte della leggenda anche per le sue dimensioni apocalittiche.

N. lascia l'armata e si precipita a Parigi, dove rientra il 19 dicembre, convinto che la sua presenza basti a bilanciare i pessimi effetti delle notizie che arrivano dall'est. Lungo il viaggio riflette: «Mi sono sbagliato non sullo scopo o l'opportunità politica di questa guerra, ma sul modo di farla». O ancora: «Non sono un don Chisciotte in cerca d'avventure... La sola differenza fra me e gli altri sovrani, è che le difficoltà li arrestano, mentre io invece amo affrontarle». Ma la Prussia insorge, Federico Guglielmo si allea con lo zar e proclama la guerra di liberazione. I russi, pur stremati e affamati, arrivano fino a Parigi, anche se non riescono a infliggere il colpo di grazia.

Ancora una volta N. riesce nel prodigio di riorganizzare in quattro mesi un esercito di 200 000 uomini e 600 cannoni (ma carente nella cavalleria e nella logistica) e per un anno torna sui campi di battaglia dell'Europa centrale per cercare la vittoria che riconsegni la Prussia al predominio francese. I successi parziali, come quelli di Lützen e Bautzen, finiscono per corroborare le sue illusioni e per rafforzare la determinazione degli Alleati, ormai decisi a combattere per altri dieci anni.

Dopo i tre giorni della battaglia di Lipsia, segnata da tradimenti e abbandoni, in cui la ritirata francese è compromessa dalla distruzione prematura di un ponte, la coalizione fa convergere sulla Francia eserciti che hanno il triplo delle forze. Lo zar attacca persino in dicembre, lungo le valli della Senna e della Marna. L'intelligenza tattica con cui N. torna a battersi in tante piccole battaglie, con formazioni di poche decine di migliaia di uomini, sembra quella della prima campagna d'Italia. Ma ancora una volta il generale prevale sul diplomatico. Le trattative di pace falliscono anche per le sue esitazioni: non può accettare di tornare ai vecchi confini del 1791, come gli viene chiesto. Non può tornare a Parigi senza una pace vittoriosa, ma il 31 marzo il generale Marmont firma la resa della città.

Per i russi, il racconto della «grande guerra patriottica» resta quello fissato da Tolstoj in *Guerra e pace*: il ruolo di Alessandro viene sminuito a favore di quello che diventa il vero protagonista vittorioso, il popolo, le cui virtú vengono incarnate in Kutuzov (che pure era un aristocratico ben introdotto a corte), esempio di saggezza e patriottismo, in contrasto con i rigidi, pedanti militari di professione, quasi tutti tedeschi. È a un personaggio letterario che pensano i soldati russi che fermeranno l'avanzata delle armate di un altro invasore, Hitler.

È una interpretazione che ha trovato puntuali riscontri anche in Occidente, dove si sono enfatizzati il clima avverso e certi errori di N., ma si è parlato di un governo e di un esercito russo privi di un vero controllo degli avvenimenti, e con una strategia che in realtà era una combinazione di improvvisazione e casualità. Contro ogni previsione, al di là di errori, contrasti e debolezze, la Russia aveva vinto la sua prova di maturità. Accumulando gli errori di Spagna a quelli di Russia, N. accelerava la propria parabola autodistruttiva.

16.
Elba

L'uomo che sino a due anni prima era il signore d'Europa, l'Eroe che è stato avvicinato ad Alessandro e a Cesare si ritrova confinato in un'isola di dodicimila abitanti che campano poveramente di una miniera di ferro, un po' di vino esportato in continente, due tonnare e qualche salina. A rendere piú amara la caduta, l'esperienza del tradimento e dell'abbandono. La famiglia, con l'eccezione della madre e di una sorella, resta lontana. Il trattato sottoscritto a Fontainebleau l'11 aprile 1814 riconosce a N. la sovranità dell'isola come principato autonomo, la conservazione del titolo imperiale e un appannaggio annuale di due milioni di franchi, che non verrà versato, cosí come nessun articolo dell'accordo verrà rispettato.

A Sant'Elena N. farà autocritica. Con piú decisione, avrebbe potuto patteggiare per sé il Regno d'Italia, la Corsica, la Toscana: «La decisione è stata frutto di una mia deficienza, un errore di temperamento. In quel giorno un senso di mortale stanchezza e disprezzo per tutto ciò che mi circondava, anche per la stessa fortuna che sino ad allora avevo padroneggiato, mi rese come passivo. Per questo mi sono limitato a gettare lo guardo su quel povero pezzo di terra, dal quale avrei potuto vedere gli errori dei miei nemici e trarne profitto». Come poi dirà, se i Borboni avessero voluto regnare saggiamente con principî nuovi, per lui sarebbe stata finita.

In realtà aveva margini di trattativa molto modesti, e aveva fatto i suoi calcoli con la consueta rapidità. Il «povero pezzo di terra» nel cuore del Tirreno consentiva di sfuggire ai suoi controllori con relativa facilità. Ne erano consapevoli gli stessi Alleati. Si trattava di una soluzione interlocutoria, tutt'altro che definitiva. I contendenti lo sapevano benissimo. Come scriverà Taine, inutile rimpicciolire N., rinchiuderlo in casa sua. Nessuna barriera poteva fermarlo. La pace, con lui, non era altro che una tregua passeggera.

Il viaggio da Fontainebleau sino all'imbarco di Fréjus era stato penoso. In Provenza N. aveva subito manifestazioni di ostilità che sembravano preludere al linciaggio. Per meglio nascondersi, dopo Aix aveva indossato la divisa dell'aiutante di campo del commissario russo e la coccarda bianca dei Borboni. Scampato il pericolo, aveva sogghignato con i commissari alleati che lo scortavano: «Alla fine non perdo niente, ho cominciato la partita con una moneta da sei franchi e la chiudo nell'agiatezza».

Delle decine di generali, marescialli e duchi colmati d'ogni favore partono per l'isola solamente in tre: Bertrand, Gran Maresciallo di palazzo, diventa il ministro segretario di Stato; Drouot è il Governatore militare, Cambronne assume il comando della piazza di Portoferraio. Con loro c'è anche l'irreprensibile tesoriere Peyrusse, che aveva già vissuto la tormentata vicenda egiziana. Li attendono trecento giorni di purgatorio prima di riprendere l'ultimo volo. «Abbiate pazienza, – promette N. a Bertrand, – passeremo l'inverno alla meno peggio. Poi penseremo a passare la primavera diversamente».

Per uno dei tanti curiosi paradossi di cui si compiace la Storia, il piú piccolo dei luoghi napoleonici resta quello a piú densa concentrazione di emozioni. Nel periodo elbano N. diventa miracolosamente e improvvisamente visibile a occhio nudo, come una cometa che si sia avvicinata cosí tanto alla Terra da sfiorare i tetti delle case. Lo si può vedere, quasi toccare, nel piccolo duomo tarchiato che sembra la stiva di una nave da carico. Lavora con i muratori alla ristrutturazione delle nuove residenze; parla con i contadini, intrattiene vecchi e bambini, elargisce monete d'oro agli orfanelli, organizza matrimoni, mangia il cacciucco con i pescatori, restaura teatri, consiglia la coltivazione della patata a un sindaco che si vanta di essere un ottimo agricoltore. Il giorno dopo lo sbarco ispeziona di gran carriera le fortificazioni e le miniere di Rio, detta l'organigramma dell'amministrazione, emana decreti che riguardano l'igiene pubblica, gli acquedotti, le fogne, i giardini, i ponti, le nuove strade da fare in quindici giorni, le saline, i dazi, le tasse arretrate.

Il Mito ha le fattezze di un borghese un po' troppo rotondo e appesantito, con l'aria di un commerciante appena sbarcato da Piombino per i suoi traffici. La piccola comunità elbana, attonita e sconvolta, dapprima è ostile, poi perplessa, quindi rassegnata e fin ammirata davanti a quel fiume d'energia che sconvolge le vecchie consuetudini. Inutile resistergli, come provano a fare quelli di Capoliveri che non vogliono pagare le tasse e vengono puniti duramente.

N. riesce a incantare anche gli inglesi che lo sorvegliano. Invitato sulla *Undaunted* per festeggiare il compleanno di re Giorgio, ha doni per tutti, comprese mille bottiglie di vino. Marinai e ufficiali sono incantati dai suoi modi famigliari, dalla sua competenza tecnica in materia di navi da guerra, dall'ampiezza delle sue vedute. Come ci si può accanire contro quell'uomo superiore, che ha una conoscenza cosí precisa dei problemi che affliggono l'Inghilterra e se ne preoccupa come fossero i suoi? Alla fine il capitano Ussher gli regala una scialuppa.

La mattina dello sbarco, mercoledí 4 maggio 1814, è giorno di pioggia leggera. N. ha già spedito i suoi generali in città a preparare le accoglienze con quel poco che c'è a disposizione. La cerimonia è fissata per il primo pomeriggio, ma non può restare inattivo sino ad allora. Cosí scorge nell'ampia e dolce baia di Portoferraio, a Magazzini, una bella villa di solidità ed eleganza rinascimentali, affacciata sul mare tra ridenti vigneti. È la casa di Pellegro Senno, uno dei notabili dell'isola, affittuario della tonnara e fornitore del presidio militare, genovese d'origine. N., che è in grado di immagazzinare nella sua prodigiosa memoria anche i particolari piú insignificanti, lo ricorda perché è stato a Parigi nel 1803 con una delegazione di deputati elbani, e lo stima particolarmente: «Ci vogliono quattro ebrei per fare un genovese», ammicca.

Sceso a terra, si compiace dei vigneti ben pettinati, degli olivi ordinati, dell'armonia operosa che spira dal luogo. Come per tutte le cose che lo riguardano, anche di questa visita non prevista si tramandano numerose versioni. La prima è che un contadino, scorto N. (che è sbarcato da una nave inglese) si cava il cappello e grida a pieni polmoni: «Evviva il re d'Inghilterra». L'imperatore, che teme attentati, mette mano alla sciabola, poi l'equivoco viene chiarito e il contadino ricompensato con la solita moneta d'oro che è un po' il biglietto da visita del sovrano. Seconda versione, piú verosimile: N. incontra un contadino che zappa e non lo riconosce. È il Segnini di Poggio, falegname: fa quel secondo lavoro perché ha dovuto pagare un compaesano affinché partisse soldato al posto del figlio, cosí come consentono le leggi sulla coscrizione. Maledice l'imperatore, maledice la guerra, e s'allontana.

Finalmente alle quattro del pomeriggio tutto è pronto per lo sbarco: i soldati, il baldacchino foderato di stagnola, la bandiera con le tre api dorate, antico simbolo di regalità che lui stesso ha scelto. Il sindaco Traditi consegna all'Ospite le chiavi della città, inventate sul momento, tenta un discorso, s'impappina. Segue un solenne *Te Deum* nel duomo ancora odoroso di muffe invernali, poi N. viene accompagnato in Municipio, sua provvisoria dimora. Lo chiamano la Biscotteria, perché ci cuocevano i biscotti per gli equipaggi delle navi, ha un'aria solida e trasandata, e in quanto a sicurezza lascia a desiderare.

La notte l'Augusto è disturbato dagli stornelli entusiasti dei nuovi sudditi, che hanno la passione della musica. Il giorno dopo vola a cercarsi una sede piú degna, nella zona alta degli ex mulini. Ci sono dei padiglioni assai semplici, adattati a residenza del comandante dell'artiglieria e del genio, piú un carcere attiguo. N., che ha il genio della costruzione, disegna una villa dignitosa con annesso giardino affacciato sul canale di Piombino. Lassú c'è aria, luce, la posizione è protetta dai due forti, e si può controllare tutto. I lavori cominciano subito, N. sprona architetti e operai, suggerisce serramenti e colori, si aggira febbrilmente tra i calcinacci e i nuovi muri: vuole che la villa sia pronta per quello che ritiene l'imminente arrivo di Maria Luisa e del piccolo Re di Roma.

Al piano terreno ci sono la biblioteca, due studioli, la camera da letto, un saloncino d'onore; al primo, il salone delle feste, e gli appartamenti dell'imperatrice (in novembre saranno abitati da Paolina, giunta a confortare l'infelice fratello). Non sono le Tuileries, non è la Malmaison, ma la dignità è salva. N., che detta un cerimoniale preciso cui attenersi, si occupa anche delle piante del giardino, e ordina dei gelsi per la sua nuova capitale: sono belli, e uniscono il dilettevole dell'ombra all'utilità dell'industria.

Ma poiché l'estate avanza impietosa, ci vuole una villa di campagna. Dopo due scorribande a cavallo, N. la identifica in una casetta rustica acquattata in fondo alla valle di San Martino. Un ambiente agreste, passabilmente fresco, da cui si gode un delicato panorama di Portoferraio. Anche qui, poche stanze semplici per sé, per i fidi generali Bertrand e Drouot. Unica concessione alle memorie gloriose di un tempo, una sala egizia al primo piano, con vasca ottagonale al centro, a suggerire i piaceri di un comfort orientale. Alle pareti chiare, miraggi di palme, cavalieri in duello, la testa della Sfinge, opera di un pittore piemontese, Vincenzo Revelli.

Mentre fervono i lavori delle due residenze, N., che si è portato dietro almeno sei carrozze e decine di cavalli, tra cui tutti quelli della leggenda, scopre che l'isola non ha strade carrozzabili, e provvede con la consueta energia, dando ai suoi uomini tempi strettissimi, ma incontrano la resistenza dei contadini, che non vogliono cedere un solo palmo di terreno alle esigenze del Progresso. È una delle non molte battaglie che N. vince a metà: anche perché, dovendo mantenere i 1500 uomini del piccolo esercito elbano, deve fare i conti con una delicata situazione finanziaria, e non ha di che pagare gli operai. L'isola produce un reddito annuo di 345 000 franchi oro, in pratica il valore di una delle tante collane di Paolina, e nemmeno della piú bella.

Adesso tutti guardano all'Elba. Portoferraio brulica di turisti italiani, francesi e inglesi che vogliono vedere l'imperatore, sognano un incontro. Sono cosí numerosi che N., dapprima lusingato, se ne infastidisce e dirada radicalmente le udienze. Tra le voci critiche, quella della contessa d'Albany, che il 20 maggio 1814 scrive ironicamente: «C'è stato un pitocco di prete che ha ringraziato la Provvidenza di aver concesso questo grand'uomo agli abitanti della sua isola. Egli fa ora costruire un palazzo, un liceo, un teatro, un lazzaretto e un ospedale. Quella diventerà cosí l'isola fortunata. Io avrei voluto che la sua persona fosse stata regalata a un altro mondo».

N. dà subito prova della sua leggendaria mobilità. Colonizza la vicina isola di Pianosa, dove si ripromette di far coltivare il grano e impiantare alberi da frutta. Visita di frequente l'aspra zona mineraria di Rio, perché ai suoi occhi rappresenta una piccola realtà industriale da valorizzare meglio. Lí si scontra subito con l'abile e capace direttore delle miniere, Pons de l'Hérault, fiero repubblicano tutto d'un pezzo, che vorrebbe continuare a versare i proventi alla Legione d'onore, beneficiaria delle miniere, come da statuto. N. invece li esige per sé, e subito, quei 200 000 franchi, anche se maturati anteriormente alla sua venuta.

Appianati i contrasti con Pons, i progetti di sviluppo vengono frenati dalla dura realtà: l'isola non dispone di acqua e alberi a sufficienza per lavorare il ferro in loco. Piú dolce è il paesaggio delle colline occidentali, che vanta qualche bosco di castagni, tuttavia insufficienti alla bisogna. Poco sopra Marciana, sulle pendici del Monte Giove, sta il piú antico e venerato Santuario dell'isola, la Madonna del Monte. N. lo elegge a sede estiva perché il luogo è di un incanto metafisico, tra pini e castagni, ciuffi di ginestre e di cisto, e grandi massi incisi dalle acque in forme bizzarre. Di lassú si domina tutta l'isola e la costa toscana; e soprattutto, nei giorni di vento, si può vedere la Corsica in tutta la sua estensione.

N. ama contemplarla a lungo, sopraffatto dai ricordi e dai profumi della macchia mediterranea, che gli ricordano quelli della sua isola. Appartata com'è, la Madonna del Monte è il luogo ideale per ospitare in gran segreto la diletta amante polacca, Maria Walewska, che gli ha dato un figlio. È il venerdí 2 settembre, e N. spera ancora nell'arrivo di Maria Luisa. Per quanto notturno e clandestino, l'arrivo della Walewska e del bambino non sfugge alla curiosità degli elbani, che la scambiano per l'imperatrice e non capiscono il perché di tanti misteri. N., che non vuol dare scandalo, è costretto a far partire Maria malgrado una forte burrasca renda precario l'imbarco anche a Porto Longone, l'attuale Porto Azzurro, dove il mare sembra meno infuriato. Il capitano è assai incerto, ma è la stessa Maria a spingerlo alla partenza. È diretta a Napoli e ha con sé la lettera che la mette sotto la protezione di Murat.

Poi la situazione precipita. A Vienna, gli Alleati meditano di prelevare N. e di deportarlo lontano: si parla già apertamente di Sant'Elena. Il governatore della Corsica, Bruslart, avvia un piano per un assassinio che poi fallirà; anche il console di Francia a Livorno, Mariotti, medita un rapimento. N., che dispone di un'ottima *intelligence* ed è sempre bene informato, sa che in patria lo scontento anti-borbonico cresce, i circoli bonapartisti sono in ebollizione e che la corte pensa ad altro, perché lo considera finito, un morto che cammina e crede di governare un regno da operetta. Il colonnello inglese Campbell, che dovrebbe sorvegliarlo, poco attento e perspicace, è occupato a corteggiare le sue contesse in terraferma.

N. precede e beffa tutti, recitando sino all'ultimo la parte del Cincinnato che si è rassegnato a curare le sue vacche (nel frattempo ha fatto riattare il Teatro dei Vigilanti, dove si dà un gran ballo di carnevale). Domenica 26 febbraio 1815 se ne va al tramonto con sette vascelli malandati e un migliaio di fedelissimi. Malgrado venti poco propizi, riesce a sbarcare a Golfe Juan nel pomeriggio del 1° marzo, e ad arrivare a Parigi senza sparare un sol colpo. Lo attendono i Cento Giorni che portano a Waterloo, e a Sant'Elena. Poco prima della battaglia ha una premonizione: «Eh, madame, purché non ci tocchi rimpiangere l'Elba», sospira con la contessa Bertrand.

Negli stessi mesi, la vera partita si gioca a Vienna. Dopo vent'anni di guerre, umiliazioni e angosce, nell'estate e autunno del 1814 l'Europa conosce nella capitale austriaca una stagione in cui nessuno sperava piú, quella di una ritrovata dolcezza del vivere. I sovrani delle potenze alleate partivano per il Congresso che avrebbe ridisegnato la mappa dell'Europa in preda a una vera euforia. Pensavano di restare a Vienna non piú di tre settimane, un mese al massimo; ma soprattutto erano sicuri di potersi finalmente concedere quasi tutto. Anche se non erano piú tempi di cipria e codino, l'eleganza settecentesca poteva tornare a risplendere. Già sacrificati alle spese militari, il lusso, lo sfarzo e la magnificenza diventavano anche uno strumento politico, un modo per impressionare gli interlocutori.

Convergevano su Vienna imperatori e sovrani di stati d'ogni taglia, in specie i tedeschi, con i loro seguiti variopinti, trascinando con sé una folla di funzionari, ufficiali, servitori, ecclesiastici, faccendieri, mezzani, avventurieri, postulanti, informatori e spie, truffatori e questuanti. In poche settimane, almeno centomila persone avevano invaso la capitale, sconvolgendone l'economia. Prezzi e affitti erano schizzati alle stelle, sospinti dalla crescente richiesta. Si calcolava che l'affitto di pochi mesi bastasse a coprire l'intero valore di un immobile. Fornitori di servizi e commercianti si fregavano le mani, popolo e borghesia cominciavano ad allarmarsi.

Francesco d'Austria, noto per la sua grettezza, era costretto a recitare la parte dell'ospite munifico, e spendeva ogni giorno per la mensa imperiale 50 000 fiorini sottratti alle pensioni d'invalidità dei suoi soldati. Alle pubbliche cerimonie continuava a preferire le occupazioni d'un pensionato: suonare il violino, riverniciare la gabbia degli uccellini, intagliare modellini di carta.

L'entrata piú solenne era stata quella congiunta dello zar Alessandro e del re di Prussia, preceduti da interi reggimenti della guardia ungherese e degli ulani, e scortati da un corteggio di principi, duchi, arciduchi, generali, con grande concorso di folla festosa, scampanii e rombi di cannone. Avevano preso posto sulla stessa carrozza con le rispettive consorti e accolto benevolmente l'omaggio di intere *corbeilles* di fiori offerte da uno sciame di fanciulle biancovestite.

Ogni giorno le carrozze dei potenti percorrono i viali e le strade cittadine in una parata continua, precedute da valletti corridori che roteano bastoni con il pomo d'argento. Ovunque si accalcano ufficiali d'ogni grado, a piedi, a cavallo, esibendo le piú sgargianti uniformi d'Europa. Degli illustri ospiti, lo zar Alessandro sembra il piú cogitabondo, persino malinconico. Tiene alati discorsi liberaleggianti, ha l'aria ieratica del redentore dell'universo. Ai balli sembra preferire la compagnia dei suoi elegantissimi ufficiali. I viennesi un po' lo ammirano, un po' lo temono, perché è l'alleato piú ingombrante.

Anche il plenipotenziario inglese, il visconte di Castlereagh, di origini irlandesi, appare piuttosto impenetrabile. Insieme timido e orgoglioso, parlare in pubblico per lui è un vero tormento. È un depresso consapevole dei propri limiti (finirà suicida). Ha una moglie corpulenta e un po' stupida, che al ballo di carnevale ha la pessima idea di travestirsi da nastro dell'ordine della Giarrettiera. Con la loro aria rigida e antiquata, gli inglesi sembrano piovuti da un altro pianeta.

Anche Federico Guglielmo II di Prussia si trova a disagio nella mondanità e sogna di potersene tornare a lavorare nel suo castello. Il team prussiano è molto forte (comprende anche il dotto barone Guglielmo di Humboldt, fratello del celebre naturalista e fondatore dell'Università di Berlino), perché alte sono le sue aspettative. La delegazione austriaca è guidata da Metternich, ministro degli Esteri.

La partita è complicata. I russi sono decisi, anche a costo di riprendere le armi, a conservare la parte di Polonia che già possiedono. Anche la Prussia vuol tenersi il suo pezzo di Polonia, e in piú mira ad annettere la Sassonia, ghiotto boccone per tutti. L'Austria teme una Prussia troppo forte, vuol mettere le mani sull'Italia, e guarda preoccupata l'espansionismo russo verso i Balcani. L'Inghilterra mira a contenere la Francia, creando un regno nei Paesi Bassi, e stabilendo una forte presenza tedesca sul Reno. Anche gli inglesi pensano a Costantinopoli, e non vogliono rafforzare la Russia con la Polonia. Infine Luigi XVIII, tornato sul trono, non vuole che gli austriaci si annettano il regno dei Savoia, e arrivino alle Alpi.

Inglesi, austriaci, prussiani e russi s'erano incontrati a settembre, e avevano buttato giú una bozza d'accordo, sicuri di poterla imporre agli altri. Non avevano fatto i conti con l'ultimo dei grandi, arrivato a Vienna con tutta calma, l'uomo che era stato piú volte ministro di N. e adesso rappresentava la Francia della restaurazione, quella di Luigi XVIII: Talleyrand. Il Trasformista supremo arriva a Vienna il 23 settembre con uno staff di abili diplomatici, accompagnato dalla brillante nipote Dorothée, duchessa di Curlandia, che ha sposato un suo nipote e da cui è attratto quasi morbosamente. Si è portato dietro anche uno chef blasonato, Antonin Carême. I suoi piatti mirano allo stupore e alla meraviglia, sono sculture alimentari, opere d'arte che non disdegnano rappresentare arpe, colonne, navi romane. Già a Parigi sbalordiva tutti facendo arrivare dal Reno salmoni conservati in ghiaccio.

I sontuosi ricevimenti di Talleyrand diventano un'arma diplomatica. Suo motto: «Quando una trattativa va male, offrite un pranzo». Con gli ospiti segue un cerimoniale preciso. Se gli sono superiori in rango, chiede: «Posso avere l'onore di servirvi?» Se sono dei pari grado: «Mi concedete il piacere di servirvi?» Ai semplici sottoposti: «Volete servirvi?»

Tra le migliaia di ospiti convenuti a Vienna c'è anche il giovane August conte de La Garde. Cresciuto nell'*entourage* di Madame Récamier, amica di famiglia, di simpatie realiste e ambizioni letterarie, poeta encomiastico e cortigiano perfetto, come tale molto apprezzato, ci ha lasciato una gustosa testimonianza di quei mesi, ivi comprese le cene di Talleyrand. Quando verso il dessert nessuno aveva piú voglia di parlare di politica, arrivava il momento delle frivolezze. Una sera si mettono tutti a discutere di quale sia il formaggio migliore. Lord Castlereagh tesse le lodi dello Stilton inglese; Aldini esalta lo stracchino milanese, cosí delicato; Zeltner magnifica la Gruviera svizzera; il ministro olandese Falk si fa premura di ricordare che il loro formaggio di Limbourg era particolarmente caro a Pietro il Grande, che ne faceva delle grandi scorpacciate. Mancano solo i formaggi napoletani, perché Murat è assente. A proposito, tutti si chiedono se quel brav'uomo riuscirà a tenersi il regno. Sull'argomento i pareri sono discordanti.

Ma ecco il gran colpo di scena, in puro stile Talleyrand. Entra il maggiordomo e annuncia l'arrivo di un corriere da Parigi. Che cosa porterà mai? Posta diplomatica e formaggi di Brie. Benissimo, grida il principe, la posta sia consegnata in cancelleria, i formaggi vengano serviti in tavola. E aggiunge con finta compunzione: «Fino ad ora non ho voluto dare pareri né esaltare i prodotti francesi, ma adesso assaggiate e giudicate voi stessi». Il piatto fa il giro della tavola, gli invitati assaggiano, meditano. È un trionfo. Il Brie viene proclamato all'unanimità il Re dei Formaggi.

Non c'è solo il cuoco, tra gli effetti speciali di Talleyrand. Si è portato dietro anche il musicista preferito, Neukomm, di origini viennesi, perché ama sentirlo suonare quando lavora: lo rasserena, gli schiarisce la mente. I viennesi, esperti musicofili, plaudono. Non si sono mai divertiti tanto. È tutto un fiorire di ricevimenti e balli, ingressi trionfali, mascherate, passeggiate al Prater, merende, cacce, banchetti, serate, concerti. Si può ascoltare la Settima Sinfonia o l'ouverture del *Fidelio* dirette da Beethoven. Tornano a splendere diademi, collane, braccialetti e orecchini del valore di milioni di franchi. La sola principessa Esterházy, nata Turn und Taxis, ne portava addosso per sei milioni. L'abito della duchessa di Sagan era adorno di pietre preziose strappate all'Ordine del Toson d'oro di cui era stato insignito Metternich, suo adoratore. I prussiani, lividi, facevano i conti: ci si poteva pagare almeno tre campagne belliche...

Le trattative diplomatiche sembrano passare in secondo piano di fronte all'urgenza degli intrighi amorosi, tutti puntualmente registrati nei rapporti di polizia: il re di Prussia è uscito in abito civile con un cappello rotondo calcato sugli occhi, alle dieci non era ancora rientrato. Lo zar è uscito alle sette con un aiutante di campo, diretto alla casa della principessa Turn und

Taxis... Ogni mattina gli portano un grosso blocco di ghiaccio che lui usa per le abluzioni... È arrivato con la consorte, ma gli vengono attribuite le conquiste della duchessa di Sagan, della principessa Bagration e della contessa Narishkin. Non sono le sole. Lo zar si fa persino intercettare dalla polizia una lettera diretta all'innamorata del momento, la signora von Bethmann, in cui dichiara: «L'intero universo sparisce quando ottengo qualcosa dalla sola donna che ami...»

Gli affari di Stato si intrecciano ai pettegolezzi da salotto. Commenta severamente lo storico tedesco Heinrich von Treitschke: «Su tutta quella vita fatua e brillante si stendeva l'aura di triviale spensieratezza che con il regime absburgico era diventata propria dell'ambiente viennese... Era ancora la vecchia Vienna derisa da Schiller, la città dei Feaci, un'eterna domenica con i girarrosto sempre in funzione. Assai piú ributtante dell'inevitabile scostumatezza di quel gran baccanale principesco era la doppiezza», il cinismo totale con cui la mattina si tramavano sottobanco accordi poi sdegnosamente negati lo stesso pomeriggio. Sui giornali dell'illustre assemblea non si parlava proprio.

Nella grande sala dello Hofburg, dove si tengono le riunioni, l'aria è quella di un incontro di famiglia per questioni ereditarie. Sono ammessi anche i cani. Inglesi, prussiani, austriaci e russi avevano già raggiunto a settembre un accordo di massima prima ancora che il Congresso si aprisse, e l'avevano sottoposto a Talleyrand, quasi chiedendogli di sottoscriverlo. In sostanza, la Russia voleva la Polonia e la Prussia la Sassonia. Lui li blocca con uno sdegno raggelante: il Congresso non è stato nemmeno aperto, manca la Spagna e la maggior parte degli aventi diritto, la Francia non può sottoscrivere patti che vanno contro le norme piú elementari del diritto pubblico. Sono metodi che ricordano molto quelli del Bonaparte. Dopo averlo vinto, adesso tutti sembrano condividere i suoi istinti di predatore. Anche il granduca di Sassonia osserva amaramente che da N. gli Alleati avevano imparato, insieme a tante altre cose, anche la protervia.

Le eccezioni procedurali sollevate da Talleyrand, che si

comporta come un vincitore, creano sconcerto. Puro miele per la quarantina di staterelli tedeschi, da sempre avversi allo strapotere della Prussia, che lo eleggono a loro patrono e fanno causa comune. Diventa l'uomo piú ricercato e blandito del Congresso. Ma che cosa è il diritto? Per lo zar Alessandro, è semplicemente quel che conviene all'Europa, cioè a lui. «Sire, questo linguaggio non vi appartiene, e il vostro cuore lo confessa», ribatte Talleyrand, che giostra con sicurezza. Il Congresso è aggiornato al 1° novembre. Il «Diavolo Zoppo» ha il tempo di tirare dalla sua austriaci e inglesi, mentre le pretese espansionistiche dello zar alimentano tensioni e malumori crescenti. Gli alleati di ieri cominciano a trovarsi detestabili. Il 1° febbraio 1815 Talleyrand annuncia trionfalmente al suo re: «Sire, la coalizione è sciolta per sempre». La Francia non è piú isolata, può contare su un «sistema federativo» che comprende Inghilterra e Austria, la Baviera, l'Hannover, le Province Unite, e presto altri stati. I disegni egemonici di Russia e Prussia sono stati sventati.

Il 9 febbraio il diabolico mediatore può dire di aver ottenuto quel che si era prefisso: la Sassonia è salva, fungerà da Stato-cuscinetto tra Prussia e Austria, che tuttavia avranno i loro bravi guadagni territoriali. Per valorizzare i propri meriti, si dichiara mortalmente stanco: non si può vivere sei mesi in una tempesta continua di lettere, appunti, conferenze: «L'opera di intrigo logora di troppo tutte le facoltà». Era arrivato lí senza alcuna influenza, e adesso era la Francia a trarre i maggiori vantaggi da una trattativa che coinvolgeva l'amor proprio e il puntiglio di tanti Paesi.

A Vienna c'è un convitato di pietra di cui non si parla ufficialmente ma si discute a porte chiuse in toni preoccupati. N. all'Elba resta un pericolo. Luigi XVIII non intende versargli il milione e mezzo di franchi previsto dai trattati, ma sarebbe disposto a pagare una cifra anche maggiore se solo lo si potesse trasferire altrove. Si parla delle Azzorre, a cinquecento miglia dalla terraferma; a novembre qualcuno ha fatto il nome di Sant'Elena. Il 10 febbraio la deportazione è decisa in seduta segreta, ma la notizia finisce sui giornali. È la conferma che decide N. alla partenza. Quando il 1° marzo sbarca a Golfe Juan, Talleyrand ha appena scritto al suo re che per vincere la noia del Congresso si organizzano delle ricche lotterie in cui ciascuno porta un premio. Per eccesso di zelo, la principessa Esterházy vorrebbe organizzare le cose in modo che i premi piú belli vadano a quattro signore molto ammirate dallo zar e dal re di Prussia. La cosa viene giudicata molto sconveniente.

La mattina del martedí 7 marzo scatta l'allarme rosso, viene indetta una riunione urgente. È arrivato da Genova un dispaccio che comunica la fuga di N. dall'Elba per destinazione ancora ignota. «Va dritto a Parigi», pronostica Metternich. «Un colpo da maestro, me lo aspettavo», commenta Talleyrand. Adesso, dice, bisognerà trattarlo per quello che è diventato, un bandito. Nelle conversazioni con i colleghi lo copre di ingiurie: brutale, vile, ipocrita, furbastro, rettile. Mentre il brigante avanza verso Parigi senza sparare un sol colpo e i reggimenti mandati a fermarlo solidarizzano con lui, domenica 12 il suo ex ministro fa sottoscrivere a una nuova alleanza di otto potenze un proclama che chiama nuovamente i popoli alla lotta contro «quest'ultimo tentativo di delirio criminale e impotente». Anche Maria Luisa scrive lettere in cui si dichiara «indignata con la persona che metteva cosí a repentaglio la sua sorte futura e quella di suo figlio». Invano N. le scriverà da Lione di raggiungerlo a Parigi con il bambino. La lettera è intercettata, i congressisti si cavano gli occhi per decifrare gli scarabocchi di quei foglietti vergati nervosamente.

Il Congresso è preoccupato, le feste interrotte. È come se, scrive un testimone, migliaia di candele si fossero spente in un colpo solo. Talleyrand raccomanda invano al suo re, in fuga dalle Tuileries, di non dimenticare le carte riservate che gli aveva spedito da Vienna, tra cui un accordo segreto con inglesi e austriaci per far guerra a prussiani e russi se insistevano nelle loro pretese. Cosí N. trova il documento e lo fa avere ai russi per gettare zizzania. Lo zar si premura di dire a Luigi d'aver sempre saputo che il suo governo era pieno di incapaci, vissuti all'estero, che della Francia non sapevano nulla. La vacanza è finita, la guerra è di nuovo vicina.

Dopo estenuanti maneggi (l'atto finale è composto di centoventuno articoli) il Congresso si chiude il 3 giugno con un senso diffuso di frustrazione e di aleatorietà. La pace si era rivelata piú difficile degli stessi anni di guerra, in cui si faceva fronte a un nemico comune. Nella Vienna tornata alle dimensioni abituali si respira l'aria pesante delle feste appena terminate, tra tovaglie macchiate di vino, fiori appassiti e avanzi di cibo che si decompongono.

Tuttavia, anche se animato da attori spesso mediocri o frivoli, qualcosa il baraccone viennese aveva prodotto: l'idea che bisognasse metter da parte ogni pretesa egemonica per trovare assetti sostenibili, un sistema d'equilibri che garantisse lo sviluppo di industrie e commerci, trasporti fluviali inclusi. Restavano aperte, a nord come a sud, due grandi questioni: la Germania e l'Italia ancora volutamente frammentate, per la tranquillità dei loro potenti vicini.

17. Waterloo

Waterloo è la battaglia che non si è combattuta a Waterloo. Una battaglia una e trina, affrontata in luoghi diversi, lunga tre giorni, già avviata sin dal primo a quella che è poi stata la sua conclusione effettiva. La battaglia per antonomasia, la sola che lo sconfitto continui a vincere nel cuore dei posteri, consegnando al disinteresse e all'oblio il vincitore storico e i suoi soldati, guardati come usurpatori della gloria altrui. Una battaglia continuamente discussa, ripensata e riscritta, perché nessuno vuole elaborare il lutto, né si rassegna ad accettare il suo esito reale. Ogni volta la si rivive come per cambiare il finale già scritto.

Waterloo si è subito caricata di una fortissima carica simbolica: una quasi vittoria che si rovescia in catastrofe, un evento di proporzioni immani che chiude un'epoca, i vent'anni che avevano sconvolto l'Europa, imprimendole un'accelerazione, un cambio generazionale mai visti prima. È la montagna contro cui, dopo il «folle volo», fa naufragio la navicella di N.-Ulisse.

L'esatto rovescio di Marengo, la battaglia già persa che Desaix risolve a favore del suo condottiero, correndo a salvarlo all'ultimo minuto. È l'evento bellico che ha prodotto una bibliografia sterminata, un fiume di testimonianze, documenti, interpretazioni e polemiche, e che alla fine deve arrendersi alla piú semplice delle considerazioni: Waterloo è stato un cumulo irripetibile di casualità, imprevisti, malintesi, fatalità. La conclusione di una storia lunga cento giorni, che comincia molto prima, e che non poteva essere diversa.

Il 1° marzo 1815 N. è sbarcato a Golfe Juan con i mille uomini che aveva all'Elba. Nel proclama che rivolge ai francesi, annuncia che «l'aquila con i colori nazionali volerà di campanile in campanile fino alle torri di Notre-Dame». Ai suoi dice che vuole riprendersi la corona senza versare una goccia di sangue. Prende la via delle Alpi, che considera la piú sicura, a tappe di 50-60 km al giorno. Le truppe mandate a fermarlo solidarizzano e si uniscono a lui. Trionfale l'ingresso a Grenoble. Il 10 marzo è a Lione, dove annuncia lo scioglimento delle Camere dei Borboni. Il maresciallo Ney, già passato al servizio di re Luigi, che ancora pochi giorni prima aveva garantito che avrebbe riportato a Parigi l'usurpatore chiuso in una gabbia di ferro, a Auxerre si getta commosso tra le sue braccia. Magnanimo e accorto, N. gli dice che non ha bisogno di spiegazioni o giustificazioni.

Il 20 marzo è a Fontainebleau, il castello degli addii di un anno prima. Si aggira per stanze e giardini come li vedesse per la prima volta. Confida: «Staremo bene qui. Si sta sempre bene quando si è a casa». Alle otto di sera può tornare alle Tuileries. In una Parigi attonita, sospesa in un silenzio stranito, il vecchio *establishment* (ministri, funzionari, ciambellani, consiglieri, maggiordomi) esce dai suoi ripari e riprende tranquillamente il lavoro. N. riceve amabilmente i prefetti, anche quelli che avevano tradito: «Ecco come sono fatti gli uomini, bisogna riderne per non piangere».

Come scriverà Balzac, «prima di lui nessun uomo aveva conquistato un Impero mostrando solo il proprio cappello». Eppure N. resta incredulo, tormentato da dubbi e premonizioni. Coglie ovunque malumori, stanchezze, scoramenti. Ma a chi lo invita alla mediazione replica che il vero dilemma è se vivere potenti, e dunque temuti e rispettati, o consegnarsi in balia degli Alleati. Sono stati i contadini, gli operai e l'esercito a spianargli la strada verso Parigi, e l'inettitudine dei Borboni aveva fatto il resto. La nobiltà e la borghesia restano diffidenti, se non fredde. Capiscono che presto sarà di nuovo guerra, e che l'azzardo di un conflitto che oppone la Francia all'intera Europa porterà altri disastri. Quando N. deve stendere la lista dei nuovi ministri, ottiene molti no e adesioni sofferte e imbarazzate (è persino costretto a ricuperare Fouché: meglio averlo accanto, che contro). «Vi trovo tutti invecchiati, – dice ai suoi collaboratori che hanno un'aria affaticata, – qui di benportante ci sono solo io».

In un anno, molte cose sono cambiate, l'antico dispotismo non è piú praticabile. La discussione politica oscilla tra un ritorno all'impeto palingenetico dei giorni della Rivoluzione e l'esigenza di una nuova costituzione che accolga le richieste delle libertà moderne, appena intraviste nella carta concessa da Luigi XVIII. Si parla di «dittatura repubblicana». L'istituzione di una nuova Camera dei Pari, di designazione regia, i cui seggi sono trasmissibili per via ereditaria, ha il sapore *rétro* di un ritorno all'Ancien Régime e come tale viene criticata.

La Camera dei Rappresentanti, in un soprassalto di dignità e fierezza repubblicana, non sembra piú disposta ad avallare decisioni prese altrove, ma N. rilutta ad accettare limiti al suo decisionismo. Dovrebbe stringere un nuovo patto sociale con la borghesia, ma continua a corteggiare l'aristocrazia, da quel *parvenu* che è rimasto, come ironizza Fouché. È chiamato a difendere le conquiste della Rivoluzione, ma anche a garantire nuove libertà. Il tempo stringe, non c'è piú spazio per le mediazioni.

Il sentiero da percorrere è stretto: dare alla Francia una costituzione liberale, convincere gli Alleati di non avere intenzioni aggressive e di voler restare nei vecchi confini nazionali, ma intanto avviare in tutta fretta la ricostituzione di un esercito in vista di uno scontro che appare inevitabile.

Benjamin Constant, che ancora il 19 marzo tuonava contro il despota tornato per infliggere alla Francia nuove sventure, lo incontra a sorpresa il 6 aprile e si lascia sedurre, per realismo politico o per vanità intellettuale, dalla prospettiva di scrivere lui una nuova carta ed entrare cosí nella Grande Storia dalla porta principale. «Non odio la libertà, – gli dice N., – l'ho messa da parte quando ostruiva il mio cammino, ma la capisco, me ne sono nutrito». Agli occhi degli osservatori appare esitante, addirittura abulico, ma tutto quello che concede è un Atto addizionale alla carta precedente, firmato il 22 aprile. È scritto in fretta, ha l'aria di una mano di vernice applicata a un vecchio telaio. A Parigi la chiamano la *Benjamine*, dal nome dell'estensore. Scontenta chi teme un ritorno degli antichi privilegi e trova inconsistenti i caratteri liberali. L'incredulità con cui è accolta nasce dalla convinzione che, al di là delle buone intenzioni, alla prima battaglia vinta N. tornerà l'autoritario di sempre. Tre giorni dopo, a Vienna, gli Alleati si impegnano a combatterlo sino alla totale sconfitta. Fouché, convinto che tutto si risolverà in quattro mesi, già lavora per il dopo.

Come per risarcirsi della tiepida accoglienza, N. tenta il bagno di folla. Vuole ritrovare il suo popolo e riscaldare gli animi con un grande raduno popolare sulla spianata del Campo di Marte, ma non riesce a ricreare l'elettricità delle adunate del passato. Annoiato dai discorsi altrui, impacciato nell'abito di scena da imperatore romano, ritrova la sua verve solo quando scende in mezzo ai suoi soldati, li arringa, li chiama al giuramento, alla difesa della patria minacciata.

A maggio, le elezioni per la Camera dei Rappresentanti hanno un'affluenza piuttosto bassa. Al plebiscito cui viene sottoposto l'Atto Addizionale va a votare solo il 20 per cento degli aventi diritto. Da Gand, dove si trova con re Luigi, Chateaubriand annota lucidamente: «La tirannia, usurata e nel suo tramonto, conserva ancora l'intenzione del male, ma sembra averne perso la potenza». La notte del 4 giugno N. dà una grande festa popolare con musica, fuochi artificiali e ricchi doni. Ci si prepara alla battaglia nel frastuono di una baldoria che maschera fatalismo e rassegnazione.

Lo sforzo organizzativo è imponente. Già in marzo era stata avviata la produzione di 250 000 fucili. Molti materiali erano ancora ammassati nei depositi, l'industria lavora a pieno regime. Vengono richiamati i sottufficiali in congedo. I cavalli che mancano vengono requisiti ai gendarmi. Piú delicata la scelta dei comandanti, perché non tutti hanno dato prova di fedeltà. Dei marescialli vengono confermati Suchet, Ney, Davout, Soult, cui si aggiunge Grouchy. Mortier, comandante della Guardia, ammalato, viene sostituito da Drouot, che ha seguito N. all'Elba. I veterani di guerra vengono messi alla testa dei vari corpi d'armata: tra loro, Drouet d'Erlon, Reille, Vandamme. L'età media è sui 42-45 anni, Grouchy e Drouet vanno per i cinquanta.

Troppi comandanti sono tornati a servire dopo essersi macchiati, un anno prima, di debolezze, compromissioni, abbandoni. Non c'è piú una fiducia reciproca, ci si guarda con sospetto, come potenziali traditori. Dirà N. a Sant'Elena: «Le celebrità guerriere non volevano piú combattere, perché li avevo saziati già troppo di onori e di ricchezze, di distinzioni, di titoli... Avrebbero voluto essere come i marescialli di Luigi XIV, che non correvano mai noie né pericoli». Troppo ricchi, con palazzi, ville, campagne, amanti ingioiellate. Anche l'esercito, pur ansioso di rivincite, è inquieto, non ripone piena fiducia nei propri condottieri, fiuta ovunque il tradimento. Le reclute, entusiaste ma prive d'esperienza, sembrano piú convinte dei loro comandanti, frenati da una triste circospezione.

Ancora una volta, muovendo verso il Belgio, N. intende giocare sul fattore sorpresa. Il piano è semplice. Incunearsi tra gli anglo-olandesi, attestati poco a sud di Bruxelles, e i prussiani, dislocati piú a est, intorno a Namur. Complessivamente, le loro forze sono doppie rispetto alle sue, ma N., abituato a misurarsi con forze maggiori (nella prima campagna d'Italia come ad Austerlitz e nella disperata campagna del 1814), conta di affrontarli separatamente: sbaragliare Wellington gettandolo verso Bruxelles e di lí al mare, poi rivolgersi contro i prussiani. Bisogna far presto, perché russi e austriaci sono a due settimane di cammino. Wellington e Blücher hanno capito quali sono le intenzioni di N. e ne sono molto preoccupati. Quello di restare vicini, di prestarsi mutuo soccorso diventa un imperativo inderogabile.

Le colline che vanno dolcemente verso Bruxelles come onde lunghe non sono affatto la *morne plaine*, la triste, uggiosa, spenta pianura di cui parla Victor Hugo, che le ha visitate vent'anni dopo con il cuore oppresso da ricordi funesti. Nel giugno del

1815 il quadro che offrono è bucolico. Le grandi distese di grano a spiga molto lunga (la paglia torna utile per i cavalli) stanno andando verso il biondo carico dei quadri di Van Gogh. Ma all'avvicinarsi degli eserciti, le strade verso Bruxelles, ingombre di civili e contadini in fuga, diventano teatro di un gigantesco ingorgo.

Doppio è l'attacco che N. lancia il 16 giugno. Ney deve guadagnare la posizione strategica di Quatre-Bras, dove si incrociano le strade che collegano Charleroi a Bruxelles, e Nivelles a Namour, ma non aspetta i rinforzi previsti, poi esita perché è convinto di avere di fronte il grosso del nemico. Malgrado la violenza delle sue cariche, gli inglesi riescono a tenere Quatre-Bras.

A questo punto diventa decisivo attaccare i prussiani. Lo scontro (60 000 francesi contro 90 000 prussiani) avviene presso il villaggio di Ligny, assaltato per cinque volte, e si rivela durissimo. Alla fine i prussiani sono costretti alla ritirata, che Blücher copre con la sua cavalleria, ma non sono travolti.

N. mette a disposizione del maresciallo Grouchy 30 000 uomini per inseguirli, ma l'ordine è impartito tardivamente e l'aggancio non riesce. Tuttavia N. resta convinto che i prussiani, ora attestati a Wavre, cioè a 15 km da Mont-Saint-Jean, siano costretti a rifiatare, e Grouchy possa tenerli sotto pressione. Di piú, ritiene che il loro scacco dovrebbe suggerire a Wellington di ripiegare prudenzialmente; ma il duca si limita a ritirare i suoi sulla collina di Mont-Saint-Jean, meglio difendibile di Quatre-Bras.

È proprio nel settore di Ligny che si gioca la partita. N. ha ordinato a Grouchy di stare addosso ai prussiani in ritirata puntando su Wavre, ma nessuno sa esattamente dove si trovano e sono tutt'altro che in rotta. Il messaggio successivo, che lo invita a rientrare, inviato a metà giornata, arriva soltanto a pomeriggio avanzato, troppo tardi (ci vorrebbero quattro o cinque per arrivare sul campo di battaglia). I prussiani sono molto piú numerosi di quelli che Grouchy può tenere impegnati, e dunque si possono defilare e muovere in soccorso degli inglesi, investendo il fianco destro francese, come puntualmente accadrà. Quando il rombo della battaglia era arrivato sino a lui, Grouchy si era sentito obbligato, malgrado le insistenze dei suoi generali, a restare fedele agli ordini ricevuti, anche se sembravano superati dagli eventi, e non si era mosso anche quando era stato informato che i prussiani si stavano avvicinando agli inglesi. Il decisionismo accentratore di N., che non aveva mai voluto lasciare ai suoi generali un ragionevole margine di autonomia, trovava nel momento cruciale la sua verifica piú rovinosa.

La notte tra il 17 e il 18 il campo di battaglia (quattro chilometri per quattro) è inondato da una pioggia torrenziale, che tormenta i soldati già accampati malamente, fradici, affamati, insonni, angosciati. C'è perfino chi saccheggia i suoi stessi convogli, eludendo la polizia militare. Le poche strade diventano impraticabili. Il fango rallenta i fanti, impaccia la cavalleria, rende arduo il trasporto dei cannoni. È l'imprevisto che fa saltare i piani di N., basati sulla rapidità degli spostamenti e la mobilità dell'artiglieria, l'arma prediletta che ha il compito di concentrare il fuoco sull'obiettivo principale.

Gli eserciti che si fronteggiano sono sostanzialmente equivalenti. N. può contare su 69 000 combattenti (48 000 fanti, 14 000 cavalieri, 7000 artiglieri, 250 bocche da fuoco (ad Austerlitz erano 73 000 con 139 pezzi, a Wagram 170 000, nel 1813 a Lipsia 195 000). Wellington si prepara a una battaglia puramente difensiva: spera che il pendio possa rallentare le cariche francesi, e conta sul soccorso dei prussiani. Dispone di 67 000 uomini, di cui 51 000 fanti, 11 000 cavalieri e 5000 artiglieri. Di questi, gli inglesi sono solo 24 000 (di cui un 20-40 per cento di irlandesi), 18 000 dei Paesi Bassi, 26 000 dei quattro contingenti tedeschi; hanno cento cannoni meno dei francesi. Wellington (diventato tenente colonnello a soli ventiquattro anni, senza un solo giorno di servizio bellico, perché le promozioni si potevano comperare) giudicava il suo esercito «infame, debole e male equipaggiato», reclutato fra «la schiuma della terra» (in realtà tra braccianti agricoli, operai tessili e artigiani apprendisti), governato da una disciplina feroce, che accentuava le differenze sociali. Per quanto proletario e semianalfabeta, ha osservato Alessandro Barbero, il soldato inglese, se ben nutrito e riempito di gin, era un magnifico combattente. Molti i giovani miliziani inesperti, ma Wellington spera che la loro resistenza permetta a Blücher di portare il suo soccorso. Il prussiano ha il doppio degli uomini di Wellington, ma a Ligny ha perso 15 000 uomini, un quarto degli effettivi. Adesso può contare su 25 000 fanti, 3000 cavalli, 2000 artiglieri con 88 cannoni.

I testimoni raccontano che N. è di un umore eccellente come poche volte lo si era visto. «La sua imperturbabilità sorrideva, – scrive Hugo. – Quell'anima profonda, mascherata dal marmo, era ciecamente raggiante». Ritarda l'ordine di attacco sino a mezzogiorno perché spera che i campi si asciughino, e Grouchy possa tornare a dar man forte. È un ritardo fatale, perché consente ai prussiani di piombare sul campo di battaglia nel momento decisivo. Il fango che rallenta l'attacco francese torna a tutto vantaggio degli Alleati, che hanno piú tempo per il loro fuoco di interdizione e per disporre i quadrati con cui rispondere agli assalti.

L'avanzata francese trova subito due grosse difficoltà in altrettanti punti chiave, il castello di Hougoumont, sulla sinistra, e la fattoria della Haye-Sainte, al centro di un avvallamento. Hougoumont è una piccola cittadella fortificata, difesa da un muro alto due metri, e comprende le abitazioni dei contadini, stalle, granai, una cappella; ha alle spalle un vasto parco alberato e un frutteto. Non sostenuti da un adeguato fuoco d'artiglieria, gli attaccanti sono decimati da una nutrita fucileria. Quando riescono a sfondare il portone, sono respinti da una difesa furibonda, malgrado un incendio provocato dal tiro dagli obici. Si continua a lottare in mezzo alle rovine fumanti.

La grossa fattoria fortificata della Haye-Sainte, piú infossata, è difesa da duecento uomini, ma cade soltanto a pomeriggio avanzato. In quelle ore interminabili si consuma una tragedia che Wellington ha tradotto in un'immagine calzante. I contendenti assomigliano a due grossi pugili che, al centro del ring, si scambiano pesanti mazzate con una furia brutale che sembra sottrarsi a qualsiasi ragionamento. Le cariche di cavalleria dei francesi si infrangono contro la selva di baionette dei quadrati inglesi, che reggono l'immane prova. I veementi contrattacchi della cavalleria inglese guidata da lord Uxbridge arrivano a portare lo scompiglio fin tra i cannoni della *Grande Batterie*, ma sono talmente avventati e privi di accortezza tattica che, esaurita la spinta iniziale, durante il ripiegamento vengono sopraffatti dai lancieri francesi e decimati.

Nelle nuvole di fumo sollevate dagli spari non si vede a dieci metri, cariche e controcariche sono ostacolate dal gran numero di fanti e cavalli che giacciono sul terreno; il fango blocca la corsa delle palle di cannone, gli alberi e i cespugli impacciano i movimenti. Si combatte in stradine infossate, bordate di arbusti e rovi, negli acquitrini. Nella immane confusione, è facile cadere vittime del fuoco amico. Francesi e belgi hanno le stesse divise blu, i prussiani, scozzesi e hannoveriani, non riconoscendosi, si sparano addosso.

Malgrado tutto, l'avanzata francese sembra inarrestabile. La grande preoccupazione di Wellington è che in caso di ritirata la foresta di Soignies, alle sue spalle, avrebbe costituito uno sbarramento letale. Intanto provvede a dislocare i suoi quadrati a scacchiera, e cerca di ripararli dal tiro dell'artiglieria e dalle molestie dei *tirailleurs*, che mirano agli ufficiali. Quanto alle giovani reclute che difendono alla disperata la cresta di Mont-Saint-Jean, il problema è riuscire a tenerle compatte, a non farle sparare anzitempo. I ripetuti, disperati attacchi della cavalleria di Ney perdono di potenza, vengono respinti. Ormai solo il 25 per cento degli effettivi è ancora in grado di caricare, di sfidare la selva delle baionette alleate. Come dirà poi Wellington, «i francesi sono arrivati allo stesso modo e li abbiamo respinti sempre allo stesso modo».

Quando in tardo pomeriggio i prussiani fanno la loro comparsa sul fianco destro dei francesi, stupendosi di trovare il cammino sgombro, N. è costretto a lanciare contro di loro i battaglioni della Guardia che avrebbero dovuto supportare Ney nello sfondamento finale al centro, che sembra richiedere ancora mezz'ora di sforzi. Sono veterani dalla stazza imponente e dall'aspetto brigantesco, colbacchi d'orso, grinta feroce, ma è in quella mezz'ora che, con il sopraggiungere sul teatro dello scontro di altri reggimenti prussiani condotti da Zieten, si decide la battaglia, anche perché l'artiglieria francese sta esaurendo le munizioni. La Guardia, che pure era riuscita a riprendere di forza il villaggio di Plancenoit, è costretta a indietreggiare. L'impatto psicologico dell'arretramento di un corpo circondato da una fama di invincibilità accelera uno sbandamento che diventa rotta.

Quando Wellington si preoccupa di organizzare l'inseguimento dei francesi, si accorge che l'unico ufficiale rimasto accanto a lui è l'inviato del re di Sardegna, il conte di Sales. I quattro superstiti battaglioni della Guardia riescono ancora a proteggere la ritirata e a salvare le bandiere. Vengono raccolti e organizzati 30 000 uomini, con una cinquantina di cannoni, in vista di una difesa di Parigi.

Alle nove di sera Blücher e Wellington si incontrano alla Belle Alliance, la posizione da cui N. seguiva la battaglia, e si abbracciano increduli. «*Mon Dieu, quelle affaire!*», esclama Blücher. Gli inglesi si fermano stremati, sono i prussiani a caricare i nemici in fuga e a massacrare i feriti in un parossismo di ferocia. Catturano anche il dottor Larrey, che scambiano per N., e stanno per fucilare.

Alle 19 N. ha dovuto abbandonare precipitosamente la sua postazione. Il fedele Marchand, primo cameriere, organizza la ritirata dei convogli, ma non può salvare la meravigliosa carrozza colore blu e oro dell'imperatore, e si caccia in petto tutte le monete che può, mentre il tesoriere Peyrusse distribuisce quel che resta agli uomini della scorta, dopo aver annotato i loro nomi. Migliaia di luigi d'oro finiscono nelle tasche dei vincitori prima che gli ufficiali riescano a riportare un po' d'ordine. I saccheggiatori non risparmiano nessuno, nemmeno i feriti della coalizione. Nei giorni che seguono fiorirà un mercato nero di anelli e orologi svenduti a poco prezzo.

Sul terreno sono rimasti ventimila uomini, tra morti e feriti. Le pattuglie prussiane hanno provveduto a sopprimere i feriti troppo gravi, compresi i loro cavalli. Si scavano grandi fosse comuni, in cui i cadaveri vengono scaricati nudi, perché i contadini li hanno spogliati di tutto. Secondo i dati piú attendibili, le perdite francesi si aggirano sui 6800 morti e 22 000 feriti, piú i prigionieri (6/7000) e i disertori (25 000). Gli inglesi hanno avuto 3500 caduti, 5000 feriti, 1400 dispersi. Le perdite dei vari contingenti tedeschi, degli olandesi e dei prussiani ammontano a 3000 uomini, piú 12 600 feriti.

Wellington ha perso 218 ufficiali. Stremato e depresso, piange nel sentire il bilancio delle perdite, si abbandona a una considerazione che diverrà celebre: «Non so cosa voglia dire perdere una battaglia, ma certo niente può essere piú doloroso che vincerne una perdendo cosí tanti amici». Non era mai stato cosí vicino alla catastrofe, né aveva subito perdite cosí pesanti. L'unica cosa che si augurava era di non dover piú vedere un'altra battaglia. A quella che era appena consumata verranno dati nomi diversi. Per Blücher era stata la battaglia della Belle-Alliance; altri parlavano di Mont-Saint-Jean, altri ancora di Soignies. Saranno i francesi a parlare di Waterloo, una parola dal suono cosí inglese.

Scrive Hugo nei *Miserabili*: «L'incendio, il massacro, il macello, un ruscello di sangue inglese, di sangue tedesco, di sangue francese mescolati furiosamente, un pozzo ricolmo di cadaveri… Le guardie inglesi mutilate, venti battaglioni francesi, sui quaranta del corpo di Reille, decimati, tremila uomini, nella sola fattoria di Hougoumont sciabolati, frantumati, sgozzati, fucilati, bruciati; e tutto questo perché oggi un contadino dica a un viaggiatore: Signore, datemi tre franchi, se volete vi spiego la faccenda di Waterloo».

N. arriva all'Eliseo nella mattinata del 21 giugno. Convoca i fratelli e i fedelissimi, discute le soluzioni possibili: ritirarsi e abdicare, o reclamare i pieni poteri per difendere la patria. La Camera si dichiara in seduta permanente, rifiuta di sciogliersi, considera un tradimento ogni tentativo in quel senso, arroga a sé la sovranità tutta intera. È un Brumaio a parti invertite.

Tanta rapidità e fermezza decisionale sconcerta N., che rifiuta di assumere poteri straordinari. Il popolo lo acclama ancora, ma confida a Constant: «Non sono tornato dall'Elba perché Parigi sia inondata di sangue».

Si allontana dalla capitale anche per ragioni di sicurezza (Fouché sta già lavorando attivamente per il ritorno del re). Chiede a Ortensia il permesso di ritornare alla Malmaison, dove incontra Maria Walewska e il figlio Alessandro, che tanto gli somiglia. Con Ortensia e con i suoi parla a lungo della possibilità di rifugiarsi in America, anche perché è sensibile al mito di Washington e ai suoi occhi gli americani avevano il merito di non essere passati per i furori sanguinari dell'anarchia. Raggiunta la costa atlantica, si rende conto che il blocco navale inglese è inesorabile: la fuga è impossibile.

Il 14 luglio sale «liberamente» sulla *Bellerophon* del capitano Maitland. Si considera un ospite, non un prigioniero. Intende mettersi sotto la protezione del governo inglese, cosí come Temistocle esule da Atene aveva dovuto trovar riparo presso il re persiano che aveva combattuto e vinto. Probabilmente si attende un trattamento liberale, viste le vaste simpatie di cui gode sull'isola; scopre d'essersi ingenuamente infilato in un trabocchetto. Quando la nave arriva a Torbay il 26, la rada si riempie di barche di civili che vogliono vedere il mostro in catene.

Il 29 luglio, a Plymouth, l'ammiraglio lord Keith comunica al prigioniero, ridotto al rango di un fuorilegge, la deportazione a Sant'Elena decretata dal governo inglese. A N. resta l'ultima battaglia, quella cui ha già pensato. A bordo della nave che in settantadue giorni lo trasporta nei mari australi, porta a compimento con la scrittura la costruzione del mito che dopo duecento anni non ha perso il suo smalto.

18.

Sant'Elena

Se la soluzione dell'Elba era stata un compromesso cui nessuno dei contraenti intendeva mantenere fede, Sant'Elena è una scelta tombale, l'isola da cui non si può fuggire: un sepolcro di basalto, sperduto in mezzo all'Atlantico australe. Era stata scoperta dai portoghesi il 18 agosto 1502, giorno consacrato alla santa che le avrebbe dato il nome. Una sorta di grossa noce vulcanica lunga quattordici chilometri e larga dieci, con pareti rocciose che precipitano verticalmente nel mare. La capitale, Jamestown, 5000 abitanti, è ricavata in una delle poche fenditure che si aprono nelle rocce a strapiombo. Non ha porto ed è composta, allora come oggi, da un'unica via centrale lunga 500 metri, su cui si affacciano abitazioni modeste.

Da lí, per una strada tortuosa, tagliata nella roccia, si può salire faticosamente a una serie di pianori battuti dai venti di sudest e culminanti in un monte di circa 800 metri, il Diana's Peak. È su uno di questi pianori lievemente digradanti verso il mare che si estendono le praterie di Longwood, destinate a ospitare il prigioniero. Oltre ai venti fastidiosi, o forse proprio a causa di essi, l'isola è spesso avvolta da nuvole basse, che scaricano piogge frequenti. L'umidità è devastante, fiacca gli uomini e i materiali. Malgrado questo, l'erba di Longwood è stenta, giallastra. La vegetazione è composta da macchie di arbusti e alberi della gomma, piegati dal vento e capaci di dare poca o nessuna ombra. Gli unici esseri che vivono bene a Sant'Elena sono le capre, che la fanno da padrone, e legioni di topi.

Gli abitanti dell'isola si stupiscono quando apprendono che è Longwood la destinazione del prigioniero. L'altopiano non è fatto per ospitare esseri umani. Barry O'Meara, il medico chirurgo di origini irlandesi che ha accettato di seguire Bonaparte sull'isola e presto stabilisce con lui un forte legame di simpatia e quasi di complicità, la definisce «sterile e d'aspetto ripugnante».

Ci vogliono nove giorni per coprire i mille chilometri che la dividono dalla Città del Capo, grazie al soffio favorevole degli alisei, e tre settimane per il ritorno. Le derrate alimentari, compreso il bestiame, arrivano tutte dall'Africa e gli strapazzi del viaggio fanno sí che il piú delle volte gli animali giungano in condizioni pietose. Anche per questo sono molto costosi. A Sant'Elena si allevano soltanto polli, tacchini, conigli. La carne bovina è cosí rara che ogni macellazione dev'essere autorizzata di persona dal governatore. Nessuno si preoccupa di migliorare le poche coltivazioni esistenti. Solo i possidenti sono in grado di pagare i costosi beni d'importazione.

Nell'autunno 1815 la popolazione è equamente divisa fra 500 coloni, 500 neri o mulatti, 500 uomini della guarnigione. In piú ci sono alcune centinaia di cinesi, che hanno abbandonato clandestinamente la loro patria e sono stati portati lí dalla Compagnia delle Indie. Svolgono i lavori piú umili per la paga di uno scellino al giorno, piú il vitto. Sono gli extracomunitari di Sant'Elena. Dividono il gradino piú basso della scala sociale con i neri, il cui marchio d'inferiorità è anche sancito dal fatto che devono presentarsi alla messa domenicale a piedi nudi. I cinesi non conoscono una parola d'inglese, ma sono intelligenti e sanno fare di tutto. Si rivelano bravi giardinieri e ottimi domestici, anche se sono un po' ladri e bevono troppo. Inoltre, sono socialmente utili: contribuiscono a contenere il flagello dei topi, perché li mangiano.

L'arrivo a Sant'Elena lascia sgomenti i francesi. N., terreo, ringhia: «Avrei fatto meglio a restare in Egitto. A quest'ora sarei imperatore di tutto l'Oriente». Quando la *Northumberland* getta le ancore al largo, le si accostano le scialuppe con a bordo il governatore, ufficiali e altri dignitari. Il prigioniero viene trasbordato a terra, dove è oggetto della morbosa curiosità degli isolani, che si accalcano per vederlo. Siamo ormai nel tardo pomeriggio, c'è il problema di dargli un tetto per la notte. Non sapendo bene cosa fare, e non volendo sistemarlo a Plantation House, residenza del governatore, come pure accadeva con tutti gli ospiti, si decide di alloggiarlo nell'unica, modesta locanda del paese. La stessa in cui, per un'ironia del destino, dieci anni prima aveva dormito anche il duca di Wellington di ritorno dalle Indie.

La cameretta in cui l'imperatore viene sistemato è poco piú grande di una cabina della nave. Il caldo umido è soffocante, la folla vociante si accalca fuori della finestra del prigioniero come davanti alla gabbia di uno zoo. N. non riesce a dormire, e si ripromette di non passare un'altra notte in una sistemazione cosí degradante. Intanto gli viene comunicata la destinazione che gli inglesi hanno pensato per lui a Longwood. È una stamberga, già riparo di mandrie. Ci vorrà qualche settimana per riattarla, ampliarla, renderla (relativamente) vivibile per una cinquantina di persone del seguito. Ci lavoreranno due o trecento marinai inglesi, aiutati dalla manodopera locale e cinese, sotto la solerte direzione dell'ammiraglio Blackburn.

L'indomani N. sale a cavallo e va a vederla. Mentre torna contrariato verso Jamestown, scorge alla propria sinistra la dimora di sir William Balcombe, sovrintendente della Compagnia delle Indie. È un uomo corpulento, cordiale, disponibile. Arrivato sull'isola nel 1807, ricopre le lucrose funzioni di agente del Tesoro inglese, finanziere e fornitore delle navi. Si dice che sia figlio naturale del reggente inglese, il che può spiegare gli incarichi lucrosi che gli sono stati affidati. Come fornitore della casa imperiale lo attendono nuovi consistenti profitti in un'isola in cui tutto ha un prezzo spropositato. N. lo sa bene e sogghigna: «Con me il signor Balcombe va all'ingrasso».

I *Briars* («Le rose canine», questo il nome della residenza) occupano la sola valletta amena dell'isola, allietata da una vegetazione rigogliosa e da una cascatella. Una costruzione solida, di buona fattura, a due chilometri e mezzo dalla città. A pianterreno ci sono cinque camere, tutt'intorno vialetti alberati, un orto-giardino con degli agrumi, melograni, fichi. A venti metri dalla casa, in posizione appena rilevata, un padiglione, composto da un'ampia camera di sette metri per cinque, e da due soppalchi che fungono da granaio. Serve ai bambini come sala giochi quando il tempo è cattivo.

N. trova il luogo gradevole, anzi «romantico». Accolto cordialmente dal signor Balcombe, si vede offrire la casa padronale ma, non volendo disturbare, dichiara di accontentarsi del padiglione, e vi fa trasportare il suo letto da campo, uno dei due che l'hanno seguito fin sull'isola. Las Cases padre e figlio si sistemano nel granaio; Marchand e Alí/Saint-Denis dormiranno per terra, come al solito. La sala principale servirà da camera da letto, pranzo, studio. Quando Marchand la mattina la riordina, l'imperatore deve accomodarsi fuori. Lí incontra un vecchio giardiniere malese, Toby, attratto con l'inganno su una nave inglese, deportato e venduto come schiavo a Sant'Elena. Toby, che chiama l'imperatore «quel bravo gentiluomo», gli recapita ogni mattina omaggi di frutta e verdure, peraltro generosamente compensati.

Il destino di Toby commuove e indigna N.: «Ecco un uomo sottratto alla famiglia, alla patria, a se stesso. È stato un vero crimine venirlo a far morire qui sotto i pesi della schiavitú». Dimentica che lui stesso nel 1802 ha reintrodotto la schiavitú, già soppressa dalla Convenzione. Cercherà di acquistarlo tramite Balcombe per restituirlo alla libertà, ma il piano sarà sventato dal nuovo governatore (aprile 1816), Hudson Lowe, il *villain* del dramma di Sant'Elena. È il carceriere paranoide per il quale nessuna misura di controllo è abbastanza rigorosa. Di notte si sveglia di soprassalto e corre a Longwood per vedere se il prigioniero è ancora lí. Non vuole che il caso crei fermenti e aspettative fra gli schiavi dell'isola.

Con il «generale Bonaparte», come si ostinano a chiamarlo gli inglesi, non riconoscendogli altro titolo, è arrivata una piccola corte di volontari: chi per amore, chi per senso del dovere, chi per interesse. Ci sono il Gran Maresciallo, il generale Bertrand e la consorte Fanny, che lo avevano seguito anche all'Elba.

Bertrand, già governatore dell'Illiria, è un geniere di talento, un uomo introverso e di poche parole, lacerato fra il senso del dovere, che lo farà restare accanto al suo imperatore fino all'ultimo, e i disagi cui sa di esporre la famiglia. La nevrosi che ne consegue gli fa tenere una posizione lievemente distaccata. Di lui si dice che è onesto ma limitato, ostinato ma fedele, buono ma debole, succube della moglie. Tiene un diario criptato, per paura che il governatore glielo sequestri.

Fanny, contessa Dillon, imparentata con Giuseppina, ha sangue irlandese nelle vene. È una donna alta, naso lungo e bocca piccola, un po' lunatica, ambiziosa. Tutti le riconoscono un grande charme e N., all'Elba come a Sant'Elena, ogni tanto si lancia in goffi e scherzosi tentativi di corteggiamento. «Gran bella donna» confida ai suoi (ma quando è di cattivo umore è anche capace di dirle che, con tutti quei gioielli e collane, sembra una contadina vestita a festa). Madre di tre figli, facile alle lacrime, Fanny avrebbe fatto a meno di una prova cosí dura. Si è rassegnata a seguire il marito, ma quando già si trovava a bordo della *Northumberland* in partenza per Sant'Elena ha avuto una crisi nervosa e ha cercato di buttarsi a mare. Anche a Sant'Elena i Bertrand saranno una vera famiglia. I due coniugi sono molto uniti e difenderanno il privilegio di vivere separati dall'imbarazzante pollaio di Longwood, in una villetta a poche centinaia di passi.

Altri sono i personaggi che l'imperatore sembra degnare del suo favore. Il generale Gourgaud, scapolo di sangue bollente e in sospetto d'una omosessualità latente ignota a lui stesso, si dimostra presto geloso dei colleghi. Ha trentadue anni, è celibe, querulo e lamentoso. Si è battuto da valoroso in varie campagne, compresa quella di Russia, e ha salvato molti commilitoni alla Beresina. È stato lui a portare agli inglesi la lettera in cui N. si consegna ai vincitori chiedendo la loro ospitalità. All'inizio N. prova per lui qualcosa che assomiglia alla tenerezza («Era il mio primo ufficiale d'ordinanza, l'ho costruito io, è come un figlio»), ma se ne stanca presto.

Gourgaud vorrebbe l'esclusiva delle sue confidenze. Si sente sottostimato e non apprezzato per i suoi molti meriti (tuttavia si rivelerà un testimone piuttosto affidabile). Detesta i suoi compagni e arriva a sfidare a duello il generale Montholon, reo d'essersi rivelato un perfetto cortigiano. Non si trattiene dal ricordare all'imperatore d'avergli salvato la vita sui campi di battaglia per ben due volte, in particolare a Brienne nel 1814, fulminando il cosacco che stava per trafiggerlo con la sua lancia. L'imperatore non ricorda o non vuol ricordare. Minimizza, si irrita. Nessuno come lui sa premiare il merito con generosità, ma non tollera che qualcuno gli ricordi i suoi debiti. Nel marzo 1818 la partenza di Gourgaud è un sollievo per tutti. N. ironizza: «Credo che fosse innamorato di me. La cosa cominciava a stancarmi; non potevo andare a letto con lui. Aveva perso la testa». Dopo il 1821, riconciliatosi con Montholon, sarà attivissimo nella difesa della memoria dell'imperatore.

I due Montholon sono una coppia degna di un romanzo di Balzac. Lui, Charles, un notevole talento per l'intrigo, è piú abituato alle anticamere dei potenti che ai campi di battaglia. Vive sempre al di sopra delle possibilità e sfrutta al meglio le sue conoscenze (è stato compagno di scuola di Luigi e Girolamo Bonaparte ed è cognato del generale Joubert). Sospettato di malversazione e distrazione di fondi pubblici, colonnello a ventisei anni, nominato ministro plenipotenziario presso il ducato di Würzburg, nel 1812 sposa una pluridivorziata di tre anni piú vecchia di lui, Albine de Vassal, dai costumi piuttosto spregiudicati. N., che come sempre vuol decidere lui i matrimoni dei sottoposti, gli manda a dire che giudica l'unione «incompatibile con le funzioni onorevoli che gli sono state assegnate» e lo esautora. Quando viene relegato all'Elba, lo scapestrato Charles entra come molti militari nell'esercito di Luigi XVIII con i gradi di maresciallo di campo, salvo tornare prontamente con N. durante i Cento Giorni e combattere a Waterloo. A quel punto, temendo le vendette dei monarchici, non gli rimane che partire per Sant'Elena.

Il personaggio piú singolare resta il conte Emmanuel de Las Cases (1766-1842), geografo e pubblicista, già autore d'un fortunato *Atlante storico, genealogico e geografico* pubblicato con lo pseudonimo di Lesage. Piccolo, magro, gibboso, miope, il cinquantenne Las Cases aveva oscillato a lungo fra la causa monarchica e quella napoleonica, fra Londra (dove aveva vissuto una decina d'anni) e Parigi. Il ritorno di N. dall'Elba lo ha trovato nella capitale francese, dove anche per i buoni uffici di Giuseppina era stato nominato ciambellano e consigliere di Stato, restando poi fedele all'imperatore. È presente quando N. si consegna agli inglesi e si dichiara pronto a seguirlo. «Avete idea di dove questo possa portarvi?» gli chiede N. Las Cases l'idea l'ha chiarissima in testa, ma si proclama incapace di calcolo.

In realtà aveva già elaborato un progetto editoriale tanto ambizioso quanto lungimirante: raccogliere le memorie dell'Illustre e farne il grande successo librario che in effetti sarà. N. comincia a dettare il 9 settembre, a bordo della *Northumberland*, qualcosa «sull'assedio di Tolone», e non smetterà piú per un anno e mezzo, alternando gli «evangelisti» (Gourgaud, Montholon, in minor misura Bertrand e i due valletti). Nella dettatura, N. si sforza di essere preciso e documentato, assume la postura dello storico, parla di sé in terza persona; mescola informazioni, spiegazioni, giustificazioni. Si appoggia ai documenti, ai giornali, alle collezioni del «Moniteur», ai 3500 volumi della biblioteca che ha faticosamente assemblato; chiede lumi ai suoi generali su questioni tecniche. Le prime stesure sono rilette, annotate, corrette.

Las Cases è particolarmente cerimonioso, deferente, sa sempre trovare la parola giusta. Ama recitare la litania delle proprie competenze professionali e scientifiche, e ricordarci gli attestati d'apprezzamento e stima, la crescente confidenza di cui lo gratifica l'imperatore. Lo accompagna un figlio sedicenne che sembra la caricatura del giovane impacciato. Era capace di una conversazione piena di spirito, osserva l'equanime valletto Marchand, ed era cortese per natura, ma coloro che avevano dato prova di tanta devozione sui campi di battaglia e che portavano all'imperatore un amore certo non minore, «temevano di perdere qualcosa di un affetto che diventava, su quella roccia miserabile, la loro unica e sola consolazione».

È fortunato, il ciambellano-geografo-pubblicista. Rimane a Sant'Elena tredici mesi, il tempo per raccogliere migliaia di pagine prima che il governatore lo obblighi a partire, con l'accusa di avere fatto uscire clandestinamente dall'isola lettere e documenti, in spregio ai regolamenti. Si risparmierà la lenta agonia degli ultimi anni. Lowe sequestra il manoscritto, che verrà restituito all'autore solo nel 1821, alla morte del prigioniero. Autoconfinato alla periferia di Parigi, Las Cases si mette appassionatamente al lavoro, e porta finalmente a compimento l'ambizioso progetto, con immediato, enorme successo. Il *Memoriale* vende 44 000 copie sino al 1840, viene prontamente tradotto in inglese, tedesco, italiano, spagnolo e svedese.

Una copia del manoscritto, in cui sono state riportate anche le annotazioni autografe di N., verrà rinvenuta solo nel 2007 alla British Library, nel fondo Bathurst (era il ministro della Guerra, diretto superiore di Lowe), da Peter Hicks, uno dei maggiori studiosi di N. e attivo collaboratore della Fondation Napoléon di Parigi. Il confronto con le varie edizioni a stampa (1824, 1828, 1830-31, 1842, ogni volta rivedute e ampliate) evidenzia come Las Cases abbia notevolmente arricchito la stesura originale, introducendo particolari nuovi e mettendo in bocca al memorialista frasi poi diventate celebri («Che romanzo la mia vita!», «Ho voluto essere il rigeneratore dell'Europa», «Ho richiuso l'abisso dell'anarchia e messo ordine nel caos»). La sua spregiudicatezza non sarebbe dispiaciuta a N., maestro di narrazioni strumentali, perché concorreva efficacemente a quello che era l'obiettivo primario dell'operazione editoriale: conquistare al Grande Vinto l'adorazione delle generazioni a venire.

La piccola corte è completata dalla servitú vera e propria. In testa, due fedelissimi *valets de chambre*, forse gli unici autentici personaggi positivi di tutta la storia. Marchand, primo cameriere, è figlio di una governante del piccolo Re di Roma e sostituisce, dall'aprile 1814, l'infedele Constant, che aveva abbandonato il suo signore sconfitto e in procinto di essere confinato all'Elba. È preciso, attento, infaticabile, di una dedizione assoluta.

N., che per gli ottimi servigi lo ha nominato conte, scriverà nel suo testamento che Marchand gli ha reso i servizi d'un amico.

Louis-Étienne Saint-Denis ha al suo attivo il tirocinio come scrivano presso lo studio di un notaio parigino. N., con il suo innato gusto teatrale, lo ha trasformato in mamelucco, cioè in un componente del corpo speciale, una sorta di guardia personale aggiunta, che aveva reclutato in Egitto, ai tempi di quella sfortunata spedizione (1798), e che da allora lo aveva accompagnato nelle successive campagne militari, dando un tocco di sfarzo esotico alla sua difesa personale.

Con gli anni le file dei veri mamelucchi si erano assottigliate a tal punto che N. era stato costretto a «inventarne» di nuovi, reclutandoli fra i bianchi europei. È appunto il caso di Saint-Denis, che assume di buon grado il nome d'arte di Mamelucco Alí. Dà prova anch'egli di dedizione ed efficienza. La notte Alí e Marchand stendono i loro mantelli davanti alla porta della stanza in cui l'imperatore riposa, e dormono sul pavimento, per proteggere il sonno del loro padrone. Anche a Sant'Elena questo costume non cambia. Poi ci sono altri servitori non meno sperimentati: il gigantesco svizzero Noverraz, il corso Cipriani, il pasticciere Pierron che prepara dolci meravigliosi, bonbon e trionfi zuccherini. In tutto, il seguito imperiale comprende una cinquantina di persone, destinate a stiparsi e a detestarsi per cinque anni e cinque mesi negli angusti locali di Longwood House.

N. continua a comportarsi da imperatore e impone l'etichetta delle Tuileries: marescialli e generali in uniforme, domestici in livrea, cerimoniale di ferro, vasellame di Sèvres, argenti. Il decoro anzitutto. Questa fedeltà a se stesso, del tutto normale per i francesi, stupisce gli inglesi, quasi li intimidisce. L'ammiraglio Blackburn promuove una vita sociale fatta di visite, cene e balli, e i francesi vi partecipano volentieri. Non N., che non desidera offrirsi in pasto alla curiosità degli astanti e seleziona con cura le visite.

Cosí com'era già accaduto all'Elba, la sua presenza favorisce una sorta di turismo dei curiosi, che a partire dal 1816 non si faranno scrupolo di assediare la residenza e di assillare la servitú, chiedendo esplicitamente una sorta di complicità, nella speranza di poter vedere almeno dalle finestre il famoso personaggio. Il quale per difendersi finirà per vivere con le persiane chiuse, spiando a sua volta gli intrusi attraverso i buchi che ha fatto praticare nel legno. Nel gioco di Sant'Elena, tutti si ritrovano prigionieri di qualcun altro.

Nel marzo 1817 arriva a Sant'Elena anche il giovane scrittore William Makepeace Thackeray, di ritorno dalle Indie, accompagnato dal servo nero Lawrence Barlow. I due si inerpicano sino a Longwood, dove possono vedere un uomo che sta passeggiando in giardino. «È lui, – esclama Barlow, – quello è Bonaparte! Mangia tre pecore al giorno e tutti i bambini su cui riesce a mettere le mani!»

Sin dalle settimane ai *Briars*, è proprio la compagnia dei bambini che N. sembra prediligere, evitando le circostanze ufficiali. Stabilisce con i piccoli Balcombe rapporti privilegiati che saranno poi raccontati, abbelliti ed enfatizzati dalla secondogenita, Lucia Elizabeth detta Betsy. È una quattordicenne che dimostra qualche anno di piú, riccioli biondi sempre in disordine, occhi azzurri, aria impertinente. Porta i pantaloni, adora i cavalli, si comporta da maschiaccio. Risponde senza imbarazzo alle domande dell'ospite, con il quale stabilisce una confidenza che presto diventa sfrontatezza, e imbarazza la piccola corte. La singolare arrendevolezza dell'imperatore sembra autorizzarla a comportamenti sempre piú disinibiti e fin provocatori. Non si fa scrupolo di illustrargli il giocattolo meccanico dove un pupazzo che ha le sue fattezze si arrampica su una lunga scala in cui ogni piolo corrisponde a una delle sue storiche vittorie, ma, superato l'ultimo gradino, precipita miserevolmente a terra.

Con il progredire della confidenza, Betsy arriva a pretendere una sorta d'esclusiva. «Boney», l'Ossuto, come lo chiamano gli inglesi, dovrà giocare e parlare solo con lei, evitando di perdere tempo con le scartoffie, la lettura di libri e giornali, le dettature. Un giorno, irritata perché l'amico continua a occuparsi d'altro, si impadronisce della sua sciabola, la sguaina e lo minaccia, gridando e ridendo, fin quando le si indolenziscono le braccia e deve posare la lama. Può fare di tutto: bruciargli le dita con la ceralacca bollente, cantargli una romanza di compianto per il duca d'Enghien, dargli del mangiatore di ranocchie come tutti i francesi, cercare di schiacciargli le dita con le palle del biliardo. Albine de Montholon dipinge Betsy come «una birichina dagli occhi di gatto, allevata come una piccola selvaggia, [che] se ne infischiava delle buone creanze e si trovava a suo agio tanto con l'imperatore che con l'ultimo degli ufficiali dell'isola, chiacchierando a destra e a manca senza alcuna timidezza. La sua storditaggine, la sua vivacità divertivano parecchio l'imperatore».

È probabile che l'uomo che nulla lasciava al caso abbia deliberatamente accentuato i suoi comportamenti ludici e regressivi per convincere gli inglesi della sua rassegnazione di pensionato che si consola con i bambini e gli animali. Non si era comportato diversamente all'Elba, accreditando l'immagine del Cincinnato che si atteggia a buon massaro e si occupa di vacche. La forte dimensione teatrale che ha sempre improntato la sua vita, la consapevolezza di recitare davanti all'immensa platea dell'opinione pubblica anche quando si ritrova fra le mura domestiche (c'è sempre qualcuno pronto a raccontare i gesti minimi della quotidianità), fanno degli anni di Sant'Elena il primo *reality show* della storia, una fiction planetaria con personaggi veri: un'«Isola del Famoso» in cui le telecamere sono sostituite dai taccuini dei testimoni, pronti a lucrare sulle fortunate circostanze che consentono loro di avere una parte in un grandioso dramma storico.

Degli «evangelisti di Sant'Elena» il piú rapido è Montholon, che pubblica i suoi *Dettati di Sant'Elena* nel 1823, e in collaborazione con Gourgaud ben otto volumi di *Memorie per la storia di Francia* (1822-27). Nel 1847 tornerà sull'argomento con i *Racconti sulla cattività dell'imperatore Napoleone*. Del 1825 sono le *Memorie* di Francesco Carlo Antonmarchi, il discusso medico corso che Madame Mère era riuscita a mandare a Sant'Elena nel settembre 1819, in sostituzione di O'Meara. È lui a eseguire l'autopsia dell'imperatore e la maschera funebre la cui autenticità ha sollevato forti dubbi, ma si rivelerà narratore assai modesto. Dovremo attendere il Novecento per la pubblicazione del *Giornale di Sant'Elena* di Gourgaud (1944), delle corpose *Memorie* di Marchand, dei *Quaderni di Sant'Elena 1816-1821* di Bertrand (1959) e delle *Memorie* di Mamelucco Alí (1952).

Nella gabbia dell'isola, quanto piú gli spazi si restringono, tanto piú gli spazi del tempo e della memoria si ampliano. Ricostruire le grandi imprese del passato, raccontarlo nel modo piú lusinghiero, rovesciare la leggenda nera dell'orco di Corsica in quella del martire, commuovere i posteri, conquistarli per sempre, resta l'obiettivo primario, anche politico, del *Memoriale*, breviario del bonapartismo, come lo ha definito Jean Tulard. N. si presenta come il vero erede e continuatore della Rivoluzione, di cui ha bloccato gli eccessi sanguinari, valorizzandone le acquisizioni, nel segno di una ritrovata riconciliazione nazionale dopo tanti eccessi inutilmente distruttivi. Lo stesso ciclo di guerre avviato dall'Impero avrebbe dovuto sublimarsi nel disegno liberale di un'Europa che trovava il suo perno nella Francia e nel suo incomparabile modello gestionale, foriero d'ogni sviluppo civile, economico e sociale, basato sulla meritocrazia.

Restavano aperte molte e delicate questioni, come il rapporto con le identità nazionali e la volontà popolare, chiamata a esprimersi con il voto dei plebisciti. Riprendendo il suo stesso Atto addizionale alle Costituzioni dell'Impero elaborato nel 1815, durante i Cento Giorni, e pur evocando il modello di una «monarchia costituzionale temperata», N. non riesce a nascondere la propria scarsa considerazione per le democrazie assembleari, che giudica verbose e inconcludenti. Il sommo accentratore non riesce a proporre un modello che possa fare a meno di una personalità unica, non riproducibile.

Nel riproporsi come un liberatore di popoli dai vincoli dell'Ancien Régime e dalle grettezze delle oligarchie, che non gli hanno consentito di realizzare i propri grandiosi progetti, il memorialista non riesce a nascondere rancori, rimpianti, recriminazioni. Anche a Sant'Elena gli errori non sono veri errori, ma colpe di collaboratori inadeguati, o il frutto di un destino beffardo e capriccioso che ha mortificato le sue superiori qualità. «Sono stato servito male», ripete. Cosí il matrimonio sfortunato con Maria Luisa, il cancro della tentata conquista della Spagna, la funesta guerra di Russia, i malintesi, le fatalità, lo spaventoso accanimento degli elementi naturali che hanno distrutto l'esercito, l'intero universo coalizzato contro di lui, il tradimento di austriaci e prussiani. Una congiura universale ordita da una congrega di nani spregevoli e invidiosi. Con Francesco d'Austria resta durissimo: «Lo credevo un brav'uomo. È un imbecille, un pigro senza cuore e cervello. È sprovvisto d'ogni talento. Ignora quel che sono affetto, sensibilità, gratitudine». I principali rimproveri che si fa riguardano la famiglia, con la quale ammette di essere sempre stato troppo debole. Si ricrede soltanto sul papa. Quello che dieci anni prima era un «pazzo furioso, il vecchio ignorante e atrabiliare», è diventato un vecchio pieno di tolleranza e di illuminazioni.

Ripensa a Waterloo, elenca gli errori commessi dai prussiani e dagli inglesi, non riesce a spiegarsi il disastro, non si rassegna. Si fa leggere i classici. Mette i suoi gli uni contro gli altri, poi predica fraternità. Si intenerisce al ricordo di Giuseppina, della grazia che metteva in tutto. Continua a lodare Maria Luisa: «È la virtú in persona». Se non può ammettere d'essere tradito, dà dello sporcaccione a Neipperg che l'ha sedotta. Finge di credere a quello che gli raccontano, che il piccolo Re di Roma gli somiglia, mentre è un Asburgo spaccato. Se Albine de Montholon gli cede, probabilmente per interesse, Fanny Bertrand si nega.

Fra il novembre e il dicembre di quel 1815, N. ha altro cui pensare che giocare a mosca cieca con i bambini Balcombe. Le sue presunte regressioni coincidono con le voci che arrivano dalla Francia: tutti chiedono dell'imperatore, si parla di un'insurrezione, di un'armata di 150 000 uomini che si sta raccogliendo. Il prigioniero si agita: chi si metterà alla testa del movimento? Lui non vede nessuno all'altezza: Eugenio Beauharnais ha giudizio, molte qualità, non il carattere fermo che distingue i grandi uomini. Soult al massimo può fare l'intendente di un'armata. Poi c'è il maresciallo Clauzel, già comandante dell'*Armée du Midi*, che ha capacità, vigore. N. lo teme, perché sa che se dovesse prendere il potere, non lo vorrà cedere a nessuno; ma ignora che ha dovuto rifugiarsi negli Stati Uniti.

Piú che a possibili sommovimenti in Francia, N. guarda all'Inghilterra, confida che i non pochi simpatizzanti di cui dispone presso l'aristocrazia *liberal* possano intercedere in suo favore, addolcire le condizioni della prigionia, addirittura propiziarne un ritorno; piú tardi riporrà le residue speranze nello zar Alessandro, per il quale rappresenta un motivo d'insonnia. Nessuno meglio dei Balcombe potrebbe spiegare al mondo che l'Arcinemico è in realtà un uomo gradevolissimo, un ospite ideale e per nulla pericoloso, colmato d'ogni possibile attenzione. Quando, a causa dei frequenti sbalzi di temperatura è afflitto da tracheiti, bronchiti e raffreddori, la signora è pronta a preparare infusioni lenitive alle erbe e miele, che il malato rifiuta sorridendo, dichiarandosi fedele all'unico farmaco in cui ha fiducia: la liquirizia, anche se annerisce i denti.

Ai primi del dicembre 1815 i lavori di ristrutturazione e ampliamento del casale di Longwood sono terminati. Il trasloco avviene il 10: dopo un soggiorno di quasi due mesi N. prende congedo dai Balcombe con mille ringraziamenti e regali. Si spoglia per l'ultima volta della divisa: d'ora in avanti vestirà abiti borghesi. L'unico sollievo gli sarà offerto da bagni interminabili, goduti «con gioia infantile», sotto gli occhi rispettosi di Las Cases. La *baignoire* inglese che lo accoglie è «di una grandezza smisurata», e il povero Marchand deve penare per riempirla d'acqua fatta arrivare da lontano con i secchi e scaldata su fornelli inadeguati; talvolta consuma il pranzo restando immerso nell'acqua.

L'inazione dei mesi e degli anni che lo attendono, le misure sempre piú restrittive, che gli imporranno di rinunciare alle cavalcate e di vivere ormai barricato per rifiutare ogni contatto con gli inglesi, lo appesantiscono sino a compromettere un quadro clinico già difficile. Gonfio, obeso, vacillante, segue il proprio declino fisico con la consueta disincantata lucidità, poi diventa apatico, torpido, rassegnato. Con il dottor O'Meara parla spesso in italiano: «mi taglia l'anima», dice del vento «agro» che spazza l'altopiano; «mi brucia il cervello», si lamenta del sole.

Con le sue stanzette improvvisate alla meno peggio con legno e carta da parati, Longwood House, assalita da topi e insetti, diventa il luogo del tormento. «Ogni sera, quando lascio il camino e vado a dormire, mi sembra di entrare in una cantina umida» dice il prigioniero a O'Meara. Su quel pianoro spoglio gli inglesi sono in grado di sorvegliarlo minuto per minuto. Un sistema di bandiere in codice informa in tempo reale il governatore di quel che accade, sui movimenti del recluso, sulla sua salute. Per il tentativo di fuga è stata predisposta una bandiera blu, che non verrà mai inalberata. L'isola è messa in sicurezza da un costoso apparato militare: una guarnigione di 2784 uomini, tre fregate, due vascelli armati e sei brick che ne pattugliano senza sosta le acque.

Nel dramma di Sant'Elena c'è anche un aspetto di commedia leggera rappresentato dai tre commissari previsti dalla convenzione firmata dagli Alleati il 2 agosto 1815. Sono osservatori che devono semplicemente assicurarsi della presenza del prigioniero sull'isola, senza alcuna responsabilità negli oneri della gestione, che rimane affidata agli inglesi.

Il commissario austriaco, il barone von Stürmer, garbato, camaleontico diplomatico di carriera cresciuto alla scuola di Metternich, ha al suo seguito un giovane botanico, Philip Wells, che Francesco I, suocero del «generale Bonaparte», ha spedito sull'isola per farsi portare qualche raro campione della flora locale, per poi menarne vanto nei propri giardini. Si dà il caso che al servizio del giovane Re di Roma, l'*Aiglon* educato a Vienna, ci sia proprio la madre di Marchand, il primo valletto. Tramite Wells, Madame Marchand riesce a fare arrivare a Sant'Elena una ciocca di capelli del bambino. Quando se ne accorge, Lowe va su tutte le furie e se la prende con Stürmer, ma non può andare troppo in là, visto che il botanico è stato inviato personalmente dall'imperatore d'Austria.

Nei rapporti che manda a Vienna, il barone non usa la mano leggera nel descrivere la società dell'isola: «Gli uomini sono grossolani e ignoranti, le donne stupide e brutte, i bambini superbi, il popolo miserabile e i benestanti avari come in Molière. Un segno con la testa, uno *yes* nel naso o un sorriso beota sono le sole risposte che si possano cavare dalle dame di Sant'Elena. Gli inglesi sono annoiati e di conseguenza noiosi».

Non meno impietosa è la descrizione del commissario russo Alessandro Antonovič Ramsay de Balmain, discendente di una famiglia scozzese emigrata: «È il posto piú triste del mondo, il piú isolato, il piú inabbordabile, il piú facile da difendere, il piú difficile da attaccare, insocievole, il piú povero, il piú caro, e soprattutto il piú adatto all'uso che adesso se ne fa». Non sfugge a Balmain l'enorme ascendente che quell'uomo, «circondato di guardie, rocce e precipizi, esercita sugli spiriti». Tutto a Sant'Elena parla della sua superiorità, gli inglesi lo avvicinano con timidezza: «I suoi stessi custodi mendicano uno sguardo, un incontro, una parola».

L'osservatore russo ha stima di N., che conta su di lui per migliorare la propria condizione. Ma la sottile battaglia diplomatica condotta da Bertrand si infrange sulla prudenza del diplomatico, che non vuole creare tensioni con il governatore, e anzi finisce con lo sposarne la figlia.

Il personaggio piú grottesco è il commissario francese, il cinquantottenne marchese di Montchenu. N., che lo conosce, lo giudica «*un vieux con*», un chiacchierone, «un generale da carrozza che non ha mai sentito l'odore della polvere»; gli altri commissari e gli inglesi ne hanno un'impressione parimenti spregiativa (inesperto, vanitoso, avaro, scroccone). I francesi lo chiamano «il marchese di Monte-chez-nous», gli inglesi «*Old Munch Enough*», Vecchio Pappone. Nei suoi rapporti al Quai d'Orsay, il finto esperto di sicurezza non tralascia pesanti insinuazioni sui veri rapporti tra l'imperatore e Betsy. Non contento, nel 1817 pubblica presso uno stampatore di Bordeaux una lettera indirizzata a un amico, il direttore delle poste di Angoulême: «Arrivando qui, Bonaparte ha abitato a lungo presso un residente che ha una figlia di quattordici anni, chiamata Betsy, apprezzata per lo spirito indipendente e la foga del carattere. È molto graziosa; sembra che lui se ne sia innamorato». Montchenu lascia intendere che i sentimenti imperiali non sono corrisposti, e che anzi la ragazza «detesta» l'anziano corteggiatore. In Europa prende corpo la leggenda scandalosa di un N. sfortunato anche in amore. Sui giornali tedeschi si arriva a scrivere che Bonaparte ha una *liaison* «con la figlia di un notaio», una ragazza un po' pazza che un giorno lo aveva minacciato con una sciabola.

Quando William Balcombe viene a conoscenza di questa pubblicistica scandalistica, si infuria, chiede una smentita a Montchenu, vuole sfidarlo a duello. Le crescenti tensioni con Lowe, che gli attribuisce un deplorevole attaccamento per il prigioniero, consigliano a Balcombe di chiedere di poter tornare in Gran Bretagna per un congedo di sei mesi, con il pretesto delle cattive condizioni di salute della moglie. Lascia l'isola nel marzo 1818, gratificato di munifiche regalie («Non desidero che possiate mai pentirvi d'avermi conosciuto»). Quanto a Betsy, che segue il padre nella nuova destinazione nel Nuovo Galles del Sud, sposerà un certo signor Abell e venticinque anni dopo aver lasciato Sant'Elena, rimasta sola, si deciderà a scrivere le proprie memorie pubblicate a puntate su un periodico e poi raccolte in volume dall'editore John Murray di Londra, lo stesso che aveva pubblicato il memoriale apocrifo «giunto misteriosamente da Sant'Elena». Non avendo tenuto un diario, le rimpolperà con particolari desunti dall'abbondante pubblicistica uscita nel frattempo. Come che sia, il suo libro ha contribuito non poco alla costruzione della leggenda napoleonica, ritraendo l'ex mostro in amabili panni domestici, amico generoso e disponibile, pronto a giocare con i bambini e a rintuzzare le vessazioni del governatore.

Cadute le speranze di vedersi assegnare un trattamento migliore, di un qualche rivolgimento politico, di una clamorosa iniziativa degli amici americani, il «ladro di tuoni», il «titano» (Victor Hugo) divorato dal vile avvoltoio inglese si rassegna all'immobilità e alla noia del vento, degli spazi metafisici che si perdono nel nulla. Non esce dalla sua camera per giorni e settimane, non vuol dare a nessuno lo spettacolo della sua depressione. Diventa invisibile agli estranei. Ha intorno un doppio cerchio concentrico di francesi e di inglesi, tutto il mondo si commuove al suo destino, ed è perfettamente solo. Non detta piú memorie.

Comincia a morire nel momento in cui smette di reinventare se stesso. Di quando in quando, lo agitano sospetti e rancori, vede dappertutto dei doppiogiochisti, delle spie. La sua paranoia è speculare a quella del governatore, che vede ovunque favoreggiatori dei francesi. Si riduce a coltivare l'acre piacere di fare congetture e previsioni sulla data della propria morte. Quando gli vengono ad annunciare che sono arrivati dall'Inghilterra i materiali per costruire una nuova casa un po' piú confortevole, alza le spalle, dice di avere bisogno soltanto di un boia e di una bara. Quando è di umore migliore, assume i panni dei grandi moralisti settecenteschi: «La sventura ha anche i suoi lati buoni. Ci insegna delle verità. Solo adesso posso valutare le cose da filosofo».

Lo assalgono tutti i mali: mal di denti, flussi, reumatismi, dissenteria, vomito, dolori lancinanti allo stomaco. Con le ultime energie, predispone accuratamente lasciti testamentari particolarmente generosi con i fedelissimi. Muore circondato dalla piccola corte, ognuno attento ad atteggiarsi nella postura che piú gli conviene, un occhio ai posteri. Un sospiro, alla fine: «Dopo tutto, non sono che un uomo». A Sant'Elena la sua storia aveva trovato un epilogo «sordido, sublime, indispensabile», come scriverà André Maurois.

L'autopsia condotta dal dottor Antonmarchi e da cinque medici inglesi stabilisce che il decesso è dovuto a un cancro allo stomaco e gravi ulcere. Lo seppelliscono nella vicina Valle dei gerani con l'uniforme di colonnello della Guardia, con stivali e speroni. La bara è composta di quattro strati, mogano, piombo, ancora mogano e ferro, «come se temessero che non fosse abbastanza imprigionato», scrive Chateaubriand. Tornerà trionfalmente in patria nel 1840.

19.
Errori

Alla base degli errori capitali che possono essere addebitati a N. c'è un primo e decisivo elemento: l'accentramento radicale che ha concentrato nelle sue mani ogni decisione, grande, piccola o minima, in ossequio a una ossessione di controllo che pretendeva di abbracciare in un solo sguardo, quello del demiurgo e del padrone assoluto, l'intero Impero nelle sue infinite articolazioni. Quando il sistema è arrivato ad assumere dimensioni abnormi, questa pretesa si è rivelata foriera di una implosione che lo ha minato dalle fondamenta.

La distanza abissale e incolmabile che si è presto creata fra il capo carismatico e i suoi sottoposti nasceva dalla sprezzante consapevolezza della propria superiorità e da una disincantata conoscenza degli uomini tutta di segno negativo. Dichiarava di conoscerli talmente bene, di avere di loro un'opinione cosí bassa che difficilmente potevano sorprenderlo. Le delusioni e le amarezze arriveranno lo stesso (certi famigliari, certi generali, Talleyrand, Fouché), ma non faranno che accrescere la diffidenza e il pregiudizio.

Rarissimi i collaboratori che riescono a dimostrarsi all'altezza delle necessità, anche perché a fronte di difficoltà e insuccessi l'imperatore tende a scaricare su di loro le relative colpe, accusandoli di avere svolto male gli ordini assegnati. Per lui l'inettitudine è il maggiore dei difetti: «La vera immoralità è fare un mestiere che non si conosce». Meglio un ministro ladro che incapace: «La furfanteria ha dei limiti, la stupidità no!» Gli riesce difficile trovare persone degne cui possa delegare parti del proprio potere. Nell'incalzare degli eventi, nei ritmi forsennati che ama imprimere alla propria azione, N. si ripete che non c'è tempo di formare nuovi quadri dirigenti. Bisogna accontentarsi del materiale umano che si ha sottomano, e cavarne quello che si può. In realtà, far crescere e maturare personalità troppo spiccate per lui comportava il pericolo inaccettabile di vederle poi sviluppare ambizioni pericolose.

Nasce qui, insieme al continuo sospetto di congiure e attentati, l'esasperato centralismo che distingue la sua azione di governo, in pace come in guerra. Gli uomini restano sostanzialmente dei «pezzi» da combinare in macchinari di cui egli possiede il *know-how* esclusivo, sia per l'*hardware* che per il *software*. Scrive Madame de Staël: «Egli considera una creatura umana come un fatto o una cosa... Come non ama, cosí non odia; per lui non c'è che lui; tutte le rimanenti creature non sono che cifre». Restava la necessità di motivare adeguatamente questi «pezzi» senza troppa anima, perché un capo «è un venditore di sogni». I sottoposti dovevano essere fidelizzati attraverso un sistema di premi e riconoscimenti, di cui in effetti sarà sempre prodigo, ma senza farli mai uscire da una posizione rigorosamente subalterna. La dote principale che si richiedeva loro era la fedeltà, la devozione, la rapidità con cui eseguire gli ordini.

Fino alla fine, N. non riuscirà a comporre la scissione tra gli eccessi dell'accentramento, e la necessità di preparare una «buona macchina di governo» in grado di funzionare con un'autonomia anche relativa. L'assillo delle troppe cose da fare si somma a una diffidenza invincibile. Dell'handicap con cui ha dovuto misurarsi è anche fin troppo consapevole egli stesso quando a Sant'Elena riflette: «La società che la Rivoluzione ha ridotto in polvere non sa che aver paura, non sa che ubbidire... La Storia non saprà mai quanto era difficile fare una monarchia con i materiali che avevo sottomano... Per una ragione o per l'altra, sono pochi quelli che posso utilizzare, e io non posso aspettare. Bisogna che vada, che faccia, che avanzi. Mi ci vogliono occhi, braccia, gambe, e non mi posso servire di chi non ne ha. Piú tardi ci saranno i loro figlioli, ma bisogna prima formarli, ci vuole tempo. Del resto i rivoluzionari invecchiano».

La costruzione del nuovo è dunque un'angosciosa battaglia contro il Tempo: gestire l'oggi con il materiale umano che ci si ritrova, inventare un futuro sapendo di non poter aspettare. Ma è presumibile che N. non avrebbe aspettato in ogni caso. Stendhal scrive che se Luigi XIV temeva i talenti, lui non li amava. Come diceva Madame de Staël, non gradiva vedere riuniti nella stessa persona una spada e un'opinione. Restava convinto che se anche i suoi ministri erano modesti, lui sarebbe in ogni caso venuto a capo di ogni affare. I suoi errori politici si possono spiegare in due parole: aveva sempre paura del popolo e non ha mai avuto un piano preciso.

Sin dal 1813 è costretto ad ammettere di non essere riuscito a formare capi militari in grado di fare la guerra al suo posto: «Li ho troppo abituati a non sapere che ubbidire. Non ce n'è uno, tra loro, in grado di comandare gli altri, e tutti insieme non sanno che ubbidire che a me». Eloquente la lettera di uno dei suoi fidi, il generale Berthier, capo di Stato maggiore: «Non so piú cosa fare. Quando voi non ci siete, dubito di me stesso. Sono ormai quindici anni che ho perso l'abitudine di pensare, e che ricevo da voi tutte le idee». Anche lui, il braccio destro dell'imperatore, si era sentito dire: «Attenetevi strettamente agli ordini che vi do: solo io so quello che devo fare». N. aveva richiamato alla stretta esecuzione degli ordini anche Eugenio Beauharnais, viceré d'Italia: se anche Milano bruciava, avrebbe dovuto attendere sue istruzioni prima di spegnere l'incendio. Prima della battaglia di Wagram, aveva rimproverato Marmont di non aver saputo cavare nulla dall'interrogatorio di un generale austriaco fatto prigioniero. Quella di interrogare prigionieri è un'arte frutto dell'esperienza e del tatto: lo avesse avuto lui tra le mani, avrebbe saputo cavarne ben altro.

Scrive Chateaubriand: «Personificazione dello spirito di dominio, era arido: tale freddezza faceva da antidoto alla sua ardente fantasia, dentro di sé non trovava parole, ma soltanto fatti, e fatti pronti a irritarsi davanti alla minima manifestazione d'indipendenza: un moscerino che volava senza un suo ordine era ai suoi occhi un insetto ammutinato». Occupandosi contemporaneamente dell'alto e del basso, del massimo e del minimo, faceva la «parodia dell'onnipotenza di Dio, che regola il destino del mondo e quello di una formica».

Difficile sentirgli fare l'elogio dei suoi generali: «Si credono necessari, e non sanno che ho cento generali pronti a prendere il loro posto...» Nel 1808 ricordava: «Ero appena salito al trono, e già vedevo risorgere delle pretese accanto a me. Moreau, Bernadotte, Massena non mi perdonavano i miei trionfi... Hanno spesso tentato di rovesciarmi, o di dividere il potere con me». O ancora: «Non mi amano, mi temono, ma questo mi basta. Li accetto nell'esercito, li metto ai posti di comando, ma li tengo d'occhio. Al mio primo insuccesso, saranno i primi ad abbandonarmi». Le lodi piú convinte sono riservate a chi è caduto per lui, come Desaix a Marengo e Lannes a Essling («L'ho trovato che era un pigmeo e l'ho lasciato che era un gigante»).

Ossessionato dalla possibilità di complotti, che vede ovunque, N. ha finito per favorire rivalità e divisioni interne, invece di perseguire la formazione e il consolidamento di personalità dotate di qualche autonomia, e quindi in grado di gestire la complessità e le emergenze. Ha continuato a preferire il coraggio, la rapidità di esecuzione degli ordini, la capacità di motivare i propri uomini nelle sfide piú ardue: «Probità, discrezione, attivismo, ecco quel che chiedo». Quando arriva a sperimentare che queste virtú elementari non sono sufficienti sarà troppo tardi. La preminenza attribuita al fattore umano lo ha reso meno attento agli aspetti piú propriamente tecnici degli armamenti e in generale delle innovazioni tecnologiche. L'*Armée*, tante volte vittoriosa, non disponeva degli armamenti migliori.

L'inadeguatezza di certi generali diventa evidente nei momenti piú difficili, come nella campagna del 1813. Gli Alleati lo sanno talmente bene che rifiutano la battaglia quando scoprono che al comando c'è N. in persona, e preferiscono attaccare i suoi generali, Gouvion-Saint-Cyr, Oudinot, Macdonald, Vandamme, lo stesso Ney, ormai logorato fisicamente e psicologicamente. Anche a Waterloo, con il senno di poi la scelta dei comandanti appare discutibile. Il nuovo capo di Stato maggiore, Soult, non è abituato al ruolo. Meglio di lui sarebbe stato Davout, nominato ministro della Guerra e rimasto a vigilare su Parigi. Ney manda al massacro la cavalleria pesante senza farla precedere da un attacco adeguato di artiglieria e fanteria. D'Erlon si fa sorprendere dalla cavalleria inglese all'inizio della battaglia. Grouchy, che rimane fedele a ordini che rispecchiano una situazione di molte ore prima, è la dimostrazione vivente della passività cui N. ha ridotto i suoi generali.

Si era detto in grado di poter amministrare da solo l'Impero con il ministro segretario di Stato, quello del Tesoro e una dozzina di scrivani. Questo sistema verticistico, che riporta a un unico centro decisionale, può funzionare quando le dimensioni dell'impresa restano ancora limitate e controllabili, ma comporta un primo effetto negativo. Il centralismo assoluto deresponsabilizza i vari anelli della catena di comando, che si abituano a ricevere dall'alto ordini indiscutibili, e finiscono per atrofizzare ogni capacità di iniziativa. Voler tutto amministrare significa che ogni questione o difficoltà viene scaricata sul Primo Console o sull'imperatore, costretto a farsi carico dei problemi di tutti. Un fiume di richieste e di suppliche, di pratiche insolute si rovesciava sulle Tuileries. Si creava un collo di bottiglia, una strozzatura difficile da gestire. I benefici di una rapidità decisionale diventata leggendaria ne venivano progressivamente intaccati. Rapidissimo ed efficiente nella gestione di pratiche minute, ha finito per perdere di vista un disegno politico lungimirante che non fosse legato all'esito di una battaglia.

N. provava l'evidente piacere del buon proprietario nel mettersi alla prova in un'attività *multitasking* ed era gratificato dalla sorpresa dei suoi interlocutori, fossero il piú grande poeta della sua epoca, Wolfgang Goethe, i componenti del Consiglio di Stato, stupefatti di fronte alla competenza con cui leggeva i budget, o i marinai inglesi che lo scortavano all'Elba, sbalorditi dalla sua conoscenza della tecnologia navale.

Come ha raccontato il suo segretario Méneval, aveva portato alle estreme conseguenze il principio che non bisogna lasciare fare agli altri quello che uno può fare da sé. Abbraccia tutto, basta a tutto, dicono ammirati i suoi ufficiali. Ogni atto deve portare la sua firma, e quando lui è assente, i documenti gli vengono spediti ove che sia, anche negli ultimi due anni in cui è costretto a battersi per difendere la Francia dall'invasione. Ci sono migliaia di giudici di pace in tutta la Francia, ma ogni nuova nomina deve avere il suo placet. Si occupa persino di far ammonire o punire gli ufficiali che si comportano male con le signore.

Alla fine accade quello che Metternich gli aveva sommessamente rimproverato: «Il vasto edificio che aveva costruito era esclusivamente opera sua, ed egli stesso ne è stato la chiave di volta. Ma questa costruzione gigantesca mancava di base. I materiali che la componevano altro non erano che le rovine di altri edifici, gli uni in disfacimento, gli altri senza consistenza. Rimossa la chiave di volta, la costruzione è crollata di schianto».

Il gigantismo dell'Impero contiene in sé il germe dell'autodistruzione. Solo l'accecamento dell'autostima può spingere N. alla presunzione di gestire da solo un'armata di 600 000 soldati su un territorio sterminato e in un clima avverso sottostimato e definito «una leggenda». La sua capacità di calcolo e di previsione si appanna, il grande organizzatore non mette in conto la complessità di una componente fondamentale come la logistica. Buon lettore, N. avrebbe dovuto metabolizzare l'esperienza di Carlo XII di Svezia, raccontata da Voltaire nel 1728. Era il re che vent'anni prima si era lanciato alla conquista della Russia ed era stato fermato dal gelo di un inverno spietato e dalla tecnica della terra bruciata attuata da Pietro il Grande.

L'ascesa napoleonica si basa, come nelle catene dei prodotti tossici spacciati dalla finanza d'assalto, sul presupposto di una crescita continua, che a sua volta esige conquiste ininterrotte. Una volta esaurito il fiume di contribuzioni, predazioni e spoliazioni connesso alle vittorie, l'intero sistema finanziario entra in crisi, perché la guerra non riusciva piú a pagare se stessa, né i territori occupati a provvedere al sostentamento gli eserciti che gravavano sulle loro spalle. Troppi i fronti che restavano aperti, e sempre piú esigue le risorse di uomini e capitali con cui finanziarli.

Se in Francia N. sapeva coltivare il consenso con una molteplicità di tecniche innovative, non accadeva la stessa cosa nei Paesi occupati, depredati e costretti a una dipendenza mortificante. Come ha osservato Chateaubriand, Alessandro «fondava imperi correndo, Bonaparte correndo sapeva solo distruggerli; il suo unico fine era di diventare personalmente il padrone del globo, senza darsi pensiero dei mezzi per conservarlo». Di questa bulimia è stata vittima anche la Chiesa. Pur essendo N. convinto dell'utilità della religione per il mantenimento della pace sociale (tanto da dichiararsi maomettano in Egitto), non si era fatto scrupolo di annettere lo Stato della Chiesa e deportare il papa, alienandosi larga parte delle simpatie del mondo cattolico.

Gli è stato rimproverato di aver sempre finito per scegliere l'opzione militare, il campo in cui si sentiva a proprio agio e che padroneggiava come nessuno, rispetto alle mediazioni della politica e agli equilibrismi delle cancellerie. Né lo aiutava Talleyrand, che svolgeva una sua diplomazia parallela e personale, spesso in contrasto con quella ufficiale, anche a seguito di suoi accordi segreti con l'Austria. A suo dire, per tutelare la Francia dalla rovina cui la stava portando N., in realtà per profitto personale.

Un consolidamento delle conquiste poteva ancora essere possibile all'apice della sua potenza, intorno al 1806-1808, e gli era stato suggerito dallo stesso Talleyrand, ma il giocatore di poker che era in lui era troppo ingolosito dalla possibilità di ulteriori conquiste per poter prendere in considerazione l'ipotesi di doversi fermare. Piú tardi, nel 1813-14, di fronte a campagne sempre piú onerose e alleati sempre piú numerosi, si è rassegnato ad avviare trattative di pace che egli stesso ha lasciato cadere e i suoi nemici non avevano alcun interesse a portare avanti, convinti di essere ormai vicini alla vittoria finale. «Quando non si è il piú forte, bisogna essere il piú politico», aveva sentenziato

N. Ma era anche il primo a sapere che la politica ha tempi e occasioni che non ritornano. Arriva il momento in cui nemmeno la politica basta piú.

La proposta, o meglio, l'ultimatum degli Alleati (tornare agli antichi confini del 1791, restituire al loro destino gli stati satelliti) suonava come una condanna a morte politica. «Il mio dominio finirà il giorno in cui avrò cessato d'essere forte, e quindi d'essere temuto», aveva spiegato a Metternich. La base del suo consenso, anche di quello interessato e provvisorio, riposava sulle vittorie.

«Le nazioni e la storia tengono conto solo dei successi», recita un'altra sua massima. A chi si dà sfide troppo ambiziose, la conservazione dello status quo risulta imperdonabile. Per non aver scelto le risorse della politica quando erano ancora praticabili, N. si è condannato sino alla fine a puntare sulla roulette della guerra.

N. ha scontato, a partire dalla Spagna, una grave sottovalutazione delle sensibilità nazionali e dello spirito popolare, peraltro sempre guardato con disprezzo. Pur dotato di un robusto pragmatismo, tendeva a pensare che progetti scaturiti dalla sua mente riformatrice potessero essere apprezzati da ogni persona di medio intendimento. La Spagna dei Borboni era arretrata, male amministrata da una dinastia inetta e corrotta, mortificata da privilegi e sopraffazioni feudali, attardata da una religiosità vicina alla superstizione, ma non poteva accettare un sovrano straniero imposto con le baionette e una corte preoccupata di arricchirsi senza scrupoli. Di qui una rivolta popolare fomentata da un clero (100 000 religiosi) che non disdegnava di impugnare le armi per difendere gli altari dagli anticristo e chiamava le campagne alla mobilitazione e alla guerriglia.

N. doveva scoprire troppo tardi che lo spirito delle nazioni non è una variante trascurabile e che una grande vittoria in battaglia non può cambiarne le sensibilità, gli umori, le insofferenze. L'intera campagna di Russia non è tanto uno scontro di eserciti, ma di un esercito con un intero popolo che difende con ogni mezzo la propria terra. A Napoli come in Spagna, in Russia e in tutta Europa, la sovranità non poteva essere imposta con le baionette, disarmando, processando, passando per le armi, bruciando villaggi a titolo di ammonimento. La repressione scatenava reazioni esasperate, rinforzava i sensi di appartenenza e le suscettibilità patriottiche.

Dalla sua Corsica e dall'Ancien Régime il fondatore della meritocrazia si porta dietro il familismo, che gli fa mettere sul trono degli Stati satelliti congiunti inadeguati come Luigi, Giuseppe o Girolamo, che per giunta tendevano a diventare paladini dei loro nuovi sudditi, e a difenderli contro le esigenze predatrici dell'Impero, che aveva sempre bisogno di uomini e di contribuzioni.

A creare un clima di tensione e instabilità nei vari regni e confederazioni che riportano all'Impero c'è poi il trattamento sfacciatamente protezionistico riservato alle industrie e ai commerci francesi, che dava origine a una condizione semicoloniale negli stati sottoposti, e fomentava il malcontento e le rivendicazioni nazionalistiche.

Quella che N. combatte è in primo luogo una guerra commerciale che non può essere vinta perché l'Inghilterra, l'arcinemico, possiede il dominio dei mari, un elemento infido con cui N. non ha alcuna confidenza intellettuale e strategica, e che per sua natura sfugge a ogni pianificazione. La marina francese non aveva tecnologie e uomini in grado di competere, le battaglie perse ne fornivano una dimostrazione inconfutabile.

N. è costretto a forzare il gioco ricorrendo nel 1806 al Blocco continentale, convinto che i danni arrecati all'economia inglese, per cui l'Europa rappresentava il 40 per cento delle esportazioni, avrebbero creato tali tensioni sociali da obbligare il governo alla trattativa. La guerra alle merci inglesi sarebbe stata un mezzo per arrivare alla pace. Il Blocco rallenta ma non arresta il flusso delle merci, è contraddetto dalle deroghe parziali, compromette gravemente il rapporto con la Russia, spinge N. all'invasione della penisola iberica, che inghiotte risorse immani e sottrae truppe ai fronti principali dell'Europa centrale. La partita si era già a chiusa a Trafalgar, poche settimane dopo la vittoria di Austerlitz, che aveva finito per creare delle illusioni. Di fronte a un nemico soverchiante, sarebbe stato piú opportuno avviare azioni di logoramento e disturbo su piú fronti, intralciando i traffici inglesi assai piú efficacemente di quanto poteva fare il Blocco.

Questa strategia mobile e flessibile, piú vicina alle tecniche della guerriglia, non rientrava nella mentalità di un generale fattosi imperatore che, coerentemente con tutta la sua carriera, continuava a inseguire la scommessa della grande battaglia risolutrice. L'esperienza e la pazienza inglese si misuravano sul respiro lungo del mare, e alla fine avranno ragione di una concitazione che non sapeva o non poteva assegnarsi dei limiti.

20.
Mito

Onniscienza, onnipresenza, onnipotenza. I tre punti cardine dell'ascesa di N. si fondono sulla consapevolezza della propria superiorità, che trova la sua rivelazione e la sua conferma con la prima campagna d'Italia. La leggenda napoleonica nasce e si sviluppa impetuosamente nel giro di pochi mesi. Il mito dell'eroe irrompe sulla scena europea con un impeto beethoveniano, ha il piglio di chi sconvolge i vecchi assetti e annuncia un'era di libertà. Vi concorrono i prodigi di vittorie imprevedibili e sfolgoranti, l'aura dell'invincibilità, il carisma magnetico, il decisionismo che dispone di uomini e cose con una disarmante naturalezza. A Parigi, dove non s'era visto niente di simile dai tempi della Rivoluzione, non si parlava d'altro. Come scriverà Walter Scott, di solito queste ascese dirompenti si registrano in paesi semibarbari: ora il loro teatro era la civilissima Europa, la Francia dei Lumi.

Saranno Leopardi prima e Marx poi a osservare quanto la gestione del mito riesca particolarmente utile nel controllo della pubblica opinione. Il mito è già tutto nel Bonaparte della battaglia di Arcole come lo dipinge Gros. Non ha nulla dell'eroe classico, e l'anomalia fisica è già di per sé perturbante: pallido, scarnito, affilato, lunghi capelli al vento, incurante delle pallottole, mento proteso verso il nemico, come per rispondere a una domanda di prodigi inattesi. Il giovane generale corrobora il mito con la sapienza di chi possiede un nuovo modo di parlare ai suoi contemporanei, di vender loro un'immagine vincente.

Uno dei primi ingredienti del mito è la sfrontata sicurezza dei predestinati. Victor Hugo l'ha colta magnificamente nei *Miserabili*: «Trattava il destino da pari a pari. Pareva dire alla sorte: non permetterti di osare, con me. Metà ombra e metà luce, si sentiva protetto nel bene e tollerato nel male. Aveva, o credeva di avere, una connivenza, si potrebbe dire una sorta di complicità con gli eventi, che equivaleva ad un'autentica invulnerabilità».

«Un monarca è niente, se non è tutto; perché sia tutto, dev'essere dappertutto». L'uomo che sfrutta la forza della parola per infiammare i suoi soldati è anche il primo a sfruttare sistematicamente la potenza delle immagini. Come ha scritto Madame de Staël, «ha sempre cercato di impadronirsi dell'immaginazione degli uomini». Nelle sue *Critiques* (1859), un fine interprete del proprio tempo come Charles de Rémusat conferma l'intuizione napoleonica: una volta che l'eroe è riuscito a prendere posto nell'immaginazione degli uomini, la sua gloria può sfidare il tempo, le interpretazioni, le critiche, le condanne moralistiche. Inutile contestarla, battersi contro una posterità che rimane affezionata ai propri idoli a dispetto di ogni diverso ragionamento. L'uomo superiore si è trasformato nell'eroe delle società primitive, è passato a uno stato che possiamo definire favoloso. Si crede in lui, non lo si giudica piú. Non resta che prendere atto che la trasformazione di Bonaparte in un semidio si è compiuta con una facilità inattesa e irrisoria. Il fascino del mito, le ragioni del suo imporsi stanno proprio nell'andare oltre la normale dialettica tra ragione e sentimento, umano e divino, poesia e storia.

Il che non significa sottrarre l'eroe alla Storia per restituirlo alla dimensione della favola, ma fare i conti con quel che di primitivo e di facilmente suggestionabile permane nell'inconscio collettivo, con la fragilità psicologica e percettiva delle masse. Il messaggio che l'eroe trasmette è sempre elementare e mira a infiammare, non a convincere: per questo quando è ben confezionato viene recepito immediatamente, e le critiche razionali non sono in grado di intaccarlo.

L'enormità della caduta non ha fatto che rafforzare il mito perché in tutto degna di lui. A differenza dell'aprile 1814, in cui durante il viaggio attraverso la Provenza N. aveva temuto il linciaggio, un anno dopo, andando verso i porti della costa atlantica, è accompagnato da una sorta di sgomento partecipe e solidale. Nel giro di pochi anni, diradatasi la leggenda nera dell'Orco di Corsica assetato di sangue, gli spaventosi costi umani del ventennio finiscono occultati dal rimbombo dell'aura portentosa in cui ognuno era stato costretto a misurarsi con qualcosa di piú grande di lui, e ne era uscito trasformato, nel male e nel bene.

N. aveva introdotto nel mondo la misura dell'eccezionalità e dello sconvolgimento, il senso di una sfida che rimodulava attese, esigenze, speranze, potenzialità. Aveva operato un autentico rivolgimento sociale, aprendo le carriere al merito, come amava dire. Suonava la musica dell'avvenire, come è stato scritto. Per riuscire a misurare la forza dello sconvolgimento mancavano esperienze recenti, a tal punto che bisognava rifarsi all'antichità classica, alla mitologia: ricuperare modelli interpretativi a distanza di secoli e millenni. Presto, come scriverà Hugo nei *Miserabili*, il Bonaparte caduto sembra piú alto del N. in piedi. Il turbine d'energia che aveva travolto l'Europa continuava a mandare un suono di trombe del Giudizio che il silenzio improvviso rendeva ancora piú stentoreo.

Il martirio inflittogli dagli inglesi si è presto rivelato redditizio, gli ha procurato ovunque commosse simpatie. L'eco delle antiche vittorie faceva dimenticare il dispotismo; la gloria e la fama traevano profitto dalla sventura. Il morbo che N. aveva inoculato nei francesi andava al di là del rimpianto e della commozione, era un'infezione morale, qualcosa di profondo che Chateaubriand ha analizzato magistralmente: «I miracoli delle sue armi hanno stregato la giovinezza, insegnandoci ad adorare la forza bruta. Il suo inaudito successo ha lasciato alla tracotanza di ogni ambizioso la speranza di emularlo». Aveva svelato il carattere dei francesi (degli uomini), i quali «non amano affatto la libertà; il loro unico idolo è l'uguaglianza», il livellamento di gregge. Se la posterità si sottomettesse con la stessa facilità a un altro capo carismatico baciato dal successo, «se il bene e il male si riducessero a essere soltanto relativi, ogni morale scomparirebbe dalle azioni umane». Non possiamo rassegnarci a un potere che con una sola parola può privarci della libertà, della casa, degli amici. Il torto di Bonaparte «è quello di aver abituato la società all'obbedienza passiva, di aver risospinto l'umanità verso il tempo della degradazione morale», di averci abituato a considerare la libertà un'anticaglia caduta in disuso.

E tuttavia anche l'analisi critica deve misurarsi con un dato di fatto: «Il mondo appartiene a Bonaparte – è costretto ad ammettere Chateaubriand; – ciò che il devastatore non aveva potuto finire di conquistare, viene usurpato dalla sua fama; quando era vivo il mondo gli è sfuggito, ora che è morto lo possiede». I milioni di morti, le distruzioni, le violenze, le sofferenze sono state dimenticate. Quella che resta e si impone «è una figura leggendaria, composta dai capricci del poeta, dalle chiacchiere del soldato e dai racconti del popolo; è il Carlomagno e l'Alessandro delle epopee medievali che noi oggi vediamo in lui (...) Nessun potere legittimo può piú cacciare dall'animo dell'uomo lo spettro usurpatore: il soldato e il civile, il repubblicano e il monarchico, il ricco e il povero, pongono tutti allo stesso modo busti e ritratti di N. sotto i loro tetti». Lo si può ritrovare dappertutto. «Dopo aver subito il dispotismo della sua persona, ci tocca subire il dispotismo della sua memoria».

Come può un intero popolo essere sprofondato nell'errore? È qui che si è arrovellato il pensiero liberale e moderato dell'Ottocento. La tirannia è un prezzo eccessivo per la gloria, o semplicemente per la buona amministrazione? In una lettera del 1837 a un amico, Tocqueville si chiede se la piccolezza che vede nella Francia degli anni '30 sia un accidente passeggero o piuttosto la regola generale, la condanna eternamente inflitta all'umanità. È mai esistito un mondo politico in cui siano regnate – non diciamo la virtú, ma almeno le grandi passioni, in cui esistevano altri valori che non fossero i miserabili interessi del giorno dopo? La grandezza può venire solo dall'eccezionalità, con tutti i pericoli che questo comporta? La repubblica produce soltanto mediocrità? Dopo il tumulto degli anni eroici ci può attendere soltanto la palude della stagnazione?

Nella sua *Storia generale della civiltà in Francia* (1828) François Guizot scrive che il grand'uomo capisce meglio di ogni altro le necessità reali e attuali di una società, e meglio di ogni altro si impadronisce delle forze sociali per dirigerle a quello scopo. Di qui il suo potere e la sua gloria, l'essere accettato e seguito. Il difficile per lui è fermarsi, non estendere indefinitamente la propria azione, non «possedere l'avvenire come ha posseduto il presente». Se i cittadini capiscono che egli intende porre la forza pubblica al servizio delle proprie ambizioni, se ne stancano: il grand'uomo resta solo e cade. L'eroicità deve diventare la capacità di vivere a misura della storia, nella realtà del proprio tempo. La felicità di cui parla tanto il Settecento diventa possibile solo nel compimento di un dovere, che coincide con il senso di responsabilità verso la società.

Nel suo *Saggio sullo spirito di conquista* (1813), Benjamin Constant arriva a giustificare almeno parzialmente la guerra. In certi momenti della storia umana favorisce lo sviluppo delle sue piú belle e grandi facoltà, educa alla grandezza d'animo, all'ardimento, al sangue freddo, al disprezzo della morte. Mette in collegamento la patria con il valore individuale. Ma tutto questo deve restare legato alla condizione indispensabile che la guerra risulti come il prodotto naturale dello spirito nazionale dei popoli, non dell'arbitrio di un singolo.

Nel 1814 Byron saluta la caduta della «cosa senza nome», del «genio tenebroso», cosí abietto, quasi stupendosi di saperlo ancora in vita; il che non gli ha impedito, osserva Chateaubriand, «di celebrare la tomba di Sant'Elena. I poeti sono come gli uccelli: cantano a ogni rumore». A parte gli infuocati *pamphlets* derisori che accompagnano la caduta, le voci critiche restano poche. Nel 1840, quando un bonapartismo già assai vivo è rinfocolato dal trionfale ritorno in patria delle spoglie, Lamartine ricorda in toni accorati che il culto della forza non può sostituire «una seria religione della civiltà». Ma già nel 1823 Puškin aveva esaltato lo «sguardo meraviglioso, vivo, inafferrabile» del conquistatore, che «brillava come fuoco di guerra, come un lampo | illuminandosi di coraggio e di forza». Stendhal era stato esplicito: «L'amore per Napoleone è la sola passione che mi è rimasta. Questo non mi impedisce di vedere i difetti del suo spirito, e le miserabili debolezze che gli si possono rimproverare».

Hugo finisce per assolverlo: «A Roma ha disgregato la teocrazia, in Russia l'autocrazia, in Germania la feudalità, in Inghilterra l'aristocrazia, in Spagna l'Inquisizione. Tutte istituzioni che grazie a lui adesso mandano un suono fesso. Ecco i servigi che ci ha reso. La storia ne terrà conto. Molto gli sarà perdonato perché molto ha distrutto». Angelo o demone, che importa? Ha dominato la nostra epoca. Il «Napoleone del popolo» prende forma nelle opere di Sainte-Beuve (*Volupté*), Nerval (*Napoléon et la France guerrière*), Musset (*La Confession d'un enfant du siècle)*, Balzac (*Le Médecin de campagne*, *Une ténébreuse affaire*, *La femme de trente ans*) e naturalmente Stendhal; lo portano sulle scene Edmond Rostand (*L'Aiglon*), Thomas Hardy (il colossale *I dinasti* in diciannove atti), G. B. Shaw (*L'uomo del destino*), Jean Anouilh (*La foire d'empoigne*).

Per Tolstoj resta un accidente della Storia, una marionetta mossa dal Destino che non può cambiare lo scorrere maestoso dei grandi fiumi popolari, e tuttavia all'inizio di *Guerra e pace* il mite Pierre Bezuchov, goffo giacobino, appena rientrato a Pietroburgo, dà scandalo nel salotto di Anna Pàvlovna facendone l'elogio.

Goethe non gli ha mai fatto venir meno la sua ammirazione: «Era grande soprattutto perché era sempre lo stesso in ogni momento. Prima e durante una battaglia, dopo una vittoria o una disfatta, sempre solidamente piantato sui suoi piedi. Si raffigurava sempre con chiarezza quel che bisognava fare. Era sempre nel suo elemento, all'altezza delle circostanze (...). Cercava la virtú, non avendola trovata prese il potere». Hanno contribuito al mito anche gli inglesi e i tedeschi: Walter Scott con la sua monumentale biografia, che pure inneggiava alle silenziose virtú del soldato inglese, lo ha paragonato a Sisifo; Thomas Carlyle lo ha compreso nel suo culto degli eroi, proclamandolo «un vero democratico» e «l'ultimo grande uomo dei nostri tempi»; Heinrich Heine si inchina davanti all'energia sovrumana dell'«uomo forte».

Hippolyte Taine lo ritiene «un fratello postumo di Dante e Michelangelo: i primi due operavano sulla carta e sul marmo, N. sull'uomo vivo, sulla carne sensibile e sofferente». Per il poeta polacco Adam Mickiewicz, filo-mazziniano, non appartiene soltanto ai francesi, ma a tutti: è «l'uomo globale, l'uomo piú completo». Nella *Gaia scienza* Nietzsche arriva a rimproverare ai tedeschi le loro guerre di liberazione: avevano privato l'Europa, che doveva mirare all'unità politica ed economica in vista di un governo planetario, di quella meraviglia piena di senso che era stata l'esistenza di N.

È stato lo stesso N. a suggerire l'identificazione con Prometeo, che incontra subito una fortuna travolgente: «Sí, ho rubato il fuoco del cielo e ne ho fatto dono alla Francia». In una conversazione del 1826 con il filologo Riemer, Goethe deve convenire: assiso sullo scoglio di Sant'Elena ha assunto le sembianze del titano: le dinastie europee lo avevano condannato alla stessa pena cui Zeus lo aveva sottoposto.

Non contento, N. arriva a paragonarsi a Cristo. Aveva cinto la corona imperiale e quella in ferro del Regno d'Italia, ma gli inglesi gliene avevano dato «una anche piú gloriosa, quella che era stata calcata in capo al Salvatore, la corona di spine». Confida a Montholon: «Se Gesú Cristo non fosse morto in croce, non sarebbe Dio. È il suo martirio che ha parlato all'immaginazione dei popoli».

L'aura cristologica perdura a lungo nelle campagne. Tra le prove di una natura semidivina, il fatto che a Giaffa abbia visitato gli appestati senza restarne contagiato. Nel *Medico di campagna* di Balzac il vecchio soldato Goguelat, richiesto di raccontare le sue battaglie durante le veglie nei granai, si dichiara convinto che le sue imprese prodigiose erano volute e ispirate da Dio, che gli aveva conferito poteri speciali. Per l'ultracattolico

Léon Bloy, è addirittura «il volto di Dio nelle tenebre». Anche il repubblicano Élie Faure riprende il parallelismo fra Cristo e N., unici e incomparabili per aver osato sino al martirio e alla morte, per aver agito il loro sogno, invece di sognare l'azione: «Tutti e due con la stessa azione affascinatrice, la stessa facoltà di crescere nel momento in cui si allontanano». «Facevano gravitare i cieli intorno alla loro avventura, – scrive Faure. – Erano obbligati tutti e due, per durare, per vivere e infine per morire come avevano vissuto, a vincere interminabilmente». «Avevano la stessa urgenza di regnare sul cuore degli uomini, di suscitare sentimenti ed entusiasmi appassionati, ed esercitavano tutti e due, per realizzare il loro essere, sui loro vicini e sui loro intimi, lo stesso dispotismo intransigente».

Il martirio di Sant'Elena monda l'eroe delle sue colpe. Se avesse trovato scampo negli Stati Uniti, e là si fosse tranquillamente imborghesito, sarebbe stato dimenticato. Il romanticismo, già schierato con le nazionalità oppresse, si impossessa della giovanile energia del conquistatore che aveva scardinato i vecchi assetti e introdotto nel mondo il vento della palingenesi. Non si poteva non parteggiare per l'eroe che aveva tanto lottato per imporsi, sino a diventare un paradigma di umana grandezza.

L'eco del rimpianto era arrivato sino a Sant'Elena, e N. ne poteva prendere atto con la soddisfazione di chi vede rivelarsi esatta la sua previsione: «Ci sono molti milioni di persone che si interessano a me». Spiegava: «Se fossi morto sul trono, nelle nuvole dell'onnipotenza, sarei rimasto un problema per molta gente. Oggi, grazie alla sventura, ogni ora che passa mi spoglia della pelle del tiranno».

Un trattamento vissuto come iniquo gli vale nuovi slanci di amore popolare. L'umana fragilità dell'eroe, la sfida lanciata agli dèi, le beffe del destino lo rendono fraterno anche ai piú critici. Il *Memoriale* esalta l'immagine tripartita del guerriero romantico, del demiurgo che voleva riplasmare il mondo a immagine delle proprie grandiose concezioni, e della vittima di uomini meschini, tanto inferiori a lui. A differenza di tanti altri eroi, fulminati dal destino avverso, ha avuto anni di tempo per perfezionare la propria leggenda, sino a renderla indispensabile. Ritrovatosi nella trappola inglese aveva deciso, come racconta il fedele Marchand, «di vivere e di mostrare all'Europa civilizzata ciò che può una grande anima alle prese con l'avversità».

«Sí, volevo diventare Napoleone, per questo ho ucciso, – confessa Raskolnikov. – Al mio posto, davanti a una ridicola vecchietta, un'usuraia, N. avrebbe fatto la stessa cosa». Ma quello che garantisce a N. l'ammirazione dei posteri resta il messaggio implicito in tutta la sua sfida: chiunque, anche un figlio del popolo, può arrivare alle altezze imperiali con le proprie capacità. Con l'abbattimento delle barriere sociali, sono crollati anche i limiti all'intraprendenza e al coraggio. Il merito ha sostituito vittoriosamente il diritto ereditario, che premia iniquamente anche gli incapaci. Tocca a voi, uomini di ogni ceto – dice il messaggio – continuare il lavoro contro le vecchie oligarchie, e che soltanto i loro meschini interessi e il caso hanno interrotto.

È esattamente quello che la borghesia emergente voleva sentirsi dire, l'annuncio letto e riletto con commozione tra le righe del *Memoriale*. Come tutti i personaggi di speciale complessità, N. sollecita in ogni generazione interpretazioni diverse e opposte. Ha cercato di impossessarsene la destra reazionaria e revanscista, giustificando dispotismo e bellicismo con la necessità di riportare l'ordine in Francia e di opporsi allo strapotere inglese. Il russo Tarle ha visto in lui il benemerito protagonista della lotta che la borghesia aveva avviato contro la feudalità in tutta Europa. La storiografia novecentesca ha dibattuto a lungo i modi in cui N. può dirsi un continuatore delle acquisizioni della Rivoluzione, e addirittura la sua vera e fatale incarnazione; o se invece resta un abile e cinico profitattore che ne aveva stravolto i principî per introdurre un dispotismo che ha anticipato le dittature novecentesche e il fascismo in particolare, come pensa Luigi Salvatorelli nel suo *Leggenda e realtà di Napoleone* (1944). Incarnazione del male assoluto secondo Michelet (1872), continuatore della Rivoluzione in forme monarchiche per Thiers (1858), artista della politica secondo Taine (1883), sostanziale continuatore dell'assolutismo monarchico per Furet

(1996). Era fatale che una Rivoluzione collettiva sfociasse in un individualismo esasperato, che sembrava negarla?

Una domanda simile ricorre nella biografia di Luigi Mascilli Migliorini: N. è il calco di un destino umano che tocca o almeno sfiora tutti, come ha voluto il Romanticismo; o è l'icona di una vitalità unica e irripetibile? È un appello a un eroismo collettivo o il manifesto di una eccezionalità troppo al di sopra dei comuni mortali? Al di là della sua evidente dismisura, nella parabola di N. possiamo reperire dei parametri che ci aiutano a riformulare i dilemmi che incombono sulle democrazie, chiamate ad analizzare la propria crisi, a ripensarsi.

A conclusione del suo lungo confronto con N., Chateaubriand si sente obbligato a mettere a confronto la parte «difettosa» dell'idolo, che ha tanto efficacemente criticato, con quella «perfettamente compiuta»: «Bonaparte non è grande per le parole, i discorsi, gli scritti, per l'amore delle libertà che non ha mai avuto e non ha mai preteso di instaurare. È grande per aver creato un governo stabile e potente, un codice di leggi adottato in diversi paesi, delle corti di giustizia, delle scuole, un'amministrazione forte, attiva, intelligente, sulla quale viviamo ancora; è grande per aver resuscitato, illuminato e amministrato in modo superbo l'Italia; è grande per aver fatto rinascere in Francia l'ordine in seno al caos, per aver rialzato gli altari, per aver ridotto furiosi demagoghi, sapienti orgogliosi, letterati anarchici, atei volterriani, oratori da trivio, tagliagola da prigione e da strada, morti di fame da tribuna, da club e da patibolo, per averli ridotti a servirlo; è grande per avere incatenato una turba anarchica (...); è grande soprattutto per essersi fatto da solo, per aver saputo, senza altra autorità eccetto quella del suo genio, per aver saputo, lui da solo, farsi obbedire da trentasei milioni di sudditi in un'epoca in cui i troni hanno perso ogni prestigio (...), per aver riempito dieci anni di prodigi tali che oggi si fa fatica a comprenderli».

«Dal punto di vista morale è indifendibile. Di piú, è incomprensibile – argomenta ancora Élie Faure. – In effetti, viola la legge, uccide, semina vendetta e morte. Ma detta anche la legge, bracca e distrugge il crimine, stabilisce l'ordine dappertutto. Nei ranghi, avrebbe meritato la forca. Al vertice, è puro, distribuisce con mano ferma ricompense e castighi. È un mostro a due facce. Come tutti noi, forse. E in ogni caso come Dio. Quasi nessuno l'ha colto. Né detrattori, né apologeti. È in nome della morale che tutti lo attaccano o lo difendono. Compito facile per i primi, meno per i secondi. Il fatto è che la morale è piú stretta della vita. E meno complessa».

In un mondo sempre piú complicato che tende a darsi delle spiegazioni semplificate e banali, le contraddizioni e le fertili ambiguità del «caso Napoleone» rappresentano una partita aperta su cui è opportuno continuare a riflettere.

Nota

Della sterminata bibliografia napoleonica, segnalo le opere di cui mi sono avvalso nella stesura del libro.

Tra le fonti, resta fondamentale il *Memoriale di Sant'Elena*, nella nuova edizione «BUR», a cura di Luigi Mascilli Migliorini (Rizzoli, 2004). Il manoscritto originale di Emmanuel de Las Cases, ritrovato negli archivi inglesi, e di stesura notevolmente ridotta rispetto all'edizione a stampa del 1823, è stato pubblicato nel 2018 da Perrin, a cura di Thierry Lentz, Peter Hicks, François Houdecek, Chantal Prévot. L'apocrifo *Manoscritto pervenuto misteriosamente da Sant'Elena* è stato tradotto e curato da Sergio Romano (Bompiani, 1982).

Le *Memorie della campagna d'Italia*, a cura di Thierry Lentz, sono state tradotte da Donzelli, 2012, con una introduzione di Ernesto Ferrero. Un'*Autobiografia* di Napoleone è stata tentata nel 1929 da André Malraux attraverso un *collage* di testi e documenti ordinati cronologicamente (Mondadori, 1993). Dei molti repertori di detti napoleonici si segnala *Napoléon a dit* di Lucian Regenbogen, con una prefazione di Jean Tulard (Les Belles Lettres, 1996). La *Corrispondenza generale*, a cura della Fondation Napoléon, è in corso di pubblicazione presso Fayard (10 voll.).

Poco tradotte e oggi assenti dai cataloghi degli editori italiani le testimonianze coeve (Bertrand, Gourgaud, Montholon, Caulaincourt, O'Meara, Roustam, Madame de Rémusat), ad eccezione di Constant (*Il valletto di Napoleone*, Sellerio, 2006). Le memorie di Marchand, primo cameriere ed esecutore testamentario (*Napoleone. Dall'isola d'Elba a Sant'Elena*), sono state tradotte da Rizzoli nel 1957, ma sono fuori catalogo. Di notevole interesse, tra i tanti, i *Souvenirs sur Napoléon* di Laure d'Abrantès (Plon, 1937), e quelli di Jean-Antoine Chaptal (*Mes souvenirs sur Napoléon*, Mercure de France, 2009).

Il repertorio fondamentale su Napoleone e la sua epoca resta il grande *Dictionnaire Napoléon* diretto da Jean Tulard, il piú autorevole studioso dell'argomento (Fayard, 1987). Ora si è aggiunto il piú compatto *Napoléon. Dictionnaire historique* di Thierry Lentz.

Tra le monografie di riconosciuta autorevolezza, il classico *Napoleone* di

Georges Lefebvre (rieditato da Laterza, 1991), il *Napoleone* di Jacques Bainville (1931, Baldini Castoldi Dalai, 2006), *Napoleone. Il mito del salvatore* di Jean Tulard (Rusconi, 1994; Bompiani, 2000). Una nuova, impegnativa biografia è stata tentata da Patrice Gueniffey, allievo di François Furet, di cui è uscito il primo volume che arriva al 1802: *Bonaparte* (Gallimard, 2013). Tra gli autori italiani, spicca il *Napoleone* di Luigi Mascilli Migliorini (Salerno, 2001, 3ª ed. aggiornata 2014). Il *Napoleone* di Vittorio Criscuolo offre un'agile sintesi introduttiva. Fuori catalogo la *Vita di Napoleone* di Christopher Herold (Il Saggiatore, 1967). Su Napoleone statista, manager e comunicatore si vedano le *Lezioni napoleoniche* di Ernesto Ferrero nell'edizione «Oscar» (Mondadori, 2002, 2014). Un'accurata aneddotica sull'uomo è stata raccolta da Louis Chardigny in *L'homme Napoléon* (Perrin, 1999).

Tra le biografie riguardanti i componenti della famiglia imperiale: *Letizia Bonaparte* di Edgarda Ferri (Mondadori, 2003), *Paolina Bonaparte* di Flora Fraser (Mondadori, 2009) e *Maria Luigia* di Franz Herre (Mondadori, 1998). Il monologo teatrale *Elisa* di Ernesto Ferrero (Sellerio, 2006) dà voce alla sorella di Napoleone, principessa di Lucca. Su Giuseppina Beauharnais, Pierre Branda, *Joséphine. Le paradoxe du cygne* (Perrin, 2016) e Carolly Erickson, *L'imperatrice creola* (Mondadori, 2003). Dell'economia e della finanza dell'Impero hanno scritto Pierre Branda, *Le Prix de la gloire. Napoléon et l'argent* (Fayard, 2007) e François Crouzet, *La Grande Inflation* (Fayard, 1993).

Sulla prima campagna d'Italia si vedano le lezioni ginevrine di Guglielmo Ferrero, *Bonaparte en Italie* (1931, tradotte da Corbaccio nel 1996). Sui co-protagonisti: il *Metternich* di Luigi Mascilli Migliorini (Salerno, 2014), la biografia di Germaine de Staël, *Amante di un secolo*, di Christopher Herold (Bompiani, 1981) e il *Fouché* di Louis Madelin (Nouveau Monde, 2002). Il *Talleyrand* di Charles-Augustin de Sainte-Beuve è stato tradotto da Aragno (a cura di Francesco Perfetti, 2017). Su Horatio Nelson, oltre alla biografia di Terry Coleman (Mondadori, 2003), si veda l'intenso ritratto che ne dà Susan Sontag nel romanzo *L'amante del vulcano* (nottetempo, 2020).

Le *Memorie d'oltretomba* di François-René de Chateaubriand, opera meno letta di quello che meriterebbe, sono disponibili nei «Millenni» Einaudi (2015, nuova ed. a cura di Ivanna Rosi e Fabio Vasarri). L'introduzione è di Cesare Garboli, che di Chateaubriand ha curato anche *Di Buonaparte e dei Borboni* (Adelphi, 2000). I *Diari* di Benjamin Constant sono stati tradotti da Einaudi nel 1969, a cura di Paolo Serini. Le sue opere sono raccolte in un volume della «Pléiade» Gallimard.

Sugli aspetti militari, resta fondamentale l'esauriente David G. Chandler, *Le campagne di Napoleone*, in due volumi (Rizzoli, 1992). Chandler ha anche studiato *I marescialli di Napoleone* (Rizzoli, 1988), ed è autore di un *Dictionary of the Napoleonic Wars*. Marco Giannini e Giulio Massobrio hanno ricostruito *Marengo. La battaglia che creò il mito di Napoleone* (Rizzoli, 2000). Altre battaglie capitali sono state vivacemente raccontate da Marco

Zatterin (*Trafalgar*, Rizzoli, 2005), Sergio Valzania (*Austerlitz*, Mondadori, 2006) e Alessandro Barbero (*La battaglia. Storia di Waterloo*, Laterza, 2007). Sulla campagna di Russia si vedano Dominic Lieven, *La tragedia di Napoleone in Russia* (Mondadori, 2010) e Adam Zamoyski, *Marcia fatale. 1812* (UTET, 2013). A Sergio Valzania si deve *I dieci errori di Napoleone* (Mondadori, 2012). Una scelta essenziale di *Della guerra* di Carl von Clausewitz è stata curata da Gian Enrico Rusconi per i Tascabili Einaudi (2000). Sui rapporti con scienziati e letterati si vedano *Napoleone e gli intellettuali*, a cura di Daniela Gallingani (il Mulino, 1996) e *Il poeta e l'Imperatore* di Gustav Seibt (Donzelli, 2009), che racconta i rapporti con Goethe. Sulla politica dei musei è ben documentato Paul Wescher, *I furti d'arte. Napoleone e la nascita del Louvre* (Einaudi, 1988).

Sulla campagna d'Egitto hanno scritto Christopher Herold, *Napoleone in Egitto* (Einaudi, 1965), Jacques Bainville, *Bonaparte en Égypte* (Éd. de la Seine, 1998), Jacques-Olivier Boudon, *La Campagne d'Égypte* (Belin, 2019), Yves Laissus, *L'Égypte, une aventure savante. 1798-1801* (Fayard, 1998), Henry Laurens, *L'Expédition d'Égypte* (Seuil, 1998), Robert Solé, *Les savants de Bonaparte* (ivi). Di prima mano la testimonianza di Dominique Vivant Denon, *Voyage dans la Basse et la Haute-Égypte* (Pygmalion, 1990).

Dei dieci mesi dell'Elba hanno scritto Pierre Branda, *La guerre secrète de Napoléon* (Perrin, 2014) e Guy Godlewski, *Napoléon à l'Île d'Elbe* (Nouveau Monde, 2003). Oltre al romanzo di Ernesto Ferrero, *N.* (Einaudi, 2000), la minuta operatività quotidiana è documentata in *Napoleone da vicino attraverso le sue lettere dall'Elba*, a cura di Aulo Gasparri (Editrice Lisola, 1999).

Sul Congresso di Vienna: Thierry Lentz, *Le Congrès de Vienne* (Perrin, 2013), Vittorio Criscuolo, *Il Congresso di Vienna* (il Mulino, 2015), Harold Nicholson, *Il Congresso di Vienna* (Castelvecchi, 2015).

Sui Cento Giorni: Dominique de Villepin, *I Cento giorni o lo spirito di sacrificio* (Edizioni dell'Altana, 2005); Thierry Lentz, *Les Cent-Jours* (Fayard, 2015), Luigi Mascilli Migliorini, *500 giorni. Napoleone dall'Elba a Sant'Elena* (Laterza, 2016).

Gli anni di Sant'Elena sono garbatamente ricostruiti da Julia Blackburn in *L'ultima isola dell'imperatore* (Instar Libri, 1997). Si vedano anche le memorie di Betsy Balcombe, *Il mio amico Napoleone*, a cura di Ernesto Ferrero (Mondadori, 2007). È annunciato per la primavera 2021 *Ei fu. La morte di Napoleone* di Vittorio Criscuolo (il Mulino).

Sul mito: Élie Faure, *Napoléon* (1921, Perrin, 2019); Luigi Salvatorelli, *Leggenda e realtà di Napoleone* (1944, Einaudi, 1960; UTET, 2007, a cura di Luigi Mascilli Migliorini); Luigi Mascilli Migliorini, *Il mito dell'eroe* (Guida, 1984); Natalie Petiteau, *Napoléon de la mythologie à l'histoire* (Seuil, 1999).

Ho rifuso e variamente utilizzato in questo volume scritti pubblicati in varie sedi (tra cui «Specchio» di «La Stampa», «7» del «Corriere della Sera», «la Repubblica») nei vent'anni che mi separano da *N.* Oltre alle introduzioni già citate, in particolare: *Napoleone e i libri* (Edizioni Henry Beyle, 2015), la relazione *Napoleone manager elbano e statista europeo* per il Convegno internazionale di studi *Napoleone dall'Elba all'Europa*, Firenze, 21-22 novembre 2014 (Edizioni dell'Assemblea Regionale Toscana, 2017).

Indice

Einaudi usa carta certificata PEFC
che garantisce la gestione sostenibile delle risorse forestali

PEFC
PEFC/18-32-03

Stampato per conto della Casa editrice Einaudi
presso ELCOGRAF S.p.A. - Stabilimento di Cles (Tn)

C.L. 24754

Edizione						Anno			
5	6	7	8	9	10	2022	2023	2024	2025